JN236988

鉄道手帳

東日本編

監修 今尾恵介

東京書籍

鉄道手帳 東日本編

監修　今尾恵介

❶ 掲載した路線
- 本書に掲載した路線は原則として旅客営業を行う鉄道事業法上の鉄道、軌道法による軌道を掲載した。貨物専用線・専用鉄道・森林鉄道その他の特殊な鉄道・軌道などは除外してある。なお2009年7月1日現在を原則として基準としている（以下同）。
- 地図に掲載した路線および駅はそれぞれ縮尺のある地図上に表現したが、縮尺に応じて、またデザイン処理上やむを得ない場合は簡略化・誇張・総描表現を行っている場合もある。
- トンネルは主要なもののみを掲載した。
- 破線で示した廃線は、原則として戦後に廃止された主要なものを掲載した。廃止時期は複雑なものについては適宜簡略化を行ったものもある。
- 路線プロフィールに掲載した各路線の距離は、原則として営業キロを掲載。複数ページにまたがる路線については、旅客営業区間の起点から終点および支線の合計営業キロを「全線」として表記した。

❷ 路線の名称
- 路線名称は原則として正式名称によったが、会社名は場合により通称・略称を適宜用いた。また正式路線名より系統名（たとえば京浜東北線、湘南新宿ラインなど）の方が通りがよい場合はそれを採用した。その場合は他線と重複する区間もある。ただ路線名と併用される愛称（JR京都線、JR宇都宮線など）は掲載していない。なお、鉄道会社より特段の指示のあった場合は、指示に則った路線名とした。会社名も同様である。

❸ 掲載した駅
- 本書に掲載した駅は旅客営業を行う停車場（駅・停留場。臨時駅などを含む）を、原則として全駅掲載した。貨物専用駅や信号場、操車場、長期間休止している事実上の廃止駅などは除外している。なお、当該路線以外の路線（青・緑線）は主要駅のみを掲載した。
- 特急・急行など優等列車の停車駅は、それぞれ一部でも停車すれば「停車駅」としたため、列車によっては通過となる場合がある。時間帯・季節等による変更もあり得るので、実際の使用にあたっては各社のホームページ等で確認されたい。

❹ 車両の表記について
- 車両型式が「○○系」「○○形」「○○型」とあるのは、個々の鉄道会社の表記によるものである。

❺ 地図一般の表現について
- 掲載した自治体名は2009年8月1日現在。都道府県はすべて、市町村名については30万分の1以上の縮尺の図に取捨選択して掲載してある。
- 山岳・山地・半島・岬・河川・湖・海・国道（および番号）などの名称については、当該路線にかかわりの深い主要なものを中心に適宜掲載した。

東京書籍

鉄道手帳　東日本編　CONTENTS

- ⑥ 東海道新幹線
- ⑩ 上越新幹線　長野新幹線
- ⑫ JR東海道本線①　JR横須賀線
- ㊳ 箱根登山鉄道　伊豆箱根鉄道大雄山線
- ㊵ JR伊東線　伊豆急行線　伊豆箱根鉄道駿豆線
- ㊷ JR東海道本線②　JR御殿場線
- ㊹ JR身延線　岳南鉄道
- ㊻ 大井川鐵道大井川本線・井川線　静岡鉄道
- ㊽ 天竜浜名湖鉄道　遠州鉄道
- ㊿ JR中央本線①　富士急行線
- 56 JR中央本線②
- 58 JR飯田線
- 60 JR篠ノ井線　JR大糸線　松本電鉄
- 62 JR小海線　しなの鉄道　上田電鉄
- 66 JR飯山線　長野電鉄長野線・屋代線
- 70 JR上越線　JR吾妻線　北越急行ほくほく線
- 72 JR信越本線①　上信電鉄　上毛電気鉄道
- 74 JR高崎線　JR八高線　JR川越線　埼玉新都市交通
- 78 JR東北本線①　JR日光線　JR烏山線
- 84 西武池袋線②・秩父線　秩父鉄道
- 94 JR総武本線　JR成田線　銚子電鉄
- 96 JR外房線　JR内房線　JR東金線
- 98 小湊鐵道　いすみ鉄道　JR久留里線
- 102 鹿島臨海鉄道大洗鹿島線　JR鹿島線　ひたちなか海浜鉄道
- 104 関東鉄道常総線・竜ヶ崎線　真岡鐵道
- 106 JR両毛線　JR水戸線　わたらせ渓谷鐵道
- 108 東武伊勢崎線②・桐生線・小泉線・佐野線
- 110 東武日光線・宇都宮線・鬼怒川線　野岩鉄道

※●数字は本誌で紹介しているページです。　※路線名INDEXは巻末のP190〜191をご覧ください。

⑭ 山手線
⑯ 東京メトロ各線
⑱ 都営地下鉄各線　都電荒川線　日暮里・舎人ライナー
　　上野動物園モノレール
⑳ 東京モノレール　ゆりかもめ　りんかい線
　　ディズニーリゾートライン
㉒ 京急本線・久里浜線・逗子線・空港線・大師線
㉔ 東急東横線・目黒線・池上線・多摩川線　みなとみらい線
㉖ 東急田園都市線・世田谷線・大井町線・こどもの国線
㉘ 相鉄本線・いずみ野線　横浜市営地下鉄各線
㉚ JR南武線　JR鶴見線
㉜ JR横浜線　JR相模線　JR根岸線
㉞ 小田急小田原線・多摩線・江ノ島線
㊱ 江ノ島電鉄　湘南モノレール　金沢シーサイドライン
㊷ JR青梅線　JR五日市線　多摩都市モノレール
㊹ 京王電鉄各線
㊻ JR京浜東北線　JR埼京線　JR湘南新宿ライン
⑳ JR武蔵野線　JR京葉線　埼玉高速鉄道
㊸ 西武新宿線・拝島線・国分寺線・多摩湖線・山口線・
　　狭山線・池袋線①・有楽町線・豊島線・多摩川線
㊻ 東武東上線・越生線
㊸ 東武伊勢崎線①・亀戸線・大師線・野田線
⑳ 京成本線・押上線・金町線・東成田線　芝山鉄道
　　北総鉄道　ユーカリが丘線
㊷ 京成千葉線・千原線　新京成電鉄　東葉高速鉄道
　　千葉都市モノレール
⑩ 常磐線①　流鉄流山線　つくばエクスプレス

1 : 750,000
0　　10　　20km

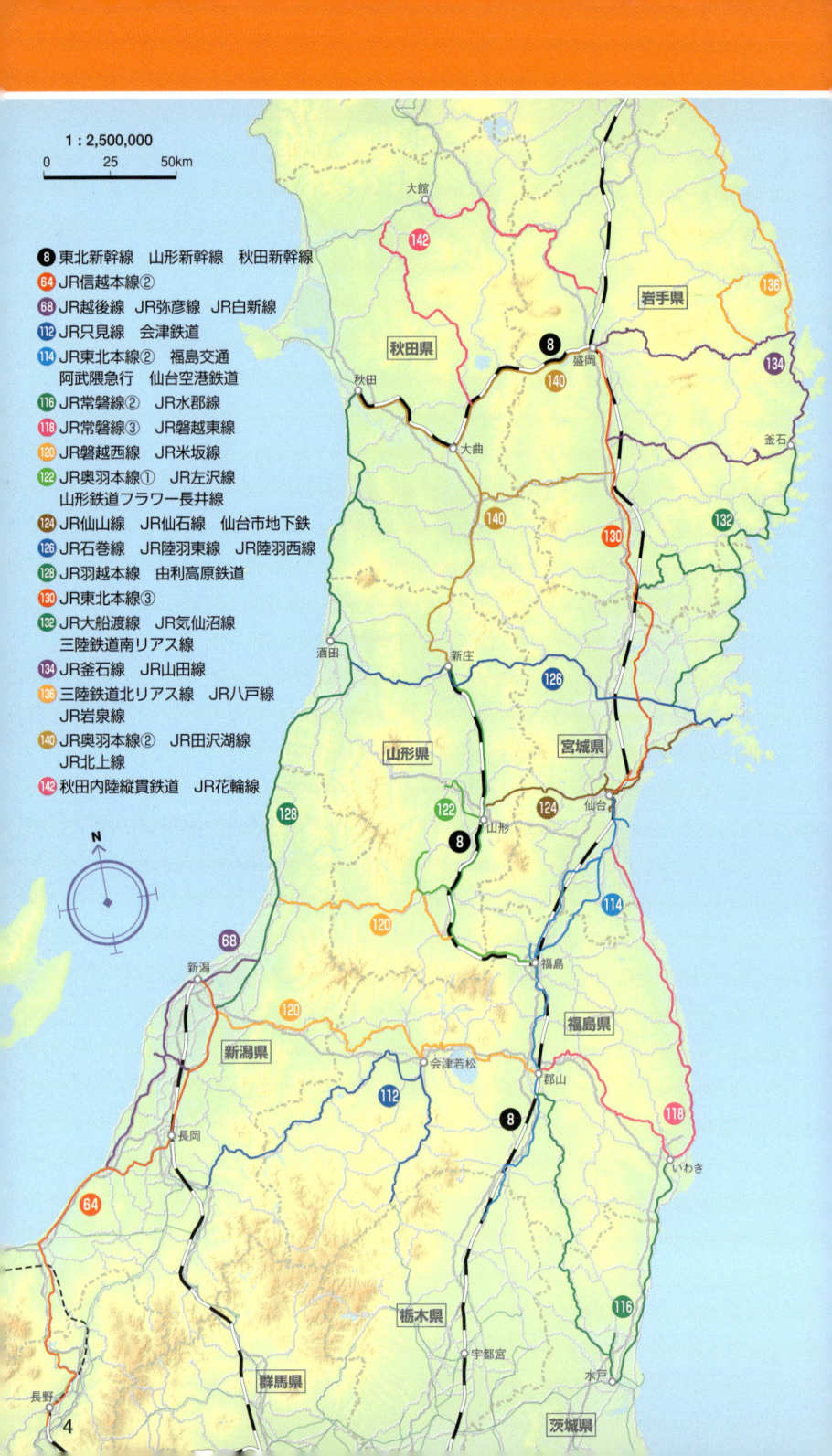

1 : 2,500,000
0　25　50km

- ❽ 東北新幹線　山形新幹線　秋田新幹線
- ❻❹ JR信越本線②
- ❻❽ JR越後線　JR弥彦線　JR白新線
- 112 JR只見線　会津鉄道
- 114 JR東北本線②　福島交通
  阿武隈急行　仙台空港鉄道
- 116 JR常磐線②　JR水郡線
- 118 JR常磐線③　JR磐越東線
- 120 JR磐越西線　JR米坂線
- 122 JR奥羽本線①　JR左沢線
  山形鉄道フラワー長井線
- 124 JR仙山線　JR仙石線　仙台市地下鉄
- 126 JR石巻線　JR陸羽東線　JR陸羽西線
- 128 JR羽越本線　由利高原鉄道
- 130 JR東北本線③
- 132 JR大船渡線　JR気仙沼線
  三陸鉄道南リアス線
- 134 JR釜石線　JR山田線
- 136 三陸鉄道北リアス線　JR八戸線
  JR岩泉線
- 140 JR奥羽本線②　JR田沢湖線
  JR北上線
- 142 秋田内陸縦貫鉄道　JR花輪線

1 : 3,600,000

138 JR東北本線④　JR大湊線　青い森鉄道
　　 IGRいわて銀河鉄道　十和田観光電鉄
144 JR奥羽本線③　JR男鹿線
　　 弘南鉄道大鰐線・弘南線
146 JR五能線　津軽鉄道
148 JR津軽線　JR海峡線　JR江差線
150 JR函館本線①
152 JR室蘭本線　JR千歳線
154 札幌市営地下鉄　札幌市電　函館市電
156 JR函館本線②　JR留萌本線
158 JR石勝線　JR日高本線
160 JR根室本線①　JR富良野線　JR札沼線
162 JR根室本線②
164 JR根室本線③　JR釧網本線
166 JR石北本線
168 JR宗谷本線

東海道新幹線

停車駅　◎のぞみ　○ひかり（一部通過）　・こだま

岐阜羽島駅
駅の所在地は羽島市。岐阜市中心部には駅前の名鉄新羽島駅から約30分。

路線プロフィール

東海道新幹線　東京－新大阪　552.6km（実際の路線距離は515.4km）　広　複　電

昭和39年10月1日、全線開業。開業時は、＜ひかり＞と＜こだま＞がそれぞれ毎時00分・毎時30分の1時間間隔で運転され、東京－新大阪間の所要時間は＜ひかり＞が4時間、＜こだま＞が5時間だった（翌年11月には、＜ひかり＞3時間10分、＜こだま＞4時間）。それまで在来線の特急で約6時間30分かかっていた東京－大阪間が日帰り可能となった。平成21年4月現在、最速のN700系＜のぞみ＞は2時間25分で、開業から45年でその所要時間は1時間35分短縮された。

駅は全17駅。そのうち開業後に新設された駅は、三島（昭和44年開業）、新富士（昭和63年開業）、掛川（同）、三河安城（同）、品川（平成15年開業）の5駅。

東海道新幹線の運賃は、並行在来線である東海道本線の別線増設として扱われるため、運賃の計算に用いる営業キロは、基本的に東海道本線と同一。ただし、東海道本線の駅と接続しない新横浜、新富士、岐阜羽島については、それぞれ東海道本線の横浜、富士、岐阜の営業キロが用いられている。なお、隣接駅間または開業後の新設駅（三島駅を除く）を含む区間で、普通車自由席を利用する場合の特急料金は、割安な特定特急料金となる。

おもな列車

新幹線 のぞみ・ひかり・こだま

N700系。2007年デビュー。<のぞみ>と<ひかり><こだま>の一部に使用。車体傾斜システムを採用し、東京ー新大阪間の所要時間を5分短縮した

700系。1999年デビュー。<のぞみ>と<ひかり><こだま>の一部に使用

300系。1992年デビュー。おもに<こだま>に使用

新幹線 のぞみ

500系。1997年デビュー。山陽新幹線直通の東京ー博多間<のぞみ>2往復に使用

三島駅
東海道新幹線の車庫所在駅で通過線が退避線を挟みこむ珍しい構造の駅。

品川駅
東海道新幹線で一番新しい駅。周辺にはオフィスビルが建ち並んでいる。

東海道新幹線 とうかいどうしんかんせん

営業キロ	実キロ	駅	よみ
0.0	0.0	東京	とうきょう
6.8	6.8	品川	しながわ
28.8	25.5	新横浜	しんよこはま
83.9	76.7	小田原	おだわら
104.6	95.4	熱海	あたみ
120.7	111.3	三島	みしま
146.2	135.0	新富士	しんふじ
180.2	167.4	静岡	しずおか
229.3	211.3	掛川	かけがわ
257.1	238.9	浜松	はままつ
293.6	274.2	豊橋	とよはし
336.3	312.8	三河安城	みかわあんじょう
366.0	342.0	名古屋	なごや
396.3	367.1	岐阜羽島	ぎふはしま
445.9	408.2	米原	まいばら
513.6	476.3	京都	きょうと
552.6	515.4	新大阪	しんおおさか

絶景＆撮影ポイント

① MAP 三島ー新富士
東海道新幹線の車窓の白眉は、富士山。三島付近から新富士の先までは、最もよくその姿を右（下り）に望むことができる。

② MAP 新富士ー静岡
全長1373mの富士川橋梁は、東海道新幹線最長の鉄橋。富士川の河川敷からは、疾走する新幹線と雄大な富士山を同時に撮影できる。

③ MAP 浜松ー豊橋
時間は短いが、東海道本線や国道1号線とともに浜名湖の南端をかすめる。夕景に映える湖は特に美しい。車窓右手（下り）。

Topics 日本最初の新幹線とN700系

東海道新幹線の開業は昭和39年。もちろん日本最初の新幹線です。そのため、東海道新幹線では、山陽新幹線以降の新幹線とは規格が異なっています。その代表的な例が曲線の半径で、東海道新幹線では、半径2500mという新幹線では急なカーブがあちこちに存在し、そのカーブの多さが時間短縮のネックになっていました。そこで、それを解消するために登場した車両がN700系です。この車両は、台車の空気ばねの圧力を変えることにより車体を傾斜させるシステムの搭載で、最高時速270kmで走れる区間が大幅に長くなりました。N700系の登場により、東京から新大阪間の所要時間は最大5分短縮されました。平成23年度末には、すべての定期<のぞみ>がN700系車両になる予定です。

0系新幹線

東北新幹線
山形・秋田新幹線

停車駅 ◎はやて やまびこ なすの つばさ こまち

山形新幹線 やまがたしんかんせん
0.0	福島	ふくしま
40.1	米沢	よねざわ
49.9	高畠	たかはた
56.1	赤湯	あかゆ
75.0	かみのやま温泉	かみのやまおんせん
87.1	山形	やまがた
100.4	天童	てんどう
108.1	さくらんぼ東根	さくらんぼひがしね
113.5	村山	むらやま
126.9	大石田	おおいしだ
148.6	新庄	しんじょう

秋田新幹線 あきたしんかんせん
0.0	盛岡	もりおか
16.0	雫石	しずくいし
40.1	田沢湖	たざわこ
58.8	角館	かくのだて
75.6	大曲	おおまがり
127.3	秋田	あきた

くりこま高原駅
ひらがなを使った初めての新幹線駅。駅は高原ではなく水田地帯の中にある。

新花巻駅
釜石線との乗り換え駅。立派な新幹線の駅舎を抜けると田んぼの前ののどかな釜石線のホームが現れる。

福島駅
「つばさ」と「やまびこ」はここで連結、切り離しが行われる。その作業は子どもたちに大人気。

那須塩原駅
新幹線の車庫があり、ここを始発終着にする列車も多い。駅前は周辺の温泉の旅館・ホテルの送迎車がいっぱい。

東北新幹線 とうほくしんかんせん
営業キロ	実キロ		
0.0	0.0	東京	とうきょう
3.6	3.6	上野	うえの
30.3	31.3	大宮	おおみや
80.6	80.3	小山	おやま
109.5	109.0	宇都宮	うつのみや
157.8	152.4	那須塩原	なすしおばら
185.4	178.4	新白河	しんしらかわ
226.7	213.9	郡山	こおりやま
272.8	255.1	福島	ふくしま
306.8	286.2	白石蔵王	しろいしざおう
351.8	325.4	仙台	せんだい
395.0	363.8	古川	ふるかわ
416.2	385.7	くりこま高原	くりこまこうげん
445.1	406.3	一ノ関	いちのせき
470.1	431.3	水沢江刺	みずさわえさし
487.5	448.6	北上	きたかみ
500.0	463.1	新花巻	しんはなまき
535.3	496.5	盛岡	もりおか
566.4	527.6	いわて沼宮内	いわてぬまくない
601.0	562.2	二戸	にのへ
631.9	593.1	八戸	はちのへ

路線プロフィール

東北新幹線　東京－八戸　631.9km（実際の路線距離は593.1km）　　広 複 電

昭和57年6月、大宮－盛岡間開業。速達タイプの＜やまびこ＞と各駅停車タイプの＜あおば＞で運転を開始。昭和60年3月に上野－大宮間が開業するまでの間、在来線に新幹線連絡列車＜新幹線リレー号＞が運転された。その後、平成3年6月に東京－上野間開業。平成6年7月、オール2階建てのE1系を使用した＜Maxやまびこ＞＜Maxあおば＞の運転を開始（平成9年10月、＜あおば＞＜Maxあおば＞は廃止）。平成14年、盛岡－八戸間開業。同時に＜はやて＞が運転開始。八戸－新青森間は、平成22年12月の開業を目指して工事が進められている。

山形新幹線　福島－新庄　148.6km　　広 複 電

平成4年7月、福島－山形間が開業し、＜つばさ＞の運行開始。平成11年に新庄まで延伸開業。狭軌の在来線（奥羽本線）を標準軌に改軌したいわゆる「ミニ新幹線」方式で、普通列車と同じ線路を走行する。一部列車を除き、東北新幹線東京－福島間は＜Maxやまびこ＞と併結運転され、福島駅で連結・切り離しを行う。福島－新庄間の最高速度は130km/h。

秋田新幹線　盛岡－秋田　127.3km　　広 複 電

平成9年盛岡－秋田間全線開業、＜こまち＞の運行を開始。山形新幹線同様の「ミニ新幹線」方式だが、盛岡－大曲間（田沢湖線）は狭軌を標準軌に改軌した線路、大曲－秋田間（奥羽本線）は、在来線用の狭軌と秋田新幹線用の標準軌とが並列もしくは三線軌条の線路を走行する。東北新幹線東京－盛岡間は＜はやて＞と併結運転され、盛岡駅で連結・切り離しを行う。盛岡－秋田間の最高速度は130km/h。

おもな列車

新幹線　はやて・やまびこ・なすの・つばさ・こまち

E3系。平成9年の秋田新幹線開業時より＜こまち＞に使用。当初は5両編成だったが現在は6両編成

E2系。平成9年デビュー。＜こまち＞＜やまびこ＞＜なすの＞に幅広く使用されている

E3系。＜つばさ＞用で山形新幹線新庄延長用として登場。平成22年までに400系を置き換え予定

200系。昭和57年の開業時にデビュー。仙台以南の＜やまびこ＞＜なすの＞に使用。東海道・山陽新幹線の0系に似る

新幹線　Maxやまびこ・Maxなすの

E4系。平成9年デビュー。オール2階建てで、仙台以南の＜Maxやまびこ＞および＜Maxなすの＞に使用

新型車両が登場！

平成22年度の新青森までの開通にあわせて登場する予定なのがE5系。高速化され、時速300～320kmで運転予定。将来は東北新幹線の主役になる

絶景＆撮影ポイント

❶ 白石蔵王－仙台（東北新幹線）両駅間には25.7kmという日本有数の直線区間がある。田園風景の向こうに、悠々と連なる蔵王連峰を左に（下り）望む。

❷ 一ノ関－水沢江刺（東北新幹線）北上川を渡る全長3868mの第一北上川橋梁は、日本一長い鉄道橋。増水時に川の水を貯めるための遊水池（水田）も越えるため長い。

❸ 福島－米沢（山形新幹線）かつて在来線には、急勾配の難所を越える4連続スイッチバックがあった。スノーシェッドで覆われた峠駅などを通過する。

Topics　東北新幹線の延伸と北海道新幹線計画

平成14年12月に八戸駅までが開業した東北新幹線は、平成22年度の八戸－新青森間開通に向けて、工事が進められています。全線開業時、東京－新青森間の所要時間は約3時間20分とされていましたが、その後新型車両の投入などによりスピードアップが図られ、さらに15分ほど短縮される予定です。一方、新青森から接続する北海道新幹線は、青函トンネルを通り、札幌までを結ぶ計画。新青森－新函館間は平成17年に着工済みで平成27年度の開業予定、新函館－札幌間は未着工ですが平成32年の開業が予定されています。長万部駅から先は、現在のメインルートである室蘭本線回りではなく、倶知安・小樽を経由するいわゆる「北回りルート」をとることが決まっています。全線開業後、360km/h運転が行われた際には、東京－札幌間が約4時間で結ばれるとされ、現在の所要時間に比べて約5時間30分の短縮が見込まれます。

上越・長野新幹線

上越新幹線 じょうえつしんかんせん

営業キロ	実キロ		
30.3	31.3	(東京)	
26.7	27.7	(上野)	
0.0	0.0	大宮	おおみや
34.4	36.6	熊谷	くまがや
55.7	55.7	本庄早稲田	ほんじょうわせだ
74.7	77.3	高崎	たかさき
121.3	119.1	上毛高原	じょうもうこうげん
168.9	151.4	越後湯沢	えちごゆざわ
198.6	181.0	浦佐	うらさ
240.3	213.8	長岡	ながおか
263.5	237.4	燕三条	つばめさんじょう
303.6	269.5	新潟	にいがた
0.0	0.0	(越後湯沢)	
1.8	1.8	ガーラ湯沢	がーらゆざわ

長野新幹線 ながのしんかんせん

0.0	高崎	たかさき
18.5	安中榛名	あんなかはるな
41.8	軽井沢	かるいざわ
59.4	佐久平	さくだいら
84.2	上田	うえだ
117.4	長野	ながの

佐久平駅
駅周辺は新幹線の開業で景観は一変。一面の田園地帯がショッピングセンターが建ち並ぶ佐久市の中心地に。

路線プロフィール

上越新幹線　大宮－新潟　303.6km（実際の路線距離は269.5km）

広　複　電

昭和57年11月、大宮－新潟間開業。速達タイプの〈あさひ〉と各駅停車タイプの〈とき〉で運転を開始。昭和60年3月に東北新幹線の上野－大宮間開業と同時に上野、平成3年6月に東京まで乗り入れる。平成6年7月、オール2階建てのE1系を使用した〈Maxあさひ〉〈Maxとき〉の運転を開始。平成9年10月、〈たにがわ〉〈Maxたにがわ〉が登場。その際、〈とき〉〈Maxとき〉は一旦廃止となるが、平成14年に復活する（〈あさひ〉〈Maxあさひ〉は廃止）。越後湯沢－ガーラ湯沢間は新幹線車両しか走らないが、正式には在来線である上越線の支線という扱い。

長野新幹線　高崎－長野　117.4km

広　複　電

平成9年10月、高崎－長野間開業、〈あさま〉の運行を開始（列車は上越・東北新幹線に乗り入れて東京駅まで運行）。翌平成10年に開催された長野オリンピックにあわせての開業でもあった。正式には北陸新幹線の一部であるため、当初は「長野行新幹線」と呼ばれることもあったが、現在は「長野新幹線」の呼び名が一般的だ。長野新幹線の開業により、並行する在来線である信越本線は、横川－軽井沢間が廃止、軽井沢－篠ノ井間が第三セクターのしなの鉄道に転換されたため、分断された。長野から先は北陸新幹線として、現在建設が進んでいる。

おもな列車

[新幹線] Maxとき・Maxたにがわ

E4系。平成13年、上越新幹線デビュー。オール2階建てで、＜Maxとき＞＜Maxたにがわ＞に使用。一部、長野新幹線にも乗り入れ可能な編成もある

E1系。平成6年デビュー。オール2階建てで、＜Maxとき＞＜Maxたにがわ＞に使用。現在は上越新幹線の一部のみ

[新幹線] とき・たにがわ・あさま

E2系。平成9年デビュー。＜あさま＞に使用。急勾配や周波数の切替に対応した、＜あさま＞専用の編成に

200系。昭和57年の開業時にデビュー。＜とき＞＜たにがわ＞に使用。ほぼすべての編成がリニューアル工事済み

ガーラ湯沢駅
スキー場直結の駅。駅の改札口を出るとそこはスキー場へのゴンドラ乗り場。

絶景＆撮影ポイント

1. **熊谷―高崎**（上越新幹線）
高架から広い関東平野を見渡すことができる。下り列車に乗ると、徐々に赤城山や榛名山、妙義山が近づいてくる。

2. **上毛高原―越後湯沢**（上越新幹線）
全長22,221mの大清水トンネルを境に、太平洋側と日本海側を分かつ区間。特に冬場は、その気象の違いを短時間で目の当たりにできる。

3. **燕三条―新潟**（上越新幹線）
どこまでも続く越後平野の米どころを高架の上から見渡せる。西側（下りの場合左）の平野の果てには、弥彦山が望める。

4. **高崎―安中榛名**（長野新幹線）
トンネルと橋梁が連続し、撮影しやすい場所が多い。長野新幹線をオーバークロスする道路がいくつかあり、そこから撮影できる。

5. **軽井沢―佐久平**（長野新幹線）
碓氷峠の急勾配をトンネルで抜け、軽井沢に近付くと、右（下り）に浅間山が眼前に現れる。佐久平までは、雄大に裾を引く山容が眺められる。

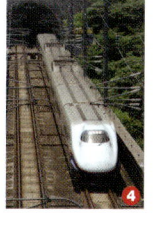

Topics　北陸へ伸びる新幹線

長野新幹線の正式な名称は北陸新幹線で、長野駅が終着ではなく、富山、金沢方面へ延伸されることになっています。現在、金沢駅の先にある白山総合車両基地までの工事が進められ、沿線では高架橋の姿があちこちで見られるようになりました。金沢までの完成予定は平成26年で、開通すると東京から金沢までの所要時間は、現在の上越線・ほくほく線・北陸本線経由より大幅に短縮されます。なお、北陸新幹線は、上越（仮称）まではJR東日本が、それ以西はJR西日本が運営することになっています。

JR東海道本線① (東京～熱海)
JR横須賀線

停車駅 ●特急 ●快速 ●普通
※東京－横浜間は京浜東北線のみ停車する駅を省略

大磯駅
別荘地として栄えたこの駅では、往時の面影を残す三角屋根の瀟洒な駅舎が今も使われている。

田浦駅
トンネルとトンネルに挟まれたホームの長さは短く、11両編成の列車は一部のドアが開かない。

根府川駅
ホームから相模湾を一望できる絶景の駅。元日にはこの駅から初日の出を望む臨時列車も停車。

路線プロフィール

JR東海道本線① 東京－熱海 104.6km （全線 594.5km） 狭軌 複 電

明治5年5月（旧暦）、品川－横浜（現・桜木町）間が仮開業。日本初の鉄道として同区間を1日2往復運転。同年9月（旧暦）、新橋（後の汐留）－品川間開業。明治20年、横浜－国府津間開業。明治42年には烏森（現・新橋）へ分岐し、翌43年には呉服橋－有楽町－烏森間が開業（大正3年に東京駅が開業し、呉服橋駅は廃止）。大正9年、国府津－小田原間が熱海線として開業、その後大正14年に熱海まで延伸開業。昭和9年に丹那トンネルが開通し、国府津－熱海間は東海道本線の一部となった。

JR横須賀線 東京－久里浜 70.4km 狭軌 単複 電

明治22年、大船－横須賀間開業。それから55年後の昭和19年に、横須賀－久里浜間が開業して全通。路線名称上の区間は大船－久里浜だが、運転上は、大船から東海道本線に入り横浜、西大井を経由して品川、東京へ至る。多くの列車は、さらに総武本線（快速線）へ乗り入れる。昭和55年に東海道本線の線増が行われ、東京－大船間は横須賀線の線路を分離。そのうち品川－鶴見駅付近は「品鶴線」と呼ばれる東海道本線の支線。

絶景＆撮影ポイント

❶ 早川－真鶴 （東海道本線）
相模湾が見渡せる、東海道本線随一の車窓。山側の斜面にはミカン畑が広がる。特に、早川－根府川間は、相模湾をバックに列車が撮影できる。

❷ 品川－新川崎 （横須賀線）
横須賀線と東海道新幹線とが並走する区間。特に西大井－新川崎間では、両線が隣接して多摩川を渡る。

おもな列車

サンライズ瀬戸・出雲 【寝台】

285系。<サンライズ瀬戸>（東京－高松）と<サンライズ出雲>（東京－出雲市）を岡山まで併結運転

スーパービュー踊り子 【特急】

251系。池袋・新宿・東京－伊豆急下田間。1・2・10号車は2階建て車両

踊り子 【特急】

185系。東京－伊豆急下田、修善寺間。昭和56年運転開始

成田エクスプレス 【特急】

253系。大船・横浜・品川－成田空港間。全席指定席

東海道本線①　とうかいどうほんせん

km	駅	よみ
0.0	東京	とうきょう
1.9	新橋	しんばし
6.8	品川	しながわ
18.2	川崎	かわさき
28.8	横浜	よこはま
40.9	戸塚	とつか
46.5	大船	おおふな
51.1	藤沢	ふじさわ
54.8	辻堂	つじどう
58.6	茅ヶ崎	ちがさき
63.8	平塚	ひらつか
67.8	大磯	おおいそ
73.1	二宮	にのみや
77.7	国府津	こうづ
80.8	鴨宮	かものみや
83.9	小田原	おだわら
86.0	早川	はやかわ
90.4	根府川	ねぶかわ
95.8	真鶴	まなづる
99.1	湯河原	ゆがわら
104.6	熱海	あたみ

↓東海道本線② P42へ

横須賀線　よこすかせん

km	駅	よみ
0.0	東京	とうきょう
1.9	新橋	しんばし
6.8	品川	しながわ
10.4	西大井	にしおおい
－	武蔵小杉(2010年度仮開業予定)	
19.5	新川崎	しんかわさき
28.8	横浜	よこはま
31.8	保土ヶ谷	ほどがや
36.7	東戸塚	ひがしとつか
40.9	戸塚	とつか
46.5	大船	おおふな
48.8	北鎌倉	きたかまくら
51.0	鎌倉	かまくら
54.9	逗子	ずし
56.9	東逗子	ひがしずし
60.3	田浦	たうら
62.4	横須賀	よこすか
65.8	衣笠	きぬがさ
70.4	久里浜	くりはま

大船駅　鎌倉ハムを使った大船軒の「サンドウィッチ」は知る人ぞ知る伝統の味。

アクティー 【快速】

E231系など。東京－小田原・熱海間。辻堂・大磯・二宮・鴨宮は通過

湘南ライナー 【ライナー】

215系など。東京・品川－平塚・小田原間。ライナー券が必要

ムーンライトながら 【快速】

183系など。東京－大垣間。平成21年3月より、繁忙期のみ運転の臨時列車に

Topics　2回場所が変わった横浜駅

初代横浜駅は、明治5年6月、品川－横浜間に日本初の鉄道が走り始めたのと同時に開業しました。現在の桜木町駅が、その場所にあります。そのため、明治20年7月に横浜－国府津間が開業した際は、横浜駅でスイッチバックをしなければならない配線でした。明治31年8月（貨物線としては明治27年9月）、横浜駅に寄らない通称「直通線」が開通。直通線上に設置された平沼駅が横浜駅の代わりをつとめました。大正4年8月に2代目横浜駅が開業し、本線列車の横浜駅の停車がようやく実現します。この時は地下鉄高島町駅付近にありましたが、大正12年の震災後に横浜市の復興事業と連動して昭和3年10月に現在の位置に移転するとともに、東海道本線も現在のルートに変更されました。

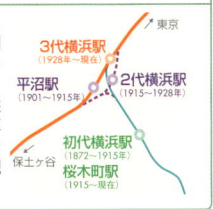

- 3代横浜駅 (1928年～)
- 平沼駅 (1901～1915年)
- 2代横浜駅 (1915～1928年)
- 初代横浜駅 (1872～1915年) / 桜木町駅 (1915～現在)

JR 山手線

1:1,125,000

駒込駅
駅構内に見事なつつじの植栽がある。関東の駅百選に認定。

新宿駅
一日平均乗降者数は360万人を超え、世界一。JRだけでも8面16線のホームを持つ。

原宿駅
西洋風の駅舎がみどころ。離れたところにお召し列車専用のホームも残る。

山手線　やまのてせん

km	駅	よみ
0.0	東京	とうきょう
0.8	有楽町	ゆうらくちょう
1.9	新橋	しんばし
3.1	浜松町	はままつちょう
4.6	田町	たまち
6.8	品川	しながわ
8.8	大崎	おおさき
9.7	五反田	ごたんだ
10.9	目黒	めぐろ
12.4	恵比寿	えびす
14.0	渋谷	しぶや
15.2	原宿	はらじゅく
16.7	代々木	よよぎ
17.4	新宿	しんじゅく
18.7	新大久保	しんおおくぼ
20.1	高田馬場	たかだのばば
21.0	目白	めじろ
22.2	池袋	いけぶくろ
24.0	大塚	おおつか
25.1	巣鴨	すがも
25.8	駒込	こまごめ
27.4	田端	たばた
28.2	西日暮里	にしにっぽり
28.7	日暮里	にっぽり
29.8	鶯谷	うぐいすだに
30.9	上野	うえの
31.8	御徒町	おかちまち
32.5	秋葉原	あきはばら
33.2	神田	かんだ
34.5	東京	とうきょう

路線プロフィール

JR山手線 東京-東京 34.5km 狭軌 複 電

明治18年3月、前身の日本鉄道品川線品川-赤羽間開業。その後明治36年に池袋-田端間が開業するが、明治42年10月に品川-赤羽間および池袋-田端間が山手線と名称制定される。大正14年11月東北本線の神田-上野間が開業し、現在のように環状運転を開始。東京、新橋、品川、渋谷、新宿、池袋、上野などターミナル駅を外回りと内回りで結ぶ。駅間の平均距離はJR東日本管内の路線では最も短い。また、全29駅のうちJR、私鉄など他路線と接続していないのは新大久保駅と目白駅のみで、駒込-田端間を除く全ての区間でJRの他路線が並走する。混雑緩和のため、平日朝ラッシュ時にはおよそ2分30秒間隔で運転されるほか、11両編成のうち座席を収納できる6扉車が2両導入されている。

おもな列車

山手線

E231系500番台

「山手線の駅」乗車人員ランキング (2008年度の1日平均乗車人員数)
※カッコ内はJR東日本全駅の順位

山手線内順位	駅名	1日の乗車人員			
1 (1)	新宿	766,020	15 (26)	大崎	123,918
2 (2)	池袋	563,412	16 (31)	目黒	106,132
3 (3)	渋谷	426,317	17 (32)	神田	105,753
4 (5)	東京	394,135	18 (38)	西日暮里	94,227
5 (6)	品川	328,439	19 (43)	日暮里	90,637
6 (9)	新橋	251,021	20 (53)	巣鴨	77,958
7 (9)	秋葉原	224,084	21 (56)	原宿	74,524
8 (10)	高田馬場	206,890	22 (57)	御徒町	74,094
9 (13)	上野	181,244	23 (61)	代々木	71,660
10 (14)	有楽町	169,361	24 (86)	大塚	53,890
11 (15)	浜松町	158,700	25 (94)	駒込	46,777
12 (17)	田町	154,124	26 (99)	田端	42,683
13 (21)	恵比寿	134,616	27 (109)	目白	39,282
14 (22)	五反田	134,512	28 (119)	新大久保	35,165
			29 (164)	鶯谷	23,707

絶景&撮影ポイント

① 東京-品川 MAP
京浜東北線に加えて東海道本線、横須賀線、東海道新幹線が並走する。東京駅の赤レンガ駅舎をはじめ、鉄道の歴史スポットも多数。

② 新宿 MAP
世界一の乗降客数を誇り、ホームの数が多いことでも知られる。周辺のビルから見おろすと駅の規模に圧倒される。

③ 池袋-大塚 MAP
陸橋の上から、走行する山手線や湘南新宿ラインなどの車両を撮影できる。大塚駅では都電荒川線へ乗り換えもできる。

④ 駒込-田端 MAP
山手線で唯一の踏切がある。山手線と言うと大都会のビル群を駆け抜けるイメージだが、このあたりは住宅街が広がっている。

Topics その① "やまてせん"? "やまのてせん"?

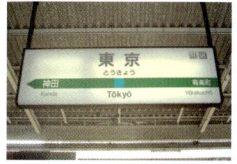

山手線は「やまてせん」なのか、それとも「やまのてせん」なのか、とよく話題になります。結論から言うと、「やまのてせん」が正解です。しかしある年齢層以上の人は「やまてせんが正しいと聞いた」と言い張るでしょう。元々山手線は、日本初の鉄道が新橋-横浜間で開通した後、東京の「山の手」方面を通り、北関東とを結ぶ貨物線を作る目的で敷設。その後東京の市街地が拡大したことにともない、旅客がメインの路線へと姿を変えました。しかし、戦後すぐ、GHQが各路線にローマ字を振る際に「YAMATE」としたために、「やまてせん」が広く普及します。それでも昭和46年、当時の国鉄が全路線にひらがなのルビを振ることを決めた際、「やまのてせん」に戻そうと統一しました。これは根岸線山手（やまて）駅との混同をさけたためとも言われています。

Topics その② 進む禁煙化

平成21年4月より、高まる禁煙志向や受動喫煙防止を訴える声を受けて、首都圏のJR東日本の駅ホームが全面禁煙化されました。既に都内の大手私鉄や地下鉄のホームは全面禁煙となっており、JR東日本が唯一、喫煙スペースを設けてタバコを吸える状態になっていました。JR東日本でも、平成4年に山手線各駅のホームで分煙化を実施し、その翌年に東京近郊区間や主要駅、平成9年には全駅へとエリアを拡大していました。しかし、嫌煙者を中心に「受動喫煙の防止が完全に図られていない」という声が多く寄せられたため、15年からは大手私鉄構内の全面禁煙化が開始。JR東日本でも16年から首都圏の駅は朝の通勤時間帯に禁煙タイムを導入していました。JR東日本の全面禁煙は八高線や青梅線などを除く都内の全ての駅と、千葉・埼玉・神奈川の通勤電車が通るエリアで実施されています。

東京メトロ 銀座線・丸ノ内線・日比谷線・東西線
千代田線・有楽町線・半蔵門線・南北線・副都心線

後楽園駅
営団地下鉄初の駅ビル。開放的な地下空間が評価され関東の駅百選に。後楽園と東京ドームがすぐそばに見える

東京メトロ半蔵門線 渋谷―押上 16.8km 狭軌 複 電
昭和53年8月渋谷―青山一丁目間開業。東急新玉川線・田園都市線と直通運転を開始。昭和57年12月に半蔵門まで延伸するが、平成2年11月に水天宮前まで開業。平成15年、水天宮前―押上間が開業し、東武伊勢崎線・日光線と直通運転を始める。現在、平日日中は5分間隔で運転。

銀座駅
地上には日本を代表するネオン街が広がる。日比谷線コンコースには東京地下鉄道の創業者・早川徳次の胸像が設置

東京メトロ南北線 目黒―赤羽岩淵 21.3km 狭軌 複 電
平成3年11月、駒込―赤羽岩淵間開業。東京メトロでは初めてホームドアが採用され、斬新なホームのデザインが話題となった。平成12年9月に目黒まで延伸し全線開業。白金高輪―目黒間の2.3kmは都営地下鉄三田線と軌道および駅舎を共同使用するとともに、東急目黒線と相互直通運転を開始。平成13年3月より埼玉スタジアムへのアクセスを担う埼玉高速鉄道との相互直通運転も開始した。

東京メトロ副都心線 和光市―渋谷 20.2km 狭軌 複 電
平成20年6月に池袋―渋谷間が開業し、既存の有楽町線新線の池袋―和光市間を含めて全線開通。東武東上線および西武池袋線と相互直通運転を行っている。池袋―渋谷間は従来のJR山手線、埼京線とほぼ並走している。急行運転が実施されているほか、小竹向原―渋谷間はホームドアが設けられ、ATO＝自動列車運転装置によるワンマン運転を実施。将来は東急東横線との直通が予定されている。

路線プロフィール

東京メトロ銀座線　浅草ー渋谷　14.3km　広軌 複 電

日本初の地下鉄として昭和2年12月浅草ー上野間開業。東京地下鉄道により昭和9年6月に新橋まで延伸。一方、青山六丁目（現・表参道）ー虎ノ門間が東京高速鉄道により昭和13年11月に開業。その後、渋谷、新橋まで延伸。当初は新橋駅を起点とした別の路線だったが、昭和14年9月に直通運転を開始し、2年後の昭和16年9月に両線を帝都高速度交通営団（現・東京メトロ）に譲渡。渋谷ー浅草間が一つの路線となった。

東京メトロ丸ノ内線　池袋ー荻窪　24.2km／中野坂上ー方南町　3.2km　広軌 複 電

昭和29年1月に池袋ー御茶ノ水間開業。昭和34年3月新宿まで延伸。昭和36年2月に荻窪線として新宿ー新中野間と中野坂上ー中野富士見町間開業。昭和37年1月荻窪まで延伸、同年3月に方南町まで延伸。昭和47年、荻窪線を丸ノ内線に統一する。ほとんどの列車が荻窪ー池袋間の本線と中野坂上ー方南町間の支線で往復する。近年、ホームドアの設置やATO＝自動列車運転装置の導入などを進め、ワンマン化を行った。

東京メトロ日比谷線　北千住ー中目黒　20.3km　狭軌 複 電

昭和36年3月南千住ー仲御徒町間開業。翌37年5月には南千住ー北千住間と仲御徒町ー人形町間が開業し、東武伊勢崎線との相互直通運転を開始。また昭和39年8月には中目黒ー北千住の全線が開通し、東急東横線との相互直通運転も始まった。なお、東急東横線は一部区間で並走する東急目黒線が平成12年より東京メトロ南北線と直通運転を行っていることから、日比谷線の乗り入れ本数を減らしている。

※「駅名リスト」および「Topics」はP188-189に掲載しています。

地下鉄博物館
東西線葛西駅高架下。地下鉄開業当初の銀座線車両などを展示している。経済産業省から近代化産業遺産に認定

東京メトロ東西線　中野ー西船橋　30.8km　狭軌 複 電

昭和39年12月高田馬場ー九段下間開業。その後中野まで延伸し、昭和41年4月、地下鉄として初めて国鉄（中央線）と直通運転を開始。昭和44年3月に西船橋までの全線が開業、西船橋ー東陽町間で、快速運転も開始される。同年4月には西船橋から国鉄総武線との相互乗り入れも開始。平成8年4月東葉高速鉄道と相互直通運転を開始。名前の通り都心を東西に貫き、副都心線を除く東京メトロ全路線と乗り換えができる。

東京メトロ千代田線　綾瀬ー代々木上原　21.9km／綾瀬ー北綾瀬　2.1km　狭軌 複 電

昭和44年12月北千住ー大手町間開業。昭和46年4月綾瀬ー北千住間が開業し、国鉄常磐線各駅停車と相互直通運転を開始。なお、北千住ー綾瀬は現・JR常磐線との二重戸籍区間である。昭和53年3月、代々木上原まで全線開業し、小田急電鉄との相互直通運転を開始。また、昭和54年12月には綾瀬ー北綾瀬間が支線として開業。これは、元々車庫までの回送線を地元住民からの要望に応えて営業路線化したものである。

東京メトロ有楽町線　和光市ー新木場　28.3km　狭軌 複 電

昭和49年10月池袋ー銀座一丁目間開業。昭和62年8月に和光市ー営団成増（現・地下鉄成増）が開業し、東武東上線との相互直通運転を開始。昭和63年に新木場までの全線が開業。平成10年より西武池袋線とも相互乗り入れを開始。平成6年12月に小竹向原ー新線池袋駅間が新線として開業。後の副都心線である。平成20年6月、副都心線開業に伴い和光市ー小竹向原が同線との共用区間となる。

東京都交通局

都営浅草線・都営三田線・都営新宿線・都営大江戸線・都電荒川線・日暮里・舎人ライナー・上野動物園モノレール

都庁前駅
6の字運転の起点駅。吹き抜けの開放感あるデザインが特徴。都庁舎とつながっている

Topics 「210キロの路線網を誇った都電」

明治36年8月、東京馬車鉄道を電化した東京電車鉄道が品川―新橋間を開業させました。これが東京初の路面電車です。その後続々と開業した路面電車を明治44年に東京市が買収。昭和18年の都制施行後に「都電」の名が一般に定着するようになりました。最盛期には40系統、210kmを超える路線が都内を縦横に張りめぐらされていましたが、昭和30年代より自動車の激増を受けて軌道内への自動車乗り入れが解禁。都電は「邪魔者」として全廃が決まりました。しかし、現在の都電荒川線は、路面を走行しない専用軌道が多かったことから、沿線住民を中心に存続を求める声も高く、廃止を免れました。

上野動物園モノレール
東園―西園　0.3km　［モノ］［単］［電］

昭和32年12月全線開業。日本初のモノレールとして営業運転を行っており、動物園の遊戯施設ではなく、歴とした鉄道事業法に基づく交通機関だ。東園―西園をおよそ1分半かけて運行する。動物園の休園日は運休となる。

路線プロフィール

都営浅草線　西馬込ー押上　18.3km

昭和35年12月、都営初の地下鉄として押上－浅草橋間開業、同時に京成電鉄と相互直通運転を開始。当初は都営1号線という呼称だった。昭和43年6月、泉岳寺まで延伸、京浜急行電鉄と相互直通運転を開始。昭和43年11月、西馬込までの全線開業。昭和53年より都営浅草線に改称。その後北総鉄道、芝山鉄道とも相互直通運転を開始。平成10年11月、エアポート快特の運転を開始し、一部駅を通過する。

都営三田線　目黒ー西高島平　26.5km

昭和43年12月、都営6号線として志村（現・高島平）－巣鴨間開業。その後、都営三田線に改称された。昭和47年から48年にかけて巣鴨から日比谷を経て三田まで開業。昭和51年5月、高島平－西高島平間開業。平成12年9月、三田－目黒間開業。白金高輪－目黒間の2.3kmは営団地下鉄（現・東京メトロ）南北線と軌道および駅舎を共同営業するとともに、東急目黒線と相互直通運転を開始。また同時にワンマン運転を開始した。

三ノ輪橋駅
駅周辺にはバラが植えられている。往年の都電を想起させるレトロな外観になっている

東大島駅
旧中川に架かる橋梁上にホームがある。太陽光・風力発電や屋上緑化など「駅エコ」を進めている

※「駅名リスト」はP189に掲載しています。

都営新宿線　新宿ー本八幡　23.5km

昭和53年12月、岩本町－東大島間開業。昭和55年3月、新宿－岩本町間開業、京王帝都電鉄（現・京王電鉄）と相互直通運転を開始。平成元年3月本八幡まで全線開業。本八幡は千葉県市川市にあり、都営交通としては唯一都外の駅となる。平成9年12月より平日日中に急行運転を開始し、路線内での各駅停車の追い抜きも実施。その後土休日でも運行が始まり、急行も京王線との乗り入れを開始した。

都営大江戸線　光が丘ー都庁前　40.7km

平成3年12月、都営12号線として練馬－光が丘開業。鉄輪式・リニアモーター推進方式を採用した地下鉄として注目された。平成9年12月に新宿まで延伸。平成12年4月、新宿－国立競技場間が開業し、路線名を大江戸線と改称。同年12月、国立競技場－大門－都庁前の全線開業。環状線となり、「6の字運転」を開始。第二の山手線として都心部を網羅し、都営地下鉄4線の中で最も乗降客数が多い路線となっている。

都電荒川線　三ノ輪橋ー早稲田　12.2km

明治44年8月、大塚－飛鳥山間が王子電気軌道によって開業。昭和30年代より自家用車の普及に伴い道路整備が進み、都電各路線の廃止が続々と決定。昭和49年に赤羽－三ノ輪橋間の27系統の一部と荒川車庫前－早稲田間の32系統を統合し、荒川線と改称。現在の三ノ輪橋－早稲田間を結ぶ都電荒川線が誕生した。沿線には巣鴨のとげぬき地蔵尊や雑司ヶ谷の鬼子母神、あらかわ遊園など観光スポットが多い。現存する唯一の都電。

日暮里・舎人ライナー　日暮里ー見沼代親水公園　9.7km

平成20年3月日暮里－見沼代親水公園間の全線開業。東京・足立区の大部分の地域は、従来マイカーのない人にとっては渋滞で時間の読めないバスしか輸送手段がなかったが、この路線の開業によって利便性が飛躍的に改善された。全線でATOによる自動運転を実施。ビル街や住宅街を貫き走行するので、臨海エリアを走行するゆりかもめなどとは違った車窓が楽しめる。

東京モノレール　東京臨海高速鉄道りんかい線
ゆりかもめ　ディズニーリゾートライン

お台場海浜公園駅
駅前にマンションやお台場のビーチが広がる。お台場の玄関。

国際展示場駅
屋根が半透明な幕で採光性があり、幌馬車をイメージさせる駅舎となっている。

天王洲アイル駅
再開発に合わせて新しくできたオフィスビル街に調和した駅デザイン。

羽田空港第1・第2ビル駅
国内の空の玄関口に直結。広々とした構内で移動しやすい。

東京モノレール
km	駅名	よみ
0.0	モノレール浜松町	ものれーるはままつちょう
4.0	天王洲アイル	てんのうずあいる
7.1	大井競馬場前	おおいけいばじょうまえ
8.7	流通センター	りゅうつうせんたー
9.9	昭和島	しょうわじま
11.8	整備場	せいびじょう
12.6	天空橋	てんくうばし
16.1	新整備場	しんせいびじょう
16.9	羽田空港第1ビル	はねだくうこうだいいちびる
17.8	羽田空港第2ビル	はねだくうこうだいにびる

ゆりかもめ
km	駅名	よみ
0.0	新橋	しんばし
0.4	汐留	しおどめ
1.6	竹芝	たけしば
2.2	日の出	ひので
3.1	芝浦ふ頭	しばうらふとう
7.0	お台場海浜公園	おだいばかいひんこうえん
7.8	台場	だいば
8.4	船の科学館	ふねのかがくかん
9.2	テレコムセンター	てれむせんたー
10.2	青海	あおみ
11.3	国際展示場正門	こくさいてんじじょうせいもん
12.0	有明	ありあけ
12.7	有明テニスの森	ありあけてにすのもり
13.5	市場前	しじょうまえ
14.0	新豊洲	しんとよす
14.7	豊洲	とよす

りんかい線
km	駅名	よみ
0.0	新木場	しんきば
2.2	東雲	しののめ
3.5	国際展示場	こくさいてんじじょう
4.9	東京テレポート	とうきょうてれぽーと
7.8	天王洲アイル	てんのうずあいる
8.9	品川シーサイド	しながわしーさいど
10.5	大井町	おおいまち
12.2	大崎	おおさき

ディズニーリゾートライン
km	駅名
0.0	リゾートゲートウェイ・ステーション
0.6	東京ディズニーランド・ステーション
1.8	ベイサイド・ステーション
3.7	東京ディズニーシー・ステーション
5.0	リゾートゲートウェイ・ステーション

停車駅　◎空港快速　○区間快速　●普通

1:150,000　0　5km

路線プロフィール

東京モノレール　モノレール浜松町－羽田空港第2ビル　17.8km　モ 複 電

東京オリンピックの開催に合わせて昭和39年9月モノレール浜松町－羽田間開業。当初は途中駅がなかったが、昭和40年5月に大井競馬場前駅新設。平成14年よりホームドアの全駅使用に併せワンマン運転が始まる。さらに、平成15年より快速運転を開始し高速化した。平成16年12月、羽田空港第2ビルまで全線開業。平成22年10月には羽田空港国際線ビル駅（仮）が開業予定。

ゆりかもめ　新橋－豊洲　14.7km　新 複 電

平成7年11月新橋－有明間開業。平成18年3月有明－豊洲間が延伸し全線開業。平成8年に開催予定（後に中止）だった世界都市博覧会へのアクセス路線として開業した。正式路線名は東京臨海新交通臨海線。お台場をはじめとする臨海副都心の開発が進むにつれ乗客を増やしている。全線でATOによる無人自動運転を実施。駅員も混雑時を除き、起終点となる新橋、豊洲以外には配置されておらず、無人駅となる。

東京臨海高速鉄道りんかい線　新木場－大崎　12.2km　狭軌 複 電

平成8年3月新木場－東京テレポート間開業。当初は臨海副都心線という名称だったが認知度が高まらなかったため平成12年9月に「りんかい線」に改称。平成14年12月大崎まで全線開業し、JR埼京線と相互直通運転を開始。お台場への通勤客や観光客が増加し利用客が増えたことに伴い、10両編成に。フジテレビに近い東京テレポート駅では平成20年7月より発車ベルの音が映画「踊る大捜査線」のテーマ曲に。

ディズニーリゾートライン　リゾートゲートウェイ・ステーション－リゾートゲートウェイ・ステーション　5.0km　モ 単 電

東京ディズニーリゾートの各施設を移動する手段として平成13年7月に開業。モノレールとしては初の運転士のいないATO運転で、環状の単線を反時計回りに運行する。園内のアトラクションではなく私鉄路線として開業され、定期券の販売もある。ディズニーの世界観に対して忠実に、駅舎や車両にはユニークな装飾がされ、車両の窓や吊革はミッキーのシルエット型にデザインされている。

©Disney

おもな列車

空港快速（東京モノレール）

空港快速は日中1時間に5本ほど運転。浜松町から羽田空港第1ビルを経由して第2ビルまでを18分で結ぶ。ノンストップで運転。写真は2000形

ゆりかもめ

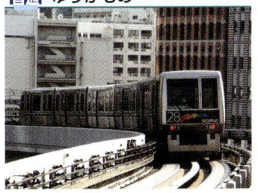

7200系（6次車）。ゆりかもめには1～6次車まで合計26編成があり、6次車は平成17年7月から2編成で運行を開始

りんかい線

70-000形。平成8年のりんかい線開業当時からの車両で、現在は1編成10両に。埼京線・川越線にも乗り入れている

絶景＆撮影ポイント

❶ 昭和島（東京モノレール）　車両基地があり、モノレールのレールが何本も並ぶ珍しい光景が広がる。また、ホームには待避線が設けられ、快速の追い越しも見られる。

❷ 天王洲アイル～大井競馬場前（東京モノレール）　京浜運河の上を走行するモノレールを撮影できる。天王洲アイルでは高層ビルが林立する中をモノレールが行き交う。

❸ 日の出～お台場海浜公園（ゆりかもめ）　レインボーブリッジをわたる。無人運転のため、先頭車両に乗れば眺望を独占できる。お台場の夜景も眼前に広がる。

❹ 青海（ゆりかもめ）　パレットタウンの観覧車と列車を撮影できる。また、「球体」が有名なフジテレビ社屋の裏側を見られる数少ないスポットでもある。

Topics　新交通システムを楽しむ

専用軌道をゴムタイヤを使って走行する中量交通機関を「新交通システム」と呼びます。新交通システムにはゴムタイヤで走行するため騒音や振動を抑制できる、といったメリットがあります。新交通システムは、既設の幹線道路上に高架で専用軌道を敷けることもあり、臨海部や郊外のニュータウンで建設が進みました。鉄道よりもコンパクトで、バスよりも定時運行が可能という位置づけができるでしょう。そして、何といっても新交通システムの特長は、車に比べてCO_2排出量が少なく、環境によい点です。車依存社会からの脱却を目指して、各地で導入されました。

京急本線・久里浜線・逗子線・空港線・大師線

1:250,000

京急空港線　けいきゅうくうこうせん
km	駅名	よみ
0.0	京急蒲田	けいきゅうかまた
0.9	糀谷	こうじや
1.9	大鳥居	おおとりい
2.6	穴守稲荷	あなもりいなり
3.3	天空橋	てんくうばし
6.5	羽田空港	はねだくうこう

京急大師線　けいきゅうだいしせん
km	駅名	よみ
0.0	京急川崎	けいきゅうかわさき
1.2	港町	みなとちょう
2.0	鈴木町	すずきちょう
2.5	川崎大師	かわさきだいし
3.2	東門前	ひがしもんぜん
3.8	産業道路	さんぎょうどうろ
4.5	小島新田	こじましんでん

停車駅　◎快特　○特急　○普通

京急本線　けいきゅうほんせん
km	駅名	よみ
1.2	泉岳寺	せんがくじ
0.0	品川	しながわ
0.7	北品川	きたしながわ
1.4	新馬場	しんばんば
2.2	青物横丁	あおものよこちょう
2.7	鮫洲	さめず
3.5	立会川	たちあいがわ
4.8	大森海岸	おおもりかいがん
5.7	平和島	へいわじま
6.5	大森町	おおもりまち
7.2	梅屋敷	うめやしき
8.0	京急蒲田	けいきゅうかまた
9.4	雑色	ぞうしき
10.6	六郷土手	ろくごうどて
11.8	京急川崎	けいきゅうかわさき
13.1	八丁畷	はっちょうなわて
13.8	鶴見市場	つるみいちば
15.3	京急鶴見	けいきゅうつるみ
16.1	花月園前	かげつえんまえ
16.9	生麦	なまむぎ
18.3	京急新子安	けいきゅうしんこやす
19.3	子安	こやす
20.0	神奈川新町	かながわしんまち
20.5	仲木戸	なかきど
21.5	神奈川	かながわ
22.2	横浜	よこはま
23.4	戸部	とべ
24.8	日ノ出町	ひのでちょう
25.6	黄金町	こがねちょう
26.5	南太田	みなみおおた
27.7	井土ケ谷	いどがや
29.1	弘明寺	ぐみょうじ
30.8	上大岡	かみおおおか
33.0	屏風浦	びょうぶがうら
34.3	杉田	すぎた
36.7	京急富岡	けいきゅうとみおか
37.4	能見台	のうけんだい
39.5	金沢文庫	かなざわぶんこ
40.9	金沢八景	かなざわはっけい
42.8	追浜	おっぱま
44.5	京急田浦	けいきゅうたうら
47.1	安針塚	あんじんづか
48.2	逸見	へみ
49.2	汐入	しおいり
49.9	横須賀中央	よこすかちゅうおう
51.1	県立大学	けんりつだいがく
52.3	堀ノ内	ほりのうち
53.1	京急大津	けいきゅうおおつ
54.2	馬堀海岸	まぼりかいがん
55.5	浦賀	うらが

※営業キロは便宜的に品川を0.0とした。

京急久里浜線　けいきゅうくりはません
km	駅名	よみ
0.0	堀ノ内	ほりのうち
0.8	新大津	しんおおつ
1.7	北久里浜	きたくりはま
4.5	京急久里浜	けいきゅうくりはま
7.2	YRP野比	わいあーるぴーのび
8.5	京急長沢	けいきゅうながさわ
9.7	津久井浜	つくいはま
11.2	三浦海岸	みうらかいがん
13.4	三崎口	みさきぐち

京急逗子線　けいきゅうずしせん
km	駅名	よみ
0.0	金沢八景	かなざわはっけい
1.3	六浦	むつうら
4.1	神武寺	じんむじ
5.9	新逗子	しんずし

神奈川駅
「神奈川宿歴史の道」街づくりの一環として、駅舎が宿場を模した外観となっている

上大岡駅
連絡通路に音声案内が設置され、周辺施設との利便性が考慮されている

路線プロフィール

京急本線 品川－浦賀 55.5km／品川－泉岳寺 1.2km

明治31年1月、関東初の電気鉄道会社として大師電気鉄道が設立。現在の大師線にあたる六郷橋（廃止）－川崎大師間が翌32年に開業。同年中に社名を京浜電気鉄道と改称した後、明治34年2月に八幡（現・大森海岸）－六郷橋間が開業。昭和8年に品川－浦賀間の直通運転開始。品川－泉岳寺間は昭和43年6月に都営浅草線と直通運転開始に合わせて開業した。ＪＲ東海道本線、横須賀線や東急東横線といった路線と競合するため、高速運転化が図られ、快特は最高120km/hで走行する。

京急空港線 京急蒲田－羽田空港 6.5km

明治35年、京浜電気鉄道穴守線として蒲田－穴守間開業。潮干狩りや海水浴、穴守稲荷神社への参詣などの観光客を輸送した。昭和6年に羽田に飛行場が整備されると、飛行客の人員輸送も行われた。大戦後は米軍に飛行場が接収されて路線短縮。平成5年に羽田空港への乗り入れが復活。平成10年11月に全線開業。平成21年には新国際線ターミナル開業に伴い天空橋－羽田空港間に国際ターミナル駅（仮称）が開業予定。

京急大師線 京急川崎－小島新田 4.5km

明治32年1月、六郷橋－川崎大師間が開業。現在の京急線の中で最も早く開業した路線である。明治35年9月に川崎－六郷橋間が開業して、川崎－大師間の運行となった。その後、延伸や一部区間の譲渡、廃止を経て、現在の路線が確定する。京急線で唯一、本線と乗り入れを行っておらず、全線各停。日中は10分毎の運転だが、川崎競馬場（港町駅下車）でのレース開催時や正月の参拝客対応時などには増発される。

京急逗子線 金沢八景－新逗子 5.9km

湘南電気鉄道が昭和5年4月に開業させたのが始まり。当初は金沢八景－湘南逗子間で開業した。翌年には路線を延ばし、昭和17年には短縮。その後も何度か変遷を繰り返し、昭和60年には京浜逗子と逗子海岸の間に新逗子駅を開業。2つの旧駅を統合し、現在の区間となった。現在は通勤・通学客はもちろん、逗子海岸や葉山方面への拠点として、海水浴にも利用されている。横浜方面からの直通列車も多い。

京急久里浜線 堀ノ内－三崎口 13.4km

昭和17年12月に横須賀堀内（現・堀ノ内）－久里浜間開業。昭和50年4月に三浦海岸－三崎口間が開業し全線開業。かつては三崎港付近まで延伸する計画もあったが、現在はバスによる輸送が主となっている。支線だが、特急など優等列車が直通するため、こちらが本線のようになっている。映画などの撮影に使用されることも多い。

おもな列車

ライナー 京急ウィング号 
平日夜間の帰宅ラッシュ時に下り線で運行される座席定員制のホームライナー。蒲田、京急川崎、横浜は通過

特急 エアポート快特 
都営浅草線内を急行運転し、品川、京急蒲田のみに停車して羽田空港へ。種別表示器には飛行機のマークが表示

KEIKYU BLUE SKY TRAIN 
赤い色がおなじみの京急の電車のなかで、2編成しかない青い電車。2100形と600形（写真）が各1編成のみ

絶景＆撮影ポイント

① **小島新田**（大師線）
駅近くの歩道橋はドラマやCMでよく使われるロケ地となっているほか、JR川崎貨物駅と隣接しており、鉄道ファンの心をくすぐる風景が広がる。

② **品川－北品川**（本線）
八ツ山橋の踏切付近で撮影できる。京急の車両をはじめ京成、都営など乗り入れ各社の車両が頻繁に行き交うが、踏切近くでの撮影には注意したい。

③ **金沢文庫－金沢八景**（本線）
車両基地があるほか、複々線の区間となっているため、並走する列車の撮影が可能。ただし、東急車両工場の撮影は禁止されているので注意したい。

④ **汐入**（本線）
トンネルとトンネルの間にある地上駅。平成20年に実施された「絶景スタンプラリー」の中で、京急を代表する絶景駅として紹介された。

Topics 京急沿線の魅力満載「駅メロ」

京急沿線は数多くのミュージシャンを輩出しています。例えば、横浜市出身のゆずや、品川区出身の島倉千代子さん、大田区出身のラッツ＆スターなど、こんなにもいたのかと思うほどです。そこで京急では平成20年より、主要駅で電車が来たことを知らせる際に、その駅にちなんだ曲を流す「駅メロ」を始めました。例えば堀ノ内駅では渡辺真知子さんの「かもめが翔んだ日」など地元出身アーティストの楽曲がホームに流れます。さらに、横浜駅では横浜の代名詞と言える曲「ブルーライトヨコハマ」が、浦賀では観音崎にゴジラが上陸したことにちなんで「ゴジラのテーマ」、そして羽田空港駅と品川駅ではかつての京急イメージソングとしておなじみ、くるりの「赤い電車」が、電車の接近を知らせます。一日乗車券片手に「駅メロ巡り」をしてみるのも良いかもしれませんね。

東急東横線・目黒線・池上線・多摩川線　みなとみらい線

停車駅 ◎特急 ○急行 ●普通

東急東横線　とうきゅうとうよこせん

km	駅	よみ
0.0	◎渋谷	しぶや
1.5	●代官山	だいかんやま
2.2	◎中目黒	なかめぐろ
3.2	●祐天寺	ゆうてんじ
4.2	○学芸大学	がくげいだいがく
5.6	○都立大学	とりつだいがく
7.0	◎自由が丘	じゆうがおか
8.2	○田園調布	でんえんちょうふ
9.0	◎多摩川	たまがわ
10.3	●新丸子	しんまるこ
10.8	◎武蔵小杉	むさしこすぎ
12.1	●元住吉	もとすみよし
13.6	◎日吉	ひよし
15.8	○綱島	つなしま
17.5	○大倉山	おおくらやま
18.8	◎菊名	きくな
20.2	●妙蓮寺	みょうれんじ
21.4	●白楽	はくらく
22.1	●東白楽	ひがしはくらく
23.3	●反町	たんまち
24.2	◎横浜	よこはま

東急目黒線　とうきゅうめぐろせん

km	駅	よみ
0.0	◎目黒	めぐろ
1.0	●不動前	ふどうまえ
1.9	◎武蔵小山	むさしこやま
2.6	●西小山	にしこやま
3.3	○洗足	せんぞく
4.3	◎大岡山	おおおかやま
5.5	●奥沢	おくさわ
6.5	◎田園調布	でんえんちょうふ
7.3	◎多摩川	たまがわ
8.6	●新丸子	しんまるこ
9.1	◎武蔵小杉	むさしこすぎ
10.4	●元住吉	もとすみよし
11.9	◎日吉	ひよし

東急池上線　とうきゅういけがみせん

km	駅	よみ
0.0	●五反田	ごたんだ
0.3	●大崎広小路	おおさきひろこうじ
1.4	●戸越銀座	とごしぎんざ
2.1	●荏原中延	えばらなかのぶ
3.1	●旗の台	はたのだい
3.7	●長原	ながはら
4.3	●洗足池	せんぞくいけ
4.9	●石川台	いしかわだい
5.6	●雪が谷大塚	ゆきがやおおつか
6.4	●御嶽山	おんたけさん
7.1	●久が原	くがはら
8.0	●千鳥町	ちどりちょう
9.1	●池上	いけがみ
10.1	●蓮沼	はすぬま
10.9	●蒲田	かまた

東急多摩川線　とうきゅうたまがわせん

km	駅	よみ
0.0	●多摩川	たまがわ
0.9	●沼部	ぬまべ
2.0	●鵜の木	うのき
2.6	●下丸子	しもまるこ
3.4	●武蔵新田	むさしにった
4.3	●矢口渡	やぐちのわたし
5.6	●蒲田	かまた

みなとみらい線

km	駅	よみ
0.0	◎横浜	よこはま
0.8	●新高島	しんたかしま
1.7	◎みなとみらい	みなとみらい
2.6	●馬車道	ばしゃみち
3.2	●日本大通り	にほんおおどおり
4.1	◎元町・中華街	もとまち・ちゅうかがい

廃線
● 東急東横線（2.0km）
横浜－桜木町　　2004年廃止

田園調布駅
中世ヨーロッパの民家をモデルとした駅舎が特徴。放射状に設計された田園都市の中心的存在。

日吉駅
吹き抜けが4層に分かれており、やわらかな光が差し込む開放的なつくりになっている。駅前は慶大キャンパスがある学生街。

路線プロフィール

東急東横線　渋谷－横浜　24.2km
大正15年2月、丸子多摩川（現・多摩川）－神奈川（廃止）間開業、昭和7年3月に渋谷－桜木町の全線開業。昭和10年2月から急行運転を開始。昭和39年から営団地下鉄（現・東京メトロ）日比谷線との相互乗り入れを開始する。平成16年2月、みなとみらい線が開通し、相互乗り入れを開始したのにともなって桜木町駅と高島町駅は廃止された。住みたい沿線ランキングでは常に上位にランクインする人気路線である。

東急目黒線　目黒－日吉　11.9km
大正12年3月目黒－丸子（現・沼部）間が目黒蒲田電鉄として開業。その後、丸子－蒲田間が開業し、目蒲線となる。地下鉄との相互乗り入れ計画付けられ平成9年に目黒駅を地下化。平成12年8月に目黒－田園調布間を経て東横線武蔵小杉までを目黒線、多摩川－蒲田間を多摩川線へと分離。同年9月より営団地下鉄（現・東京メトロ）南北線・都営三田線と直通運転を開始。平成20年には武蔵小杉－日吉間が延伸された。

東急多摩川線　多摩川－蒲田　5.6km
大正12年11月、丸子（現・沼部）－蒲田間が開業し、既に開業していた目黒－丸子とともに目黒蒲田電鉄として運行開始。長らく地元の足として親しまれてきたが、東横線のバイパス線に位置付けられて地下鉄南北・三田線への乗り入れに加え、平成12年8月に目黒－田園調布間を経て東横線武蔵小杉までを目黒線、多摩川－蒲田間を多摩川線へと分離。ワンマン運転を開始した。

東急池上線　五反田－蒲田　10.9km
大正11年10月池上電気鉄道により蒲田－池上間開業。昭和3年6月五反田まで開業し、全通する。昭和9年に東急の前身である目黒蒲田電鉄に吸収合併される。昭和51年に西島三重子が池上線を舞台にした歌『池上線』を発表し、ヒットした。平成10年よりワンマン運転を開始し、3両編成の電車が使われている。かつて東横線・日比谷線で走った車両をリニューアルされて現役。

横浜高速鉄道みなとみらい線　横浜－元町・中華街　4.1km
平成16年2月横浜－元町・中華街間が全線開業。全列車が東急東横線と直通運転を行っている。全駅が地下駅。横浜の中華街、山下公園、大さん橋、赤レンガ倉庫、ランドマークタワー、パシフィコ横浜、横浜スタジアムなど主要観光地へのアクセスを網羅している。なお、横浜高速鉄道は地元横浜市・神奈川県などにより平成元年3月に設立された第三セクターである。

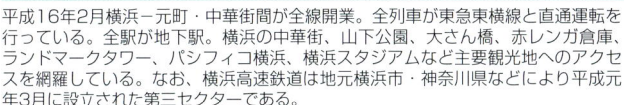

おもな列車

特急　東横線・みなとみらい線 
高速化を図るため平成13年3月より運行開始。東急5050系

普通　東横線 
東京メトロ日比谷線直通用の車両。車体長は18m。東急1000系

普通　池上線・多摩川線 
東急7700系。池上線と多摩川線に用いられている車両

絶景＆撮影ポイント

❶ 中目黒（東横線）
東京メトロ日比谷線からが乗り入れる駅なので、ホームから複数種類の車両が見える。

❷ 多摩川－日吉（東横線）
埼玉高速鉄道、東京メトロ、都営地下鉄の車両も乗り入れるため、複数種類の車両が撮影可能。多摩川－新丸子間は目黒線との並走も見られる。

❸ 田園調布（東横線）
駅は地下化されたが、開業当時の駅舎が復元されている。関東の駅100選にも選ばれている。

Topics　変貌する東横線

東急東横線は、既に東京メトロ日比谷線、みなとみらい線と相互乗り入れを行っており、臨時列車として東急目黒線を介した埼玉高速鉄道、東京メトロ南北線、都営三田線との直通運転も実施。さらに平成24年度からは東京メトロ副都心線とも乗り入れ予定です。現在、代官山から渋谷まで地下化する工事が行われており、副都心線のホームへつながる予定です。この乗り入れにより、なんと副都心線と既に相互乗り入れを実施している西武池袋線、東武東上線とも相互直通運転が実現するのです。さらに、横浜方面では相模鉄道との相互乗り入れも予定されています。これらがすべて実現すると、東横線内を5社・6路線の車両が常時行き交うことになり、神奈川県央部から東京都心を経て、埼玉までが1本の電車で結ばれます。

東急田園都市線・世田谷線・大井町線　こどもの国線

停車駅　○急行　●普通

東急田園都市線　とうきゅうでんえんとしせん

km	駅名	よみ
0.0	渋谷	しぶや
1.9	池尻大橋	いけじりおおはし
3.3	三軒茶屋	さんげんぢゃや
4.8	駒沢大学	こまざわだいがく
6.3	桜新町	さくらしんまち
7.6	用賀	ようが
9.4	二子玉川	ふたこたまがわ
10.1	二子新地	ふたこしんち
10.7	高津	たかつ
11.4	溝の口	みぞのくち
12.2	梶が谷	かじがや
13.7	宮崎台	みやざきだい
14.7	宮前平	みやまえだいら
15.7	鷺沼	さぎぬま
17.1	たまプラーザ	たまぷらーざ
18.2	あざみ野	あざみの
19.3	江田	えだ
20.6	市が尾	いちがお
22.1	藤が丘	ふじがおか
23.1	青葉台	あおばだい
24.5	田奈	たな
25.6	長津田	ながつた
26.8	つくし野	つくしの
28.0	すずかけ台	すずかけだい
29.2	南町田	みなみまちだ
30.3	つきみ野	つきみの
31.5	中央林間	ちゅうおうりんかん

こどもの国線　こどものくにせん

km	駅名	よみ
0.0	長津田	ながつた
1.8	恩田	おんだ
3.4	こどもの国	こどものくに

廃線

- 東急玉川線（9.1km）
  渋谷ー二子玉川園　1969年廃止
- 東急砧線（2.2km）
  二子玉川園ー砧本村　1969年廃止

Topics　電車とバスの博物館
田園都市線宮崎台駅が最寄り。旧型車両のシミュレーターやパノラマ模型の運転コーナーなど充実。

1 : 150,000

路線プロフィール

東急大井町線　大井町ー溝の口　12.4km

昭和2年7月に目黒蒲田電鉄として大井町ー大岡山間開業。昭和4年11月に自由が丘ー二子玉川園（現・二子玉川）、12月に大岡山ー自由が丘開業。昭和18年に現在の田園都市線にあたる玉川線の溝ノ口ー二子玉川園間を編入し、昭和38年に田園都市線と改称するが、昭和54年に新玉川線と直通運転を行うようになると、再び二子玉川園ー大井町間が分離され、大井町線として復活。平成21年7月に、溝の口まで延伸。

東急田園都市線　渋谷ー中央林間　31.5km

昭和2年7月、玉川（現・二子玉川）ー溝ノ口（現・溝の口）間開業。昭和41年4月、溝の口ー長津田間開業。昭和52年4月、路面電車だった東急玉川線を廃止した後に地下鉄として新玉川線が開業。昭和59年全線開業。平成12年に新玉川線の路線名称が廃止され、渋谷ー中央林間間が田園都市線となる。朝夕を中心に混雑が増しており、二子玉川ー渋谷間を全車各停にするための準急を運行したり、6扉車を順次導入するなどしている。

東急世田谷線　三軒茶屋ー下高井戸　5.0km

大正14年1月三軒茶屋ー世田谷間開業。当時は渋谷ー二子玉川園とを結ぶ路面電車・玉川線の支線であった。同年5月世田谷ー下高井戸間開業。昭和44年5月に玉川線が廃止されたが、三軒茶屋ー下高井戸間は区間の大半が専用軌道であったことから廃線を免れ、世田谷線に改称。都内に残存する数少ない「路面電車」である。

こどもの国線　長津田ーこどもの国　3.4km

「こどもの国」へのアクセス路線として昭和42年4月全線開業。沿線の宅地化が進み通勤線としての需要が高まったことから、平成9年にこどもの国協会から横浜高速鉄道へ第三種鉄道事業免許を譲渡。横浜高速鉄道の車両を使用し、東急電鉄が第二種鉄道事業者として運行を担当している。平成12年には中間駅として恩田駅を新設。平日朝夕は1時間に5～6往復運行される。

おもな列車

大井町線
平成20年3月より運行開始。平日日中は1時間に4往復運行される。急行はすべて6両編成である新型の6000系が使用されている

田園都市線・大井町線
8500系。田園都市線は10両、大井町線は5両。なお、大井町線車両の側面には「大井町線」と明記されたステッカーが

世田谷線
300系。車体の塗装はさまざま

こどもの国線
Y000系。こどもの国線専用車両

三軒茶屋駅
再開発に伴いリニューアルした。レンガ造りの欧風な駅舎が世田谷線のレトロ感を演出。

東急世田谷線　とうきゅうせたがやせん
km	駅名	よみ
0.0	三軒茶屋	さんげんぢゃや
0.3	西太子堂	にしたいしどう
0.9	若林	わかばやし
1.4	松陰神社前	しょういんじんじゃまえ
1.9	世田谷	せたがや
2.2	上町	かみまち
2.7	宮の坂	みやのさか
3.4	山下	やました
4.2	松原	まつばら
5.0	下高井戸	しもたかいど

東急大井町線　とうきゅうおおいまちせん
km	駅名	よみ
0.0	大井町	おおいまち
0.8	下神明	しもしんめい
1.5	戸越公園	とごしこうえん
2.1	中延	なかのぶ
2.7	荏原町	えばらまち
3.2	旗の台	はたのだい
4.0	北千束	きたせんぞく
4.8	大岡山	おおおかやま
5.3	緑が丘	みどりがおか
6.3	自由が丘	じゆうがおか
7.1	九品仏	くほんぶつ
7.8	尾山台	おやまだい
8.3	等々力	とどろき
9.2	上野毛	かみのげ
10.4	二子玉川	ふたこたまがわ
12.4	溝の口	みぞのくち

絶景＆撮影ポイント

❶ 二子玉川−二子新地（田園都市線）
多摩川を渡る電車が撮影できる。二子玉川駅のホームは多摩川・野川の上部に設けられており、河川敷から停車中の車両が見える。

❷ 等々力−尾山台（大井町線）
沿道から走行する大井町線の車両を間近で撮影できる。周辺は閑静な住宅街が広がる。

❸ 長津田駅（田園都市線）
この駅発着の電車も多い。また、こどもの国線が乗り入れしており、横浜高速鉄道Y000系も撮影できる。

Topics　変貌する大井町線

東急田園都市線の池尻大橋−渋谷間は、2007年度の平日朝1時間平均の混雑率が198％にのぼり、関東の私鉄では最も高い混雑率を記録しています。これは、田園都市線沿線の宅地開発が進み、利用客が激増しているためです。そこで東急では、大井町線を溝の口まで延伸させる計画を20年近くにわたって進め、ついに平成21年7月に延伸が実現しました。これにより、大井町を経て都心へ向かうバイパスルートとして利用を推進し、田園都市線の混雑緩和に効果を発揮しています。

相鉄本線・いずみ野線
横浜市営地下鉄 ブルーライン・グリーンライン

停車駅 ●急行 ●快速 ●普通

相鉄本線　そうてつほんせん

km	駅	よみ
0.0	横浜	よこはま
0.9	平沼橋	ひらぬまばし
1.8	西横浜	にしよこはま
2.4	天王町	てんのうちょう
3.3	星川	ほしかわ
4.3	和田町	わだまち
5.0	上星川	かみほしかわ
6.9	西谷	にしや
8.5	鶴ヶ峰	つるがみね
10.5	二俣川	ふたまたがわ
12.2	希望ヶ丘	きぼうがおか
13.6	三ツ境	みつきょう
15.5	瀬谷	せや
17.4	大和	やまと
19.3	相模大塚	さがみおおつか
20.5	さがみ野	さがみの
21.8	かしわ台	かしわだい
24.6	海老名	えびな

相鉄いずみ野線　そうてついずみのせん

km	駅	よみ
0.0	二俣川	ふたまたがわ
1.6	南万騎が原	みなみまきがはら
3.1	緑園都市	りょくえんとし
4.9	弥生台	やよいだい
6.0	いずみ野	いずみの
8.2	いずみ中央	いずみちゅうおう
9.3	ゆめが丘	ゆめがおか
11.3	湘南台	しょうなんだい

踊場駅
駅名の由来でもある、毎夜猫が集まって踊ったとされる伝説から、駅構内のいたるところに猫のデザインが施されている。

路線プロフィール

相鉄本線　横浜－海老名　24.6km
狭軌 複 電

大正15年5月神中鉄道により二俣川－厚木間開業。昭和8年12月に横浜まで延伸し全線開通。昭和16年11月に一部区間の旅客営業が廃止され、現在の横浜－海老名間の営業となる。現在のJR相模線にあたる橋本－茅ヶ崎間の路線を所有していた相模鉄道が昭和18年4月に神中鉄道を買収。相模鉄道は平成2年5月より大手民鉄16社の1つとして分類されるようになった。現在、JR線や東急東横線などとの相互乗り入れが計画されている。

相鉄いずみ野線　二俣川－湘南台　11.3km
狭軌 複 電

昭和51年4月二俣川－いずみ野間開業。平成11年3月に湘南台まで延伸し全線開業。ほとんどの列車は二俣川駅から相鉄本線と直通し、横浜駅まで運転される。平日の日中は10分間隔で運行される。起伏の多い土地を走るため、全線にわたってトンネルが多いのが特徴。沿線は新興住宅地がほとんどである。

横浜市営地下鉄ブルーライン　あざみ野－湘南台　40.4km
広軌 複 電

昭和47年12月伊勢佐木長者町－上大岡間が1号線として開業。昭和51年9月に1号線上大岡－上永谷間と伊勢佐木長者町－関内が延伸されるとともに、関内－横浜間が3号線として開業。1号線と3号線は相互直通運転を行う。平成5年に3号線があざみ野まで、平成11年8月に1号線が湘南台まで延伸。平成19年12月よりワンマン運転を実施。平成20年3月より湘南台－あざみ野間がブルーラインに統一された。

横浜市営地下鉄グリーンライン　中山－日吉　13.0km
広軌 複 電

平成20年3月に中山－日吉間全線開業。関東では、都営地下鉄大江戸線に続き鉄輪式リニアモーター駆動方式を採用。グリーンラインには地上区間もあるが、リニア式地下鉄が地上を営業運転するのは全国初である。JR横浜線と、東急東横線・目黒線とそれぞれ接続するため、港北ニュータウンの通勤利用者の利便性が向上した。

廃線
- 横浜市電（52.3km）
  1966～1972年廃止

センター北駅
ガラス製の天窓から自然光を取り入れた明るい駅構内。ショッピングモールもある。

横浜市電保存館
地下鉄ブルーライン阪東橋駅、吉野町駅からバス。今はなきハマの市電の貴重な資料を展示。

横浜市営地下鉄ブルーライン
km	駅	よみ
0.0	あざみ野	あざみの
1.5	中川	なかがわ
3.1	センター北	せんたーきた
4.0	センター南	せんたーみなみ
6.3	仲町台	なかまちだい
8.6	新羽	にっぱ
9.6	北新横浜	きたしんよこはま
10.9	新横浜	しんよこはま
12.5	岸根公園	きしねこうえん
13.7	片倉町	かたくらちょう
15.6	三ツ沢上町	みつざわかみちょう
16.3	三ツ沢下町	みつざわしもちょう
17.9	横浜	よこはま
18.8	高島町	たかしまちょう
20.0	桜木町	さくらぎちょう
20.7	関内	かんない
21.4	伊勢佐木長者町	いせざきちょうじゃまち
22.3	阪東橋	ばんどうばし
22.8	吉野町	よしのちょう
23.9	蒔田	まいた
25.0	弘明寺	ぐみょうじ
26.6	上大岡	かみおおおか
27.7	港南中央	こうなんちゅうおう
29.4	上永谷	かみながや
30.7	下永谷	しもながや
31.4	舞岡	まいおか
33.0	戸塚	とつか
34.7	踊場	おどりば
35.6	中田	なかだ
36.7	立場	たてば
37.8	下飯田	しもいいだ
40.4	湘南台	しょうなんだい

横浜市営地下鉄グリーンライン
km	駅	よみ
0.0	中山	なかやま
1.7	川和町	かわわちょう
3.1	都筑ふれあいの丘	つづきふれあいのおか
4.8	センター南	せんたーみなみ
5.7	センター北	せんたーきた
7.4	北山田	きたやまた
8.8	東山田	ひがしやまた
10.3	高田	たかた
11.6	日吉本町	ひよしほんちょう
13.0	日吉	ひよし

1 : 200,000
0　5　10km

おもな列車

相鉄線 
10000系。JRのE231系がベース

相鉄線 
8000系。一部車両はセミクロスシート

横浜市営地下鉄ブルーライン 
3000形。A形、N形、R形、S形がある

横浜市営地下鉄グリーンライン 
10000形。グリーンライン用の車両

絶景＆撮影ポイント

① 鶴ヶ峰—二俣川（相鉄本線）
駅周辺に車両撮影に適したスポットが数多く存在する。周辺は閑静な住宅街が広がる。

② 緑園都市（相鉄いずみ野線）
対面式の高架駅。桃に似た花・キョウチクトウがホーム脇に植えられ、6～7月に咲き乱れる。周辺にはフェリス女学院大学などのキャンパスがある。

③ センター北（ブルーライン・グリーンライン）
港北ニュータウンの中心駅で、関東の駅百選に選出された地上駅。駅周辺にはモザイクモール港北の屋上観覧車などがある。

④ 川和町（グリーンライン）
川和車両基地がある高架駅。グリーンラインの中では数少ない地上駅である。周辺には住宅地や中小の町工場が並ぶ。

Topics 横浜市の広さを実感する

横浜市が約370万の人口となり、日本屈指の大都市に成長したのは、1970年代に都筑区の港北ニュータウンが開発されたことがひとつの大きな要因ですが、このニュータウン開発を語る上で切っても切れないのが市営地下鉄ブルーラインの存在です。宅地開発と同時並行で地下鉄の建設が進み、JRや東急、京急など多数の路線へ接続可能な横浜駅へのアクセスを容易にし、ニュータウンの人口増に寄与しました。ブルーラインの総延長は40.4km。これは都営大江戸線の40.7kmに続いて日本の地下鉄として2番目の長さ。始発の湘南台駅を除くと全ての駅が横浜市内にあり、10の区をつないでいます。利用者は年々確実に増加し、市民の足として不可欠な存在となっています。

JR南武線
JR鶴見線

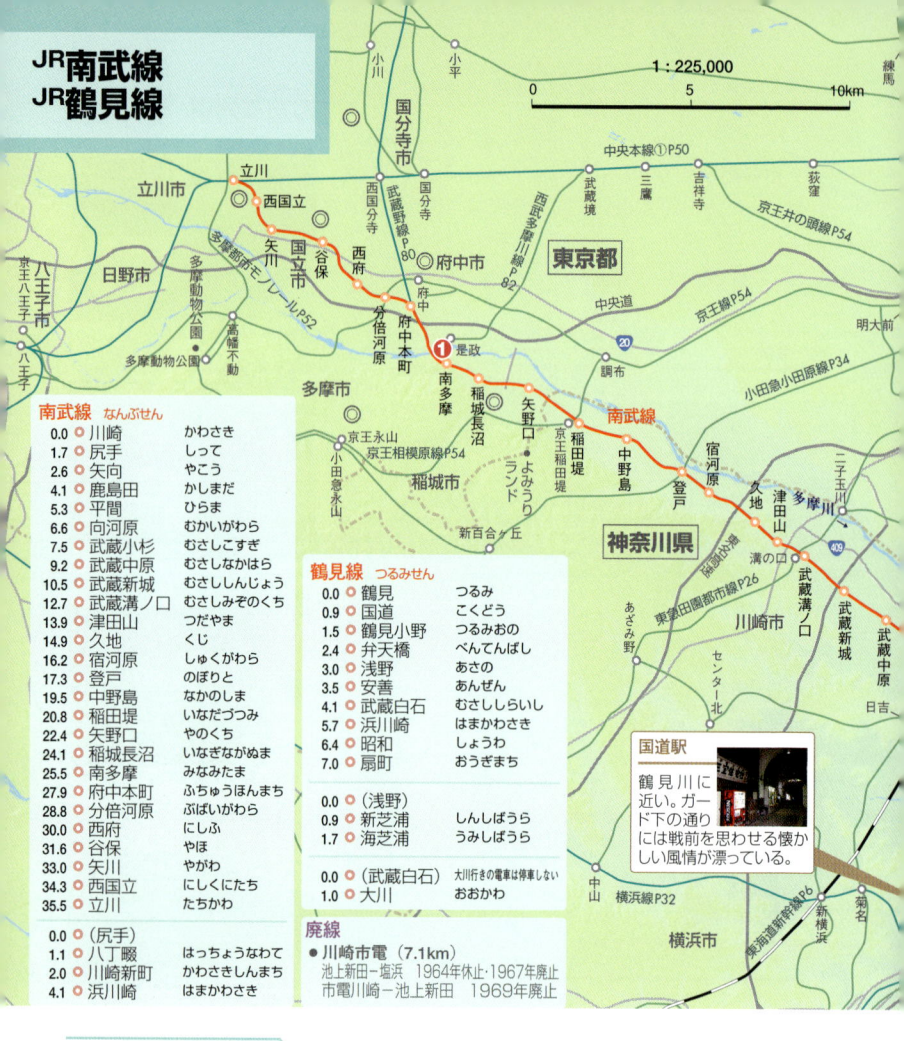

1:225,000
0　　5　　10km

南武線　なんぶせん

km	駅名	よみ
0.0	川崎	かわさき
1.7	尻手	しって
2.6	矢向	やこう
4.1	鹿島田	かしまだ
5.3	平間	ひらま
6.6	向河原	むかいがわら
7.5	武蔵小杉	むさしこすぎ
9.2	武蔵中原	むさしなかはら
10.5	武蔵新城	むさししんじょう
12.7	武蔵溝ノ口	むさしみぞのくち
13.9	津田山	つだやま
14.9	久地	くじ
16.2	宿河原	しゅくがわら
17.3	登戸	のぼりと
19.5	中野島	なかのしま
20.8	稲田堤	いなだづつみ
22.4	矢野口	やのくち
24.1	稲城長沼	いなぎながぬま
25.5	南多摩	みなみたま
27.9	府中本町	ふちゅうほんまち
28.8	分倍河原	ぶばいがわら
30.0	西府	にしふ
31.6	谷保	やほ
33.0	矢川	やがわ
34.3	西国立	にしくにたち
35.5	立川	たちかわ

0.0	(尻手)	
1.1	八丁畷	はっちょうなわて
2.0	川崎新町	かわさきしんまち
4.1	浜川崎	はまかわさき

鶴見線　つるみせん

km	駅名	よみ
0.0	鶴見	つるみ
0.9	国道	こくどう
1.5	鶴見小野	つるみおの
2.4	弁天橋	べんてんばし
3.0	浅野	あさの
3.5	安善	あんぜん
4.1	武蔵白石	むさししらいし
5.7	浜川崎	はまかわさき
6.4	昭和	しょうわ
7.0	扇町	おうぎまち

0.0	(浅野)	
0.9	新芝浦	しんしばうら
1.7	海芝浦	うみしばうら

| 0.0 | (武蔵白石) | 大川行きの電車は停車しない |
| 1.0 | 大川 | おおかわ |

廃線
- 川崎市電（7.1km）
  池上新田―塩浜　1964年休止・1967年廃止
  市電川崎―池上新田　1969年廃止

国道駅
鶴見川に近い。ガード下の通りには戦前を思わせる懐かしい風情が漂っている。

路線プロフィール

JR南武線　川崎－立川　35.5km／尻手－浜川崎　4.1km
狭軌 単複 電

大正9年1月に多摩川砂利鉄道として川崎町から稲城村に至る鉄道敷設免許を取得した後、同年3月に南武鉄道が設立。砂利の運搬を主目的としつつ、交通路線としての開業も目指した。昭和2年3月に川崎－登戸間開業。同時に矢向－川崎河岸（廃止）間は貨物支線として開業した。利用客増加に向けて府中に競馬場を誘致したり花見客へ宣伝を行うなど、昭和4年12月に立川まで延伸し全線開業。翌昭和5年4月には貨物支線だった尻手－浜川崎間が旅客営業を開始。昭和19年4月に国有化され、国鉄南武線となった。平成21年3月には67年ぶりの新駅となる西府駅が分倍河原－谷保間に開業。平成21年5月現在、JR東日本で最も新しい駅である。

JR鶴見線　鶴見－扇町　7.0km／浅野－海芝浦　1.7km／武蔵白石－大川　1.0km
狭軌 単複 電

大正15年3月、鶴見臨港鉄道が浜川崎－弁天橋間および大川支線を貨物線として開業。昭和3年に浜川崎－扇町間開業。昭和5年に鶴見まで、昭和15年に海芝浦まで延伸した。昭和18年、国有化され国鉄鶴見線となる。鶴見－扇町間を本線とし、安善－大川間を大川支線、浅野－海芝浦間を海芝浦支線とする。平日朝夕は5～20分間隔で運転されるが、日中は鶴見発着の本線が平日は1時間に3往復、土休日が1時間に2往復と少なく、海芝浦支線の列車は2時間に1往復、大川支線は日中に1本も運行されず、平日は1日9往復、土休日はわずか1日3往復しか運行されない。

おもな列車

南武線
南武線の車両は現在205系（写真）が主流。一部209系もある

南武線
209系。従来の車両とは構造などが改められた新世代車両

南武線
尻手ー浜川崎間には南武線とは異なる205系1000番台が使用されている

鶴見線
205系1100番台。ラインに以前の車両カラー「カナリアイエロー」を使用

海芝浦駅 ❹
ホームが海に面しており、ベイブリッジを望める絶景駅。東芝関係者以外下車できない。

絶景＆撮影ポイント

❶ 南多摩ー府中本町（南武線）
多摩川土手の是政橋付近から、高架を走り多摩川を渡る車両が撮影できる。南武線と武蔵野貨物線が並走している。

❷ 浜川崎ー昭和（鶴見線）
この区間は旅客列車だけでなく貨物列車も走行するため、機関車の撮影も可能。

❸ 浅野駅（鶴見線）
鶴見線は撮影ポイントが多数あるが、なかでも浅野駅は様々な角度から車両の撮影が可能で、人気スポット。

❹ 海芝浦駅（鶴見線）
ホームが運河に面しており、行き交う貨物線や埠頭の石油タンクなどが見渡せる。駅は東芝関係者以外下車できない。

Topics　工業地帯と鉄道

鶴見線はほぼ全線が港湾の工業地帯を運行し、工場通勤客の輸送を主とした路線ですが、鉄道ファンがカメラ片手に連日訪れる人気路線でもあります。平日朝夕の通勤時間帯を除けば運行本数、乗客数ともに少なく、鶴見駅以外が全て無人駅であることなどから、都会を走りながらも、まるでローカル線のような雰囲気を醸し出しています。工場や貨物列車を間近に見られる珍しさなども相まって、ファンの心をくすぐるのでしょう。ちなみに鶴見線の駅名には工場創業者などの人名が使われています。例えば浅野は浅野セメントの設立者である浅野総一郎にちなんで名づけられ、大川は日本初の製紙技師である大川平三郎、安善は安田財閥創業者の安田善次郎、武蔵白石は日本鋼管創業者の白石元治郎が由来となっています。

JR横浜線　JR相模線
JR根岸線

停車駅　● 快速　● 普通

横浜線　よこはません

km	駅	よみ
0.0	東神奈川	ひがしかながわ
2.2	大口	おおぐち
4.8	菊名	きくな
6.1	新横浜	しんよこはま
7.8	小机	こづくえ
10.9	鴨居	かもい
13.5	中山	なかやま
15.9	十日市場	とおかいちば
17.9	長津田	ながつた
20.2	成瀬	なるせ
22.9	町田	まちだ
25.7	古淵	こぶち
28.4	淵野辺	ふちのべ
29.2	矢部	やべ
31.0	相模原	さがみはら
33.8	橋本	はしもと
35.7	相原	あいはら
38.6	八王子みなみ野	はちおうじみなみの
40.0	片倉	かたくら
42.6	八王子	はちおうじ

新相原トンネル
相原－八王子みなみ野間。横浜線最長（全長985m）のトンネルで、複線化の際に新しく掘られた。八王子方面の下り線が使用。

社家駅、倉見駅
よく似た形をしたコンクリート駅舎が建つ。相模線の前身である相模鉄道が砂利運搬事業を行っていた関係で、その資材を利用したといわれている。

磯子－大船間
磯子－大船間は昭和45～48年に開通した。この区間はすべて高架やトンネルで、踏切がない。

相模線　さがみせん

km	駅	よみ
0.0	茅ヶ崎	ちがさき
1.3	北茅ヶ崎	きたちがさき
3.4	香川	かがわ
5.1	寒川	さむかわ
7.2	宮山	みややま
8.6	倉見	くらみ
10.0	門沢橋	かどさわばし
11.6	社家	しゃけ
14.2	厚木	あつぎ
15.9	海老名	えびな
18.9	入谷	いりや
20.6	相武台下	そうぶだいした
23.5	下溝	しもみぞ
24.8	原当麻	はらたいま
26.9	番田	ばんだ
28.4	上溝	かみみぞ
31.3	南橋本	みなみはしもと
33.8	橋本	はしもと

根岸線　ねぎしせん
↓京浜東北線 P76から

km	駅	よみ
0.0	横浜	よこはま
2.0	桜木町	さくらぎちょう
3.0	関内	かんない
3.8	石川町	いしかわちょう
5.0	山手	やまて
7.1	根岸	ねぎし
9.5	磯子	いそご
11.1	新杉田	しんすぎた
14.1	洋光台	ようこうだい
16.0	港南台	こうなんだい
18.5	本郷台	ほんごうだい
22.1	大船	おおふな

1:300,000　0　5　10km

路線プロフィール

JR横浜線　東神奈川－八王子　42.6km　狭軌 複 電

明治41年9月、東神奈川－八王子間開業（横浜鉄道）。開業2年後の明治43年には鉄道院の借り入れ線となり、八濱線とも呼ばれた。その後大正6年に横浜線として国有化された。東神奈川から一部列車は京浜東北線、根岸線経由で桜木町・磯子・大船まで乗り入れる。沿線は東京のベッドタウンとして開発が進んだ地域で、途中駅の18駅中、9駅が戦後の新設駅。また新横浜駅で東海道新幹線と接続することなどから、国鉄時代から営業成績のよい路線として知られる。

JR相模線　茅ヶ崎－橋本　33.3km　狭軌 単 電

大正10年9月、相模鉄道により茅ヶ崎－寒川間開業。その後、大正15年7月に厚木まで、昭和6年4月に橋本までの全線が開業。昭和19年に国有化。相模川の砂利運搬路線として、寒川－西寒川間の通称「西寒川支線」があったが、昭和59年に廃止。平成3年3月、全線電化。一部列車は、橋本駅から横浜線八王子まで乗り入れる。通勤路線として朝夕のラッシュ時を中心に利用客が多いが、全線単線、半自動ドアなど、ローカル線の風情が残っている。

JR根岸線　横浜－大船　22.1km　狭軌 複 電

明治5年5月（旧暦）、神奈川（横浜駅の少し東方、廃止）－横浜（現・桜木町）が東海道本線の一部として開業。昭和39年5月、桜木町－磯子間が開業し、路線名が根岸線となる。昭和48年までに磯子－大船間が順次開業。京浜東北線の運行系統の一部として運行している。根岸駅付近は工業地帯であり、製油所などがあることから貨物列車の運行も多い。

おもな列車

特急　はまかいじ
185系。横浜－松本間。土休日のみ運転の臨時列車で、横浜線内を走る唯一の優等列車。横浜線内の停車駅は、新横浜・町田・橋本

普通　横浜線
205系。平成元年より使用。東神奈川寄りの2号車には、座席を格納できる6扉車が連結される。ラインカラー黄緑と緑が印象的

普通　相模線
205系500番台（相模線用）。全列車が4両編成で、横浜線への乗り入れもそのままの編成で行われる

普通　根岸線
E233系など。京浜東北線用のE233系（1000番台）は平成19年12月デビュー

絶景＆撮影ポイント

❶ 長津田－町田（横浜線）　成瀬駅前後の区間では、高い位置を走るため、丘陵地帯に住宅がびっしりと密集しているようすを見渡せる。経済成長とともに発展してきた横浜線の沿線を象徴するような眺め。

❷ 山手－根岸（根岸線）　山手駅を過ぎてトンネルを抜けると、海側に石油コンビナートや工場群が現れる。根岸駅にはタンク貨車の列がずらりと並び、この光景も横浜のもう一つの顔である。

❸ 桜木町－関内（根岸線）　高架橋を走る根岸線と横浜ランドマークタワーを一緒に撮影できる限られた場所。都会を走る電車のイメージ。

❹ 相武台下－下溝（相模線）　下溝の手前で、左（下り）に相模川が眺められる。この付近は八景（はけ）の棚といわれる景勝地で、丹沢も一望できる。

❺ 南橋本－橋本（相模線）　相模線に沿うように桜の並木が続く。例年4月上旬ころには、列車とからめて撮影できる。

Topics　シルクロードとしての鉄道

安政6（1859）年の開港以来、横浜は生糸の輸出港として栄えました。一方、八王子は周辺のみならず長野、山梨方面からも生糸が集まる一大集積地でもありました。その生糸が横浜へと運ばれる輸送路が、「絹の道」つまり「シルクロード」です。全国に鉄道敷設の気運が高まりましたが、八王子－横浜間にも鉄道建設許可の出願が行われましたが、その建設を推進したのは、その多くが横浜の生糸商人だったといわれます。現在の横浜線のルートは、ほぼその「絹の道」に沿っており、鉄道と歴史の深いつながりを感じることができます。なお、八王子市鑓水には、「絹の道」の歴史について知ることのできる「絹の道資料館」があります。生糸商人・八木下要右衛門の家屋敷に建てられた資料館で、展示室内には絹の道や製糸・養蚕に関する資料が展示されています。横浜線橋本駅からバスで「絹の道入り口」下車、徒歩5分。月曜（祝日の場合は翌日）休、入館無料。

小田急小田原線・多摩線・江ノ島線

1:450,000

東京都 / 神奈川県

小田急小田原線　おだきゅうおだわらせん

km	駅名	よみ
0.0	新宿	しんじゅく
0.8	南新宿	みなみしんじゅく
1.5	参宮橋	さんぐうばし
2.7	代々木八幡	よよぎはちまん
3.5	代々木上原	よよぎうえはら
4.2	東北沢	ひがしきたざわ
4.9	下北沢	しもきたざわ
5.6	世田谷代田	せたがやだいた
6.3	梅ヶ丘	うめがおか
7.0	豪徳寺	ごうとくじ
8.0	経堂	きょうどう
9.2	千歳船橋	ちとせふなばし
10.6	祖師ヶ谷大蔵	そしがやおおくら
11.6	成城学園前	せいじょうがくえんまえ
12.7	喜多見	きたみ
13.8	狛江	こまえ
14.4	和泉多摩川	いずみたまがわ
15.2	登戸	のぼりと
15.8	向ヶ丘遊園	むこうがおかゆうえん
17.9	生田	いくた
19.2	読売ランド前	よみうりらんどまえ
20.5	百合ヶ丘	ゆりがおか
21.5	新百合ヶ丘	しんゆりがおか
23.4	柿生	かきお
25.1	鶴川	つるかわ
27.9	玉川学園前	たまがわがくえんまえ
30.8	町田	まちだ
32.3	相模大野	さがみおおの
34.7	小田急相模原	おだきゅうさがみはら
36.9	相武台前	そうぶだいまえ
39.2	座間	ざま
42.5	海老名	えびな
44.1	厚木	あつぎ
45.4	本厚木	ほんあつぎ
48.5	愛甲石田	あいこういしだ
52.2	伊勢原	いせはら
55.9	鶴巻温泉	つるまきおんせん
57.0	東海大学前	とうかいだいがくまえ
61.7	秦野	はだの
65.6	渋沢	しぶさわ
71.8	新松田	しんまつだ
74.3	開成	かいせい
76.2	栢山	かやま
77.8	富水	とみず
79.2	螢田	ほたるだ
80.8	足柄	あしがら
82.5	小田原	おだわら

相模大野駅　大きな駅ビルにホテルなどのテナントが入り、「相模原市の顔」となっている。

秦野駅　美しい輪郭の駅舎が丹沢の雄大な自然をイメージ。グッドデザイン賞にも選定。

片瀬江ノ島駅　江ノ島への入り口となるこの駅は竜宮城を模したユニークな駅舎が特徴。

停車駅　● 特急ロマンスカー　○ 急行　・ 普通　※ほかに快速急行、多摩急行もある

路線プロフィール

小田急小田原線　新宿－小田原　82.5km　狭軌　複線　電化

昭和2年4月新宿－小田原間開業。都心から箱根方面への観光客などを運ぶ。昭和25年8月、箱根登山鉄道へ乗り入れ開始。昭和53年3月、営団地下鉄(現・東京メトロ)千代田線と相互直通運転を開始。平成3年3月JR東海と共同運行で御殿場線に乗り入れる特急ロマンスカー<あさぎり>を運行開始。平成20年、千代田線へロマンスカーの直通運転を開始。座席指定の特急が地下鉄路線内を走行するのは日本初である。東北沢から和泉多摩川までで実施中の複々線化工事は、東北沢－梅ヶ丘間を残し完成している。

小田急江ノ島線　相模大野－片瀬江ノ島　27.6km　狭軌　複線　電化

昭和4年4月大野信号所(現・相模大野)－片瀬江ノ島間が全線開業。小田原線と直通し町田、新宿方面まで運行、江の島、鎌倉方面への観光客を運ぶ。藤沢駅でスイッチバックを行っている。ロマンスカー<えのしま>が新宿－藤沢・片瀬江ノ島間を運行しているが、快速急行が新設されたため、平日日中はほとんど運転されず夜間の下り線<ホームウェイ>を含めた運行本数は平日が1日6往復、土休日が9往復である。

小田急多摩線　新百合ヶ丘－唐木田　10.6km　狭軌　複線　電化

昭和49年6月新百合ヶ丘－小田急永山間開業。平成2年3月唐木田まで延伸、全線開業。多摩ニュータウンへのアクセスを担う。平成14年3月より唐木田－代々木上原－千代田線間で多摩急行の運行が始まる。沿線の唐木田と新百合ヶ丘を除く全駅で駅舎の屋根に太陽光発電が導入され、さらにはるひ野駅では風力発電装置も設置。駅の照明や自動改札機などの電力に充当している。

おもな列車

特急 メトロはこね
土休日に東京メトロ千代田線北千住ー箱根湯本駅間を1日2往復運転する。千代田線内は大手町、霞ヶ関、表参道のみ停車。60000形「MSE」

特急 スーパーはこね・はこね
新宿ー箱根湯本。朝ラッシュ時を除き、1時間に2往復運転。写真は50000形「VSE」

特急 あさぎり
新宿ー沼津。松田からJR御殿場線に乗り入れる。1日4往復運行。車両は小田急20000形「RSE」(写真)のほか、JR東海の371系も使用される

特急 さがみ・えのしま
<さがみ>は新宿ー小田原、<えのしま>は新宿ー片瀬江ノ島。30000形EXE

小田急多摩線 おだきゅうたません

km	駅	よみ
0.0	新百合ヶ丘	しんゆりがおか
1.5	五月台	さつきだい
2.8	栗平	くりひら
4.1	黒川	くろかわ
4.9	はるひ野	はるひの
6.8	小田急永山	おだきゅうながやま
9.1	小田急多摩センター	おだきゅうたませんたー
10.6	唐木田	からきだ

小田急江ノ島線 おだきゅうえのしません

km	駅	よみ
0.0	相模大野	さがみおおの
1.5	東林間	ひがしりんかん
3.0	中央林間	ちゅうおうりんかん
4.5	南林間	みなみりんかん
5.1	鶴間	つるま
7.6	大和	やまと
9.8	桜ヶ丘	さくらがおか
11.8	高座渋谷	こうざしぶや
14.0	長後	ちょうご
15.8	湘南台	しょうなんだい
17.3	六会日大前	むつあいにちだいまえ
19.7	善行	ぜんぎょう
21.3	藤沢本町	ふじさわほんまち
23.1	藤沢	ふじさわ
24.6	本鵠沼	ほんくげぬま
25.9	鵠沼海岸	くげぬまかいがん
27.6	片瀬江ノ島	かたせえのしま

絶景&撮影ポイント

① MAP 参宮橋ー代々木八幡（小田原線） 新宿の超高層ビルをバックに走行する車両を撮影できる。ロマンスカーから普通列車まで運行本数が多く、さまざまな車両が撮れる。

② MAP 相武台前ー座間（小田原線） 春には沿線に桜が満開となり、電車と桜を一枚に収めることができる。周辺は新興住宅地が広がる。米軍の「キャンプ座間」が近い。

③ MAP 片瀬江ノ島ー鵠沼海岸（江ノ島線） 湘南の海岸は歩いて数分。夏場、鵠沼海岸はサーファーで込み合う。片瀬江ノ島の駅舎は竜宮城のようなデザインになっている。

④ MAP 黒川ーはるひ野（多摩線） 多摩ニュータウンの中でも末期に開発された地域であり、新しい住宅地が広がる。一方、「多摩よこやまの道」には丘陵の里山風景が残る。

Topics ロマンスカー

ロマンスカーなしに小田急線を語ることはできません。関東の私鉄の有料特急では最多の種類を誇り、使用される車両も個性派揃いです。小田原、箱根方面や江ノ島方面への観光客を運ぶ<はこね><えのしま>に加えて、JR東海の御殿場線に乗り入れ沼津まで運行する<あさぎり>や、東京メトロ千代田線へ乗り入れる<メトロはこね><メトロさがみ>など他社線との直通列車も充実。一部休日には東京メトロ有楽町線の新木場まで乗り入れる<ベイリゾート>も運転されます。先頭車両の展望席からは沿線の風景が楽しめます。とは言え、ロマンスカーは観光客だけを相手にしているわけではありません。新宿駅、北千住駅を午後6時以降に出発する<ホームウェイ>は、ゆったり座って帰りたいサラリーマン向けです。

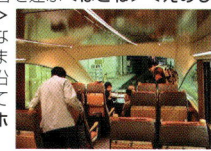

江ノ島電鉄　湘南モノレール　金沢シーサイドライン

江ノ島電鉄　えのしまでんてつ

km	駅	よみ
0.0	藤沢	ふじさわ
0.6	石上	いしがみ
1.2	柳小路	やなぎこうじ
1.9	鵠沼	くげぬま
2.7	湘南海岸公園	しょうなんかいがんこうえん
3.3	江ノ島	えのしま
3.9	腰越	こしごえ
4.7	鎌倉高校前	かまくらこうこうまえ
5.6	七里ヶ浜	しちりがはま
6.8	稲村ヶ崎	いなむらがさき
7.6	極楽寺	ごくらくじ
8.3	長谷	はせ
8.9	由比ヶ浜	ゆいがはま
9.2	和田塚	わだづか
10.0	鎌倉	かまくら

湘南モノレール　しょうなんものれーる

km	駅	よみ
0.0	大船	おおふな
0.9	富士見町	ふじみちょう
2.0	湘南町屋	しょうなんまちや
2.6	湘南深沢	しょうなんふかさわ
4.7	西鎌倉	にしかまくら
5.5	片瀬山	かたせやま
6.2	目白山下	めじろやました
6.6	湘南江の島	しょうなんえのしま

廃線
- ドリーム交通（5.3kmの跨座式モノレール）
  大船－ドリームランド　1967年休止・2002年廃止

鎌倉高校前駅❶
海岸沿いにホームがあり、江の島の海を一望。テレビやドラマの撮影で多用される

神奈川県

縮尺 1：112,500

路線プロフィール

江ノ島電鉄　藤沢－鎌倉　10.0km　狭軌 単線 電化

日本で6番目の電気鉄道として明治35年9月藤沢－片瀬（現・江ノ島）間開業。明治43年11月藤沢－小町（鎌倉駅東口付近）全線開業。平日、休日とも1時間に5往復運転される。短い編成のレトロな車両などが単線を走るローカル線であり鎌倉、江の島を訪れる観光客から「江ノ電」として親しまれている。テレビや雑誌などのメディアでもたびたび取り上げられている。一般道を路面電車のように走行したり、湘南の海岸沿いを走ったりするその沿線風景が人気になっており、鉄道ファンならずともリピーターが多い観光路線となっている。沿線散策には、1日乗車券「のりおりくん」（580円）の利用が便利。

湘南モノレール　大船－湘南江の島　6.6km　モノ 単線 電化

昭和45年3月大船－西鎌倉間開業。昭和46年7月西鎌倉－湘南江の島間が延伸され全線開業。1時間に8往復運転される。モノレールには珍しくトンネルもある。元々、沿線の宅地開発に合わせて開業された路線であり、観光客も多い江ノ電とは対照的に、乗客のほとんどが沿線の通勤・通学利用者である。また、沿線の湘南町屋は三菱電機鎌倉製作所などがあり、工業地帯となっている。大船と湘南江の島以外は全て無人駅だが、平日朝はラッシュ対応のためホーム誘導員がホームに立つ。

金沢シーサイドライン　新杉田－金沢八景　10.6km　狭軌 複線 電化

横浜新都市交通により平成元年7月新杉田－金沢八景間全線開業。日中は7～8分間隔で運転される。ベイエリアを走行し、横浜ベイサイド海の公園や横浜・八景島シーパラダイスなど観光スポットへのアクセスを担う。開業当初は運転士が乗務してのワンマン運転を実施していたが、平成6年4月よりATO＝自動列車運転装置を導入した無人運転が開始された。現在の金沢八景駅は暫定駅となっており、将来的には京急金沢八景駅に接続できるよう延伸し、連絡通路が設置される予定。

おもな列車

普通 江ノ電
300形。江ノ電の顔といえる車両で昭和31年に登場。現在1編成のみ残る

普通 江ノ電
500形。平成18年登場の新型車両。LEDの方向表示器が取り入れられた

普通 湘南モノレール
500形。湘南モノレールの主力車両。懸垂式モノレールのため眺望がいい

普通 金沢シーサイドライン
1000形。ゴムタイヤの交通システム車両。全車無人運転。5両編成で運行

八景島駅
駅前には浜辺が広がり、海と駅との調和が図られている

極楽寺駅
周囲を緑と古寺で囲まれ、静寂で風情ある空間が広がる。あじさいが見事

金沢シーサイドライン かなざわしーさいどらいん

km	駅名	よみ
0.0	新杉田	しんすぎた
1.3	南部市場	なんぶしじょう
2.2	鳥浜	とりはま
2.8	並木北	なみききた
3.5	並木中央	なみきちゅうおう
4.3	幸浦	さちうら
5.0	産業振興センター	さんぎょうしんこうせんたー
5.6	福浦	ふくうら
6.3	市大医学部	しだいいがくぶ
7.5	八景島	はっけいじま
8.1	海の公園柴口	うみのこうえんしばぐち
8.8	海の公園南口	うみのこうえんみなみぐち
9.6	野島公園	のじまこうえん
10.6	金沢八景	かなざわはっけい

絶景＆撮影ポイント

① 鎌倉高校前駅 (江ノ電)
海岸沿いにホームがあり、海と江ノ電を撮影できる。ドラマやCMの撮影でも頻繁に使用される。江ノ電沿線で最も人気がある撮影ポイントである。

② 極楽寺－長谷 (江ノ電)
極楽寺周辺のあじさい、長谷の大仏などが有名。極楽寺駅付近はトンネルから出てくる江ノ電を撮影できたり、検車区があったりと撮影ポイントが多い。

③ 大船－富士見町 (湘南モノレール)
湘南モノレールの起点となる大船近くには真っ白い巨大な観音様がそびえ立つ。モノレールの車窓右に（下り）富士山が見え、壮大な景観を楽しめる。

④ 市大医学部－八景島 (金沢シーサイドライン)
海沿いをカーブを描きながら走行し、車窓左に（下り）海辺の眺望が楽しめる。「シーサイドライン」という路線名を象徴する区間である。

Topics 江ノ電の「絶景」とは

古都鎌倉と湘南の海を同時に満喫できるとあって、江ノ電の沿線は年間を通して多くの観光客が訪れます。また、江ノ電の魅力は、住宅の軒先すれすれの所から車道、海沿い、トンネルなど様々な表情があるということでしょう。絶景ポイントで代表的なのは、やはり鎌倉高校前駅でしょう。関東の駅百選にも選定されているこの駅は、ホームから江の島を見ることもできます。また、駅付近の「日坂」は踏切を通過する江ノ電とそのバックの海岸を収められるとあって、撮影に訪れる人が絶えないポイントです。また、平成19年に実施された「江ノ電沿線12景」では12作中3作が極楽寺駅周辺が選ばれました。春の桜や梅雨のあじさいをはじめ、江ノ電と花のコラボレーションが楽しめるのが極楽寺の特長です。

箱根登山鉄道
伊豆箱根鉄道大雄山線

停車駅　●特急ロマンスカー　○普通

1:112,500

箱根登山鉄道　はこねとざんてつどう
km	駅名	よみ
0.0	小田原	おだわら
1.7	箱根板橋	はこねいたばし
3.2	風祭	かざまつり
4.2	入生田	いりうだ
6.1	箱根湯本	はこねゆもと
7.1	塔ノ沢	とうのさわ
9.9	大平台	おおひらだい
12.1	宮ノ下	みやのした
13.4	小涌谷	こわきだに
14.3	彫刻の森	ちょうこくのもり
15.0	強羅	ごうら

伊豆箱根鉄道大雄山線　いずはこねてつどうだいゆうざんせん
km	駅名	よみ
0.0	小田原	おだわら
0.4	緑町	みどりちょう
1.4	井細田	いさいだ
2.3	五百羅漢	ごひゃくらかん
3.1	穴部	あなべ
4.3	飯田岡	いいだおか
5.0	相模沼田	さがみぬまた
6.0	岩原	いわはら
6.3	塚原	つかはら
8.2	和田河原	わだがはら
9.1	富士フイルム前	ふじふいるむまえ
9.6	大雄山	だいゆうざん

大雄山駅
足柄の玄関口。三角屋根で山小屋のような駅舎の前には金太郎像が立つ

強羅駅
神奈川県内で最も標高が高い駅。スイスをイメージした山小屋風の駅舎が周囲の景観になじんでいる

路線プロフィール

箱根登山鉄道　小田原－強羅　15.0km
狭軌　単線　電化

小田原馬車鉄道として明治21年10月国府津－湯本間開業。明治33年3月に全線電化。大正8年6月箱根湯本－強羅間開業。大正9年12月に国府津－小田原間を廃止し現在の路線となる。昭和25年8月、小田急電鉄と相互直通運転を開始し、小田原線が箱根湯本まで乗り入れる。箱根湯本－強羅間は急勾配が続く山岳鉄道線で、3カ所にスイッチバックが設けられている。登山鉄道線を開業の際、スイスのレーティッシュ鉄道のベルニナ線を参考に建設した経緯からレーティッシュ鉄道と姉妹提携を結び、駅名プレートを寄贈するなどの交流がある。現在小田原－箱根湯本間は小田急の車両のみで運行されている。なお、箱根登山鉄道は強羅－早雲山間でケーブルカーも運行している。

伊豆箱根鉄道大雄山線　小田原－大雄山　9.6km
狭軌　単線　電化

大正14年10月仮小田原（現・緑町）－大雄山間開業。南足柄市の最乗寺・道了尊への参詣客を運ぶ路線として開業された。現在も日中は2本に1本の電車が道了尊行きのバスと接続し、駅の自動券売機でバス乗車券も併せて購入することができるなど、参拝客の利用を考慮してサービスが提供されている。沿線には住宅地が広がるほか、四季折々の花が楽しめる田園地帯など豊かな自然に恵まれた土地柄を活かして、同社や地域による観光客誘致の取り組みが行われている。平日、土休日ともにほぼすべての時間帯で1時間に5往復運転されている。

おもな列車

夜のあじさい号

6月下旬に沿線のあじさいが見ごろを迎えると、ライトアップが実施され、全席指定の特別列車として「夜のあじさい号」が運転される。事前に電話予約が必要（TEL：0465-32-8787）

箱根登山鉄道

モハ1形。箱根登山鉄道を代表するレトロ車両で昭和25年に登場

伊豆箱根鉄道大雄山線

5000系。大雄山線で運行。ステンレス車両が多いが、1編成のみ鋼製車がある

箱根湯本駅

平成21年3月に駅舎がリニューアルオープン。カフェやおみやげ店が並び、駅弁も充実。

廃線

- 箱根登山鉄道小田原市内線（2.4km）
  小田原－箱根板橋　1956年廃止
- 伊豆箱根鉄道駒ヶ岳鋼索線（0.7km）
  駒ヶ岳登り口－駒ヶ岳頂上　2005年廃止

絶景＆撮影ポイント

❶ 大平台－宮ノ下（箱根登山鉄道）
標高450メートルほどの地点に位置し、周辺は旅館が立ち並ぶ。6月下旬にはあじさいが咲き誇り、スイッチバックする電車とともに撮影が可能。

❷ 塔ノ沢－大平台（箱根登山鉄道）
早川に架かる鉄橋からの紅葉は絶景。日本最古の鉄橋として有形文化財に登録されている。この区間にはほかにスイッチバックやトンネルなどもある。

❸ 穴部－飯田岡（大雄山線）
川沿いの田畑から走行する電車の撮影が可能。穴部駅は1400年ほど前の横穴式古墳が復元された久野古墳群が近い。

Topics　急勾配を克服する

箱根登山鉄道は日本で随一の本格的な山岳鉄道です。通常、険しい山岳地帯を走行する乗物というとケーブルカーやロープウェイが一般的ですが、箱根登山鉄道は自力で最大80パーミルの急勾配を登っていきます。80パーミルとは、1km走る間に80mの高さを登る勾配です。このため、箱根登山鉄道には他の鉄道には見られない様々な工夫が施されています。たとえば急カーブが多いため、車両の長さを15mと短くして対応したり（一般の通勤型電車は18～20m／両）、スイッチバックを設けてジグザグに登山したりとしています。安全に配慮して、ブレーキは電気、空気、手動、圧着の4種類取り付けられています。また、レールの摩耗を防ぐための油は滑るために使用できません。電車には散水タンクが取り付けられ水をまきながら走行しています。車窓風景もすばらしいですが、ちょっと足元に目をやると、安全運行のための様々な仕掛けに気づくでしょう。

JR伊東線　伊豆急行線
伊豆箱根鉄道駿豆線

停車駅 ◉特急　○普通

伊東線　いとうせん
0.0	◉熱海	あたみ
1.2	◉来宮	きのみや
6.0	◉伊豆多賀	いずたが
8.7	◉網代	あじろ
13.0	◉宇佐美	うさみ
16.9	◉伊東	いとう

伊豆急行線　いずきゅうこうせん
0.0	◉伊東	いとう
2.0	◉南伊東	みなみいとう
6.1	◉川奈	かわな
11.5	◉富戸	ふと
13.9	◉城ヶ崎海岸	じょうがさきかいがん
15.9	◉伊豆高原	いずこうげん
20.9	◉伊豆大川	いずおおかわ
22.9	◉伊豆北川	いずほっかわ
24.3	◉伊豆熱川	いずあたがわ
26.1	◉片瀬白田	かたせしらた
30.3	◉伊豆稲取	いずいなとり
34.2	◉今井浜海岸	いまいはまかいがん
35.3	◉河津	かわづ
40.7	◉稲梓	いなずさ
43.4	◉蓮台寺	れんだいじ
45.7	◉伊豆急下田	いずきゅうしもだ

伊豆箱根鉄道駿豆線　いずはこねてつどうすんずせん
0.0	◉三島	みしま
1.3	○三島広小路	みしまひろこうじ
2.0	○三島田町	みしまたまち
2.9	○三島二日町	みしまふつかまち
5.5	○大場	だいば
7.0	○伊豆仁田	いずにった
8.5	○原木	ばらき
9.8	○韮山	にらやま
11.4	◉伊豆長岡	いずながおか
14.2	○田京	たきょう
16.6	◉大仁	おおひと
18.6	○牧之郷	まきのこう
19.8	◉修善寺	しゅぜんじ

来宮駅
伊東線の0キロポストがある。駅前はリゾート地特有の南国情緒漂う空間が広がる。

城ヶ崎海岸駅
ログハウスづくりの駅舎が特徴。駅ホームに足湯施設もある。

1:360,000

路線プロフィール

JR伊東線　熱海－伊東　16.9km

昭和10年3月熱海－網代間開業。昭和13年12月網代－伊東間が延伸し全線開業。昭和33年5月より国鉄初のCTC＝列車集中制御装置の使用を開始。CTCは路線全区間の信号やポイントを一か所で遠隔指令・操作するもの。コンピュータの普及していない時代は各停車場で信号操作等を行うのが主流であった。首都圏から東伊豆への観光路線としての意味合いが強く、東海道本線からの直通電車も多い。また、終点の伊東からは伊豆急へ直通運転を行っている。

伊豆急行線　伊東－伊豆急下田　45.7km

昭和36年12月伊東－伊豆急下田間開業。国鉄（現・JR東日本）伊東線との相互直通運転を開始。東急グループの観光路線として計画されたが、当時は駿豆線を抱える西武グループとこの地区を巡って激しい鉄道敷設免許の争奪戦が繰り広げられた。昭和56年10月よりL特急＜踊り子＞の運転が始まる。また、下田に須崎御用邸があるため私鉄としては珍しくお召し列車が乗り入れていた。海向きパノラマシートで海岸を一望できる車両＜リゾート21＞は定評がある。

伊豆箱根鉄道駿豆線　三島－修善寺　19.8km

明治31年5月、豆相鉄道として三島町（現・三島田町）－南条（現・伊豆長岡）間開業。大正13年8月修善寺まで開業。昭和8年5月より国鉄と直通運転を開始。昭和9年には丹那トンネルの開通により東海道本線が路線変更されたのに伴い、起点を現・下土狩（当時は三島）駅から現・三島駅に改めた。昭和56年10月より特急＜踊り子＞の運転を開始。現在は西武グループの一員。伊豆長岡温泉や天城峠、修善寺温泉への観光客を運ぶほか、沿線住民の足としても重宝されている。

おもな列車

[特急] 踊り子・スーパービュー踊り子

東京－伊豆急下田、東京－修善寺。平日は6往復／日、土休日は14往復／日運転。修善寺行きは全て伊豆急下田行きと連結運行され、熱海で切り離される。JR185系

[普通] 伊東線・伊豆急行線

リゾート21・アルファリゾート21。平日は普通電車、土休日は特急「リゾート踊り子」として運行される。海側の景色が楽しめるシート構造や豪華な車内設備が特長。2100系

[普通] 伊東線

E231系。2階建グリーン車も連結

[普通] 駿豆線

7000系。車内は転換クロスシート

絶景＆撮影ポイント

① 伊豆多賀駅（伊東線）　春は駅のホームから満開の桜と電車を収めることができる。駅付近の高台から車両を俯瞰できるポイントもある。

② 片瀬白田－伊豆稲取（伊豆急行線）　海岸のすぐ近くを走行するため、一面に相模灘の美観が広がる。片瀬白田駅は海の見えるローカル駅としてCMやドラマの撮影に使用されている。

③ 原木－韮山（駿豆線）　田園地帯が広がり、走行する電車と富士山を併せて撮影できる。原木駅は映画などの撮影でよく使われる。

④ 三島二日町－大場（駿豆線）　駿豆線の車両をきれいに撮れる撮影ポイント。富士山も収められる。大場駅の北方には車両基地があり、出入りする車両を間近で撮影することも。

Topics 「リゾートライン」の楽しみ方

本項の路線はいずれも伊豆半島の観光路線であり、特に伊東線と伊豆急行線は海岸沿いを走るため、車窓から間近に波打ち際の景観を楽しむことができます。このため、伊豆急行では観光客向けの車両＜リゾート21＞に海側の座席を窓に向けた「海向きパノラマシート」を導入するとともに、東急電鉄の通勤車両を譲り受けた8000系普通列車についても海側座席をクロスシートにし、海岸の絶景を楽しめるようにしています。さらに、全国でも珍しい真っ黒な塗装を施した＜黒船電車＞を導入。ペリー提督率いる黒船が下田に来航した縁で、黒船を模したシックな外観の車両を製造しました。伊豆急行、駿豆線ともに東京からの直通特急を運行しているほか、中京地区からの観光客の取り込みも目指しており、新幹線こだま号の乗車券と併せた割引乗車券やフリー切符を販売しています。

JR東海道本線② （熱海～豊橋）
JR御殿場線

東海道本線② とうかいどうほんせん

↓東海道本線① P12から			
104.6	熱海	あたみ	
114.5	函南	かんなみ	
120.7	三島	みしま	
126.2	沼津	ぬまづ	
130.3	片浜	かたはま	
132.8	原	はら	
137.4	東田子の浦	ひがしたごのうら	
141.3	吉原	よしわら	
146.2	富士	ふじ	
149.7	富士川	ふじかわ	
152.5	新蒲原	しんかんばら	
154.9	蒲原	かんばら	
158.4	由比	ゆい	
164.3	興津	おきつ	
169.0	清水	しみず	
174.2	草薙	くさなぎ	
177.7	東静岡	ひがししずおか	
180.2	静岡	しずおか	
184.5	安倍川	あべかわ	
186.6	用宗	もちむね	
193.7	焼津	やいづ	
197.0	西焼津	にしやいづ	
200.3	藤枝	ふじえだ	
204.9	六合	ろくごう	
207.8	島田	しまだ	
212.9	金谷	かなや	
222.2	菊川	きくがわ	
229.3	掛川	かけがわ	
234.6	愛野	あいの	
238.1	袋井	ふくろい	
245.9	磐田	いわた	
248.8	豊田町	とよだちょう	
252.7	天竜川	てんりゅうがわ	
257.1	浜松	はままつ	
262.4	高塚	たかつか	
267.5	舞阪	まいさか	
269.8	弁天島	べんてんじま	
272.9	新居町	あらいまち	
276.6	鷲津	わしづ	
282.4	新所原	しんじょはら	
286.7	二川	ふたがわ	
293.6	豊橋	とよはし	
↓東海道本線③ 西日本編P10へ			

停車駅 ●特急 ●普通

1:1,000,000

路線プロフィール

JR東海道本線② 熱海－豊橋 189.0km（全線594.5km） 狭複電

明治21年9月、既に開業していた東海道線関西方面から大府－豊橋－浜松間が延伸開業。一方、関東方面からは明治22年2月国府津－熱海－静岡間延伸開業。当時、箱根の山を越えるのが困難という判断で、現在のJR御殿場線にあたる松田、御殿場を経由した区間で開通した。同年4月、静岡－浜松間が開業し関東～関西が一本につながる。明治28年4月、「東海道」という名称がつく。大正9年10月、熱海線として国府津－小田原間が開業。昭和9年12月熱海－沼津間が開業し、現在のルートの東海道線が誕生。国府津－御殿場－沼津間が御殿場線として分離される。長らく日本の中距離輸送の中心路線として運行されるが、昭和39年10月東海道新幹線開通後は各地域での近距離輸送が主となっている。この区間はJR東海の管轄。

JR御殿場線 国府津－沼津 60.2km 狭単電

明治22年2月東海道本線の一部として全線開通。昭和9年12月に丹那トンネルが開通し東海道本線が熱海、小田原経由のルートとなると、国府津－沼津間が支線となり「御殿場線」という名称がつけられた。明治34年6月には既に全線が複線化されていたが、東海道本線から御殿場線に格下げされると、新線建設のためレールや橋梁が転用され、昭和18年7月に全線単線になった。昭和30年より小田急電鉄へ直通運転を開始。平成3年より小田急ロマンスカー＜あさぎり＞の乗り入れが始まる（1日4往復運行）。車窓からは富士山が間近に見られる。

おもな列車

サンライズ瀬戸・出雲
285系。<サンライズ瀬戸>(東京－高松)と<サンライズ出雲>(東京－出雲市)を併結

あさぎり
新宿－沼津。4往復／日。松田からはロマンスカーとして小田急線へ直通運転を行う。371系。2階建て車両を連結。

東海道本線・御殿場線
211系。車内はロングシート

東海道本線・御殿場線
313系。JR東海静岡地区の主力車両

片浜駅
国鉄が民営化される直前に開業した、国鉄最後の駅である

沼津駅
駅前には往年のC58蒸気機関車の正面と車輪を使った沼津機関区の記念碑が設置されている

廃線
● 静岡鉄道駿遠線(63.7km)
- 大手－新藤枝　　　1964年廃止
- 堀野新田－新三俣　1964年廃止
- 新三俣－新袋井　　1967年廃止
- 大井川－堀野新田　1968年廃止
- 新藤枝－大井川　　1970年廃止

御殿場線　ごてんばせん

km	駅	よみ
0.0	国府津	こうづ
3.8	下曽我	しもそが
6.5	上大井	かみおおい
8.3	相模金子	さがみかねこ
10.2	松田	まつだ
13.1	東山北	ひがしやまきた
15.9	山北	やまきた
20.0	谷峨	やが
24.6	駿河小山	するがおやま
28.9	足柄	あしがら
35.5	御殿場	ごてんば
38.2	南御殿場	みなみごてんば
40.6	富士岡	ふじおか
45.3	岩波	いわなみ
50.7	裾野	すその
53.5	長泉なめり	ながいずみなめり
55.6	下土狩	しもとがり
57.8	大岡	おおおか
60.2	沼津	ぬまづ

絶景＆撮影ポイント

① 由比－興津 (東海道本線)　富士山と列車を併せて撮影できる絶景スポットが広がる。興津は西園寺公望の別荘「坐漁荘」があったことでも有名。

② 弁天島 (東海道本線)　弁天島駅は浜名湖上の弁天島にある。橋柱などの障害物が少なく、鉄橋を通過する車両がきれいに撮影できる。付近では潮干狩りもできる。

③ 島田－金谷 (東海道本線)　全長1kmにおよぶ大井川鉄橋をわたる。並走する大井川鉄道のSL列車を目当てにカメラを持つファンも多い。川を渡ると牧ノ原台地の茶畑が広がる。

④ 足柄－御殿場 (御殿場線)　雄大な富士山をバックに、単線の田園風景を疾走するロマンスカーやオレンジ色の普通電車を撮影できる。特に冬の晴天時に見える白富士は感動的。

Topics　丹那トンネルと東海道本線の近代化

東海道本線は開業当初は現在の御殿場線にあたる御殿場経由のルートを通っていました。箱根の山を越えることが困難であったためです。しかし、御殿場ルートは急勾配の区間があったため、輸送力を強化するためにはどうしてもルートを変える必要がありました。そこで、函南－熱海間にトンネルを掘るルートを計画したのです。明治時代から既に計画は立てられていましたが、着工は大正7年のこと。劣悪な地質や関東大震災や北伊豆地震などの発生により工事は難航し、また工事中の事故によって多くの殉職者を出しました。苦労と犠牲の末にようやくトンネルが貫通したのは昭和8年のことでした。丹那トンネルの全長は7804mで、当時は国内2番目の長さ。このトンネルの開通により、国府津－沼津間は距離で11.7km、所要時間も30分前後短縮されました。

JR 身延線 / 岳南鉄道

1:450,000　0　10　20km

停車駅　●特急　●普通

東花輪駅
昭和初期から続く木造駅舎が歴史を感じさせる。貨物の側線があり広々としている。

南甲府駅
旧富士身延鉄道の本社が入っていた駅舎は昭和3年の建造以来今も現役。コンクリート建てで重厚感がある。

身延駅
南アルプスへの起点駅。駅前商店街は和風の外観に統一されている。

身延線　みのぶせん

km	駅	よみ
0.0	富士	ふじ
1.5	柚木	ゆのき
2.8	竪堀	たてぼり
5.6	入山瀬	いりやませ
8.0	富士根	ふじね
9.3	源道寺	げんどうじ
10.7	富士宮	ふじのみや
11.9	西富士宮	にしふじのみや
16.9	沼久保	ぬまくぼ
19.2	芝川	しばかわ
24.0	稲子	いなこ
26.3	十島	とおしま
29.4	井出	いで
31.9	寄畑	よりはた
34.1	内船	うつぶな
39.8	甲斐大島	かいおおしま
43.5	身延	みのぶ
45.7	塩之沢	しおのさわ
50.2	波高島	はだかじま
51.7	下部温泉	しもべおんせん
54.1	甲斐常葉	かいときわ
56.1	市ノ瀬	いちのせ
58.8	久那土	くなど
60.3	甲斐岩間	かいいわま
61.8	落居	おちい
66.8	鰍沢口	かじかざわぐち
69.8	市川大門	いちかわだいもん
70.7	市川本町	いちかわほんまち
71.7	芦川	あしがわ
72.8	甲斐上野	かいうえの
76.3	東花輪	ひがしはなわ
77.5	小井川	こいかわ
78.9	常永	じょうえい
81.2	国母	こくぼ
83.1	甲斐住吉	かいすみよし
84.0	南甲府	みなみこうふ
86.3	善光寺	ぜんこうじ
87.2	金手	かねんて
88.4	甲府	こうふ

岳南鉄道　がくなんてつどう

km	駅	よみ
0.0	吉原	よしわら
2.3	ジヤトコ前	じやとこまえ
2.7	吉原本町	よしわらほんちょう
3.0	本吉原	ほんよしわら
4.4	岳南原田	がくなんはらだ
5.4	比奈	ひな
6.4	岳南富士岡	がくなんふじおか
7.3	須津	すど
8.2	神谷	かみや
9.2	岳南江尾	がくなんえのお

路線プロフィール

JR身延線 富士ー甲府　88.4km　狭軌 単複 電

富士身延鉄道が大正2年7月富士ー大宮町（現・富士宮）開業。大正9年5月身延まで延伸。昭和3年3月甲府まで延伸し全線開業。昭和16年5月国有化され国鉄身延線となる。西富士宮以北は、1時間に1往復程度運転される。富士川流域を走り、急な勾配とカーブが続く山岳路線となっている。開業時にトンネル断面が狭小であった名残で、現在も身延線内はパンタグラフ部分の屋根を低くするなど特殊構造を施した車両しか運行することができない。

岳南鉄道 吉原ー岳南江尾　9.2km　狭軌 単 電

昭和24年11月鈴川（現・吉原）ー吉原本町間開業。昭和28年1月岳南江尾まで延伸し全線開業。富士急行系列。1時間に2往復運行される。また、一部区間では貨物列車も4往復／日運転される。現在営業運行される車両は旧京王井の頭線3000系で、かつては旧小田急1900形や旧東急5000系なども運行されていた。製紙工場を中心とした工業地帯を走行し、沿線の通勤・通学客を主に運んでいるほか、ハイキング客も利用する。また、沿線の比奈が竹取物語発祥の地とされ、電車に＜がくちゃんかぐや富士＞という愛称が付けられている。

おもな列車

特急 ワイドビューふじかわ

静岡ー甲府。東海道線経由の特急。1日7往復。身延線沿線を流れる富士川が名称の由来。静岡付近では新幹線の接続列車として、甲府付近では中央本線への連絡列車として利用される。373系

普通 身延線

以前の123系や115系が引退し、現在の身延線の主力として走っているのが313系。ワンマン運転対応の車両もある。ドアは半自動ドアとなる

普通 岳南鉄道

7000形。前身は京王井の頭線3000形

普通 岳南鉄道

8000形。＜がくちゃんかぐや富士＞

普通 岳南鉄道

ED40形電気機関車は貨物輸送に活躍

絶景＆撮影ポイント

1. **沼久保ー西富士宮**（身延線）　雄大な富士山をバックに走行する電車を撮影できる。「山梨側」から見る富士とはまた違った側面が見られる。
2. **波高島ー塩之沢**（身延線）　富士川の支流に架かる鉄橋を渡る電車が撮影できる。波高島はかつて水運の中継地として栄えた。
3. **吉原ージヤトコ前**（岳南鉄道）　富士山に向かって電車が走行。ジヤトコ前から徒歩10分ほどには東海道五十三次で有名な左富士が健在。
4. **岳南原田ー比奈**（岳南鉄道）　周辺は製紙工場のパイプラインの下を電車が走行する。工場の煙突なども見られる。

Topics　富士川舟運と身延線

日本三大急流の一つにも数えられる富士川はかつて、水運の大きな役割を果たしていました。交通の便の悪い甲斐国の物流を開拓すべく、徳川家康の指示で富士川が開拓され、舟運が発達したのです。当時は「下げ米、上げ塩」と呼ばれ、下り荷には甲州・信州から幕府への年貢米が運ばれ、上り荷は塩などの海産物が中心でした。そして、舟運は荷物だけでなく人も運びました。身延山への参詣客が利用したのです。江戸初期以来300年にわたって、時に急流による犠牲者を出しながらも多くの人や物を運んできた舟運ですが、明治22年に東海道線、明治36年に中央本線が相次いで開通すると物流の主役の座を明け渡し、衰退を余儀なくされます。そして昭和3年、身延線の開通に伴って舟運はその歴史に幕を下ろしたのです。

大井川鐵道大井川本線・井川線
静岡鉄道

縮尺 1:360,000

Topics

千頭駅SL資料館
ヘッドマークなど多数展示。千頭駅構内には文化財建造物に指定されているイギリス製ターンテーブルがある。

神尾駅
駅構内に「たぬき村」があり、多数の信楽焼の狸が並んでいる。

停車駅
◎ SL急行　〇 普通

廃線
- 国鉄清水港線（8.3km）
  清水―三保　1984年廃止
- 静岡鉄道清水市内線（4.6km）
  港橋―横砂　1975年廃止
- 静岡鉄道静岡市内線（2.0km）
  静岡駅前―安西　1962年廃止

静岡鉄道　しずおかてつどう

km	駅名	よみ
0.0	◎新静岡	しんしずおか
0.5	日吉町	ひよしちょう
1.0	音羽町	おとわちょう
1.5	春日町	かすがちょう
2.1	柚木	ゆのき
2.9	長沼	ながぬま
3.8	古庄	ふるしょう
4.8	県総合運動場	けんそうごううんどうじょう
5.7	県立美術館前	けんりつびじゅつかんまえ
6.4	草薙	くさなぎ
7.4	御門台	みかどだい
8.3	狐ヶ崎	きつねがさき
10.0	桜橋	さくらばし
10.3	入江岡	いりえおか
11.0	◎新清水	しんしみず

大井川鐵道大井川本線　おおいがわてつどうほんせん

km	駅名	よみ
0.0	◎金谷	かなや
2.3	◎新金谷	しんかなや
3.8	代官町	だいかんちょう
4.3	日切	ひぎり
5.0	五和	ごか
9.8	神尾	かみお
12.3	◎福用	ふくよう
14.8	◎大和田	おわだ
17.1	◎家山	いえやま
18.8	抜里	ぬくり
20.0	◎川根温泉笹間渡	かわねおんせんささまど
22.9	地名	じな
24.3	塩郷	しおごう
27.4	◎下泉	しもいずみ
31.0	田野口	たのぐち
34.1	◎駿河徳山	するがとくやま
36.1	青部	あおべ
37.2	崎平	さきだいら
39.5	◎千頭	せんず

大井川鐵道井川線　おおいがわてつどういかわせん

km	駅名	よみ
0.0	◎千頭	せんず
1.1	川根両国	かわねりょうごく
2.4	沢間	さわま
3.9	土本	どもと
5.8	川根小山	かわねこやま
7.5	奥泉	おくいずみ
9.9	アプトいちしろ	あぷといちしろ
11.4	長島ダム	ながしまだむ
12.6	ひらんだ	ひらんだ
13.9	奥大井湖上	おくおおいこじょう
15.5	接岨峡温泉	せっそきょうおんせん
17.8	尾盛	おもり
20.5	閑蔵	かんぞう
25.5	井川	いかわ

路線プロフィール

大井川鐵道大井川本線　金谷－千頭　39.5km
狭軌　単　電

昭和2年6月金谷－横岡間開業。昭和6年12月千頭まで延伸。平成16年横岡が廃止され現在の金谷－千頭間の路線に。昭和51年7月より蒸気機関車の動態保存を行うとしてSLの運転を復活。SL列車はほぼ毎日1往復運転。自動車で訪れる観光客向けに、SLの終着駅までマイカーを陸送する有料サービスを実施。沿線は有名な川根茶の産地のため、茶畑が広がる風景を眺めたり、その名の通り大井川と並走するので、「越すに越されぬ大井川」の眺望が楽しめる。

大井川鐵道井川線　千頭－井川　25.5km
狭軌　単　電

昭和9年千頭－沢間間開業。発電所建設資材輸送のために富士電力が開通させたのがはじまりとされる。昭和29年4月全線開業。昭和34年8月大井川鐵道井川線として営業運転を開始。区間運転をふくむ6往復／日運行。全線の3割以上がトンネルまたは橋梁となっており、カーブが非常に多い。日本の鉄道で唯一、2本のレールの中央に歯形のレールを敷設し、歯車を用いて急勾配に対応するラック式鉄道の一種「アプト式」を採用している路線である。「南アルプスあぷとライン」の愛称を持つ。

静岡鉄道　新静岡－新清水　11.0km
狭軌　複　電　IC

明治41年5月江尻新道（現・新清水）－清水波止場（現・新清水埠頭付近）間開業。同年12月鷹匠（現・新静岡）まで延伸し全線開通。1時間に10往復運転。昭和50年9月全線複線の鉄道としては全国で初めて終日ワンマン運転を実施。かつては急行も走っていたが平成8年4月に廃止され、現在は全列車が各駅停車となっている。また、私鉄のローカル線でありながら平成4年12月全駅に自動改札機を導入するなど並走するJR東海道本線に対抗したサービスを実施している。

おもな列車

SL 急行かわね路号・南アルプス号  
C11。2機あり、上は190号機、下は227号機

大井川本線 
16000系は、かつての近鉄南大阪線の特急車両

井川線 
ED90型アプト式電気機関車

大井川本線 
3000系は、かつて京阪電鉄の特急で、色は当時のまま

静岡鉄道 
1000系。さまざまなラッピングが施されている

絶景＆撮影ポイント

① 金谷－新金谷（本線）　大井川の支流・大代川を渡るSLを撮影できる。特に上り列車はSLが煙を上げて走行する様子が見られる。橋梁が大きくカーブしているのも特徴。

② 抜里－川根温泉笹間渡　抜里駅の周辺には広大な茶畑が広がる。大井川の鉄橋をSLが渡るシーンを撮影することもできる。

③ アプトいちしろ－長島ダム（井川線）　国内の鉄道としては最も傾斜が急な90パーミルの急勾配区間を上り下りするため、アプト式機関車が連結される。長島ダムには資料館や公園が整備。

④ 新清水－入江岡（静岡鉄道）　新清水では、ホームから間近で車両の撮影ができる。入江岡駅周辺は漫画「ちびまる子ちゃん」の舞台となった町として知られる。

Topics　車両博物館、大井川鐵道

大井川鐵道の魅力は何と言ってもSLが定期運行されていることでしょう。休日ともなれば全国からファンがSLへの乗車を求めて訪れます。大井川鐵道では昭和51年にSLの運行を再開するにあたって、蒸気機関車の専門知識を持った旧国鉄OBを招くとともに、若手職員に運転や整備の知識を伝授し、SLの動態保存に向けた「人の育成」を積極的に行いました。しかし、大井川鐵道の魅力はSLだけではありません。在籍する電車は全て関西の大手私鉄から譲り受けた優等車です。近鉄線の特急車両16000系や京阪線の特急車3000系、南海高野線の急行車21001系など懐かしい車両が全て当時の車体色のままに大井川本線で運用されています。大井川鐵道では蒸気機関車以外にも往年の名車が動態保存されており、まさに「車両博物館」となっているのです。

天竜浜名湖鉄道
遠州鉄道

遠州岩水寺駅
かつてはこの駅から石灰石を運搬していた。ログハウスづくりの駅舎が特徴。

愛知県

遠州鉄道　えんしゅうてつどう

km	駅名	よみ
0.0	新浜松	しんはままつ
0.5	第一通り	だいいちどおり
0.8	遠州病院	えんしゅうびょういん
1.6	八幡	はちまん
2.4	助信	すけのぶ
3.4	遠州曳馬	えんしゅうひくま
4.5	遠州上島	えんしゅうかみじま
5.3	自動車学校前	じどうしゃがっこうまえ
6.6	さぎの宮	さぎのみや
7.8	積志	せきし
9.2	遠州西ヶ崎	えんしゅうにしがさき
10.2	遠州小松	えんしゅうこまつ
11.2	浜北	はまきた
12.0	美薗中央公園	みそのちゅうおうこうえん
13.3	遠州小林	えんしゅうこばやし
15.0	遠州芝本	えんしゅうしばもと
16.3	遠州岩水寺	えんしゅうがんすいじ
17.8	西鹿島	にしかじま

廃線
- 遠州鉄道奥山線 （25.7km）
  遠鉄浜松ー気賀口　1964年廃止
  気賀口ー奥山　　　1963年廃止
- 静岡鉄道秋葉線 （12.1km）
  新袋井ー遠州森町　1962年廃止

路線プロフィール

天竜浜名湖鉄道　掛川ー新所原　67.7km　　狭 単

昭和10年4月国鉄二俣東線として掛川ー遠州森間開業。昭和11年12月国鉄二俣西線として新所原ー三ヶ日間開業。昭和15年6月に掛川ー新所原が全通。昭和33年11月から昭和41年10月まで遠州鉄道へ相互直通運転を行っていた。昭和62年3月二俣線が廃止され天竜浜名湖鉄道が当該路線を受け継ぎ、天竜浜名湖鉄道として開業。日中は1時間に1往復運行される。平成21年4月、アスモ前ー知波田間に大森駅が開業した。また、近年線路と道路の両方を走行できる車両として注目される「DMV」の走行実験が行われ、導入が検討されている。

遠州鉄道　新浜松ー西鹿島　17.8km　　狭 単 電 IC

明治42年12月、大日本軌道により遠州浜松（廃駅、第一通り駅東方）ー鹿島間開業。大正8年10月遠州軌道に路線が譲渡される。昭和2年9月に全線開通。かつては奥山線、中ノ町線など支線もあったが昭和39年11月までに現在の鉄道線にあたる西鹿島線を除いて全廃された。全区間にわたって単線であるにもかかわらず、全18駅中15駅に交換設備を設けたり高架化工事を行った結果、12分間隔で運行できるようになり、輸送人員数を増加させた。真っ赤な車体の電車が走行することから「赤電」として親しまれている。終点の西鹿島駅で天竜浜名湖鉄道線と接続する。

48

西鹿島駅
洋館風の駅舎がユニーク。中部の駅100選に認定されている。

1:300,000

静岡県

おもな列車

天竜浜名湖鉄道

TH2100型。現在の主力車両

TH9200型。転換クロスシート車両

遠州鉄道

2000形。平成11年登場のVVVF制御車

1000形。現在の主力車両

天竜浜名湖鉄道 てんりゅうはまなこてつどう

km	駅	よみ
0.0	掛川	かけがわ
1.3	掛川市役所前	かけがわしやくしょまえ
1.8	西掛川	にしかけがわ
4.0	桜木	さくらぎ
5.5	いこいの広場	いこいのひろば
6.0	細谷	ほそや
7.9	原谷	はらのや
9.4	原田	はらだ
12.0	戸綿	とわた
12.8	遠州森	えんしゅうもり
14.7	円田	えんでん
16.4	遠江一宮	とおとうみいちのみや
19.9	敷地	しきじ
23.0	豊岡	とよおか
24.4	上野部	かみのべ
26.2	天竜二俣	てんりゅうふたまた
26.8	二俣本町	ふたまたほんまち
28.5	西鹿島	にしかじま
30.3	岩水寺	がんすいじ
32.3	宮口	みやぐち
36.2	フルーツパーク	ふるーつぱーく
37.7	都田	みやこだ
39.1	浜名大学前	はまなだいがくまえ
41.9	金指	かなさし
43.5	気賀高校前	きがこうこうまえ
44.8	気賀	きが
47.7	西気賀	にしきが
49.4	寸座	すんざ
50.7	浜名湖佐久米	はまなこさくめ
51.9	東都筑	ひがしつづき
53.3	都筑	つづき
55.6	三ヶ日	みっかび
56.8	奥浜名湖	おくはまなこ
58.1	尾奈	おな
62.9	知波田	ちばた
65.0	大森	おおもり
66.7	アスモ前	あすもまえ
67.7	新所原	しんじょはら

絶景＆撮影ポイント

① 浜名湖佐久米駅（天竜浜名湖線）
眼前に浜名湖が広がる。春から夏にかけては潮干狩りやヨット、海水浴などを楽しむ人で賑わう。冬はユリカモメが訪れる。

② 天竜二俣駅（天竜浜名湖線）
この駅を起点に、並走する天竜川の舟下りに乗船することができる。大自然を堪能した後は、駅内の食堂で菜めし田楽など和食を楽しめる。

③ 浜北駅（遠州鉄道線）
周辺は住宅地。この駅を始め沿線の多くの駅で上下線の電車の交換が行われ、「赤電」が並ぶ写真が撮影できる。

Topics 今も往時の駅の姿をとどめる天竜浜名湖鉄道

天竜浜名湖鉄道（旧国鉄二俣線）は、第二次世界大戦の際に浜名湖にかかる東海道線が被災した場合の迂回路としての役割をもっており、また、地元の木材や農産物、セメントなどの輸送も果たしました。現在は、天竜浜名湖鉄道として沿線住民の足として活用されていますが、同鉄道の駅は開業当時の姿をとどめていることで知られています。たとえば、天竜二俣駅の構内施設は国の登録有形文化財に指定され、いまも現役で使用されています。また、西鹿島、掛川以外の駅員配置駅では、今も硬券の切符を販売していたり、木造駅舎が多く残っていたりするなど、古き鉄道の姿を現在に遺す、貴重な路線なのです。

JR中央本線①（東京〜甲府）
富士急行線

高尾駅
高尾山への玄関駅。北口の駅舎は寺院風のつくりとなっており、駅前にはそば屋が並ぶ。

河口湖駅
駅舎のバックに富士山を望める。駅前は富士山麓電気鉄道のモ１形電車が展示されている。

リニア見学センター
田野倉駅、禾生駅下車。展望室から実際に高速走行するリニアの見学ができる。

富士急行線　ふじきゅうこうせん

km	駅名	よみ
0.0	大月	おおつき
0.6	上大月	かみおおつき
3.0	田野倉	たのくら
5.6	禾生	かせい
7.1	赤坂	あかさか
8.6	都留市	つるし
9.4	谷村町	やむらまち
10.6	都留文科大学前	つるぶんかだいがくまえ
11.5	十日市場	とおかいちば
13.1	東桂	ひがしかつら
15.8	三つ峠	みつとうげ
18.8	寿	ことぶき
20.2	葭池温泉前	よしいけおんせんまえ
21.1	下吉田	しもよしだ
21.9	月江寺	げっこうじ
23.6	富士吉田	ふじよしだ
25.0	富士急ハイランド	ふじきゅうハイランド
26.6	河口湖	かわぐちこ

廃線
- 中央本線　（3.2km）
  三鷹－武蔵野競技場前　1959年廃止

停車駅　◎特急　○中央特快　●普通

路線プロフィール

JR中央本線①　東京－甲府　134.1km（全線424.6km）　狭軌　電

明治22年4月甲武鉄道が新宿－立川間開業。当時の中間駅は中野、境（現・武蔵境）、国分寺のみであった。同年8月、八王子まで延伸。一方、明治34年8月官設鉄道として八王子－上野原間開業。明治36年6月に甲府まで延伸。その後明治39年に甲武鉄道が国有化すると、御茶ノ水－篠ノ井間の路線となる。大正8年3月東京まで延伸。この区間が中央本線となった。その後輸送力の強化を目指して都心部で緩行線と快速線を分けた複々線化が実施され、昭和44年4月に三鷹まで完成する。しかし、多摩地区で慢性的な道路渋滞を引き起こす「開かずの踏切」が問題視され、三鷹－立川間で連続立体交差事業が進められている。

富士急行線　大月－河口湖　26.6km　狭軌　単　電

昭和4年6月富士山麓電気鉄道として大月－富士吉田間開業。昭和25年8月富士吉田－河口湖間が開通し全線開業。昭和35年5月富士急行に社名変更。同社は富士急ハイランドの運営やスケート部で数多くの五輪代表選手を輩出していることなどで知られる。JRとの相互直通運転を実施し、定期運行のほか土休日には臨時列車＜ホリデー快速河口湖＞が運転される。また、展望席が特長の＜フジサン特急＞を運行している。平成21年8月より観光列車＜富士登山電車＞運行開始。

おもな列車

特急 スーパーあずさ・あずさ
新宿－松本。1日18往復運転。一部東京、千葉発着のものや、南小谷まで運転するものも。E351系・E257系

特急 かいじ
新宿－甲府・竜王。＜あずさ＞より運行区間が短く、停車駅が多い。1時間に1往復運転される。E257系

臨時 ムーンライト信州
新宿－白馬。全車指定の夜行列車。繁忙期の金曜および年末年始、大型連休に運転。183系・E257系

特急 フジサン特急
大月－河口湖を平日3往復、土休日6往復走る有料特急。展望車両（1号車）は着席整理券が必要

富士登山電車
平成21年8月より運行を開始した観光列車。水・木曜を除く毎日運行。2両編成で1両は着席券車両

国立駅
南口駅舎は都内で2番目に古い木造駅舎で外観の美しさが親しまれていたが、中央線の立体交差工事のため取り壊された。

旧万世橋駅
神田－御茶ノ水間に遺構が今も残存する。付近にあった交通博物館は平成18年に閉館した。

中央本線 ① ちゅうおうほんせん

km	駅	よみ	km	駅	よみ
0.0	東京	とうきょう	37.5	立川	たちかわ
1.3	神田	かんだ	40.8	日野	ひの
2.6	御茶ノ水	おちゃのみず	43.1	豊田	とよだ
3.4	水道橋	すいどうばし	47.4	八王子	はちおうじ
4.8	飯田橋	いいだばし	49.8	西八王子	にしはちおうじ
5.8	市ヶ谷	いちがや	53.1	高尾	たかお
6.6	四ツ谷	よつや	62.6	相模湖	さがみこ
7.9	信濃町	しなのまち	66.3	藤野	ふじの
8.6	千駄ヶ谷	せんだがや	69.8	上野原	うえのはら
9.6	代々木	よよぎ	74.0	四方津	しおつ
10.3	新宿	しんじゅく	77.3	梁川	やながわ
11.7	大久保	おおくぼ	81.2	鳥沢	とりさわ
12.8	東中野	ひがしなかの	85.3	猿橋	さるはし
14.7	中野	なかの	87.8	大月	おおつき
16.1	高円寺	こうえんじ	93.9	初狩	はつかり
17.3	阿佐ヶ谷	あさがや	100.4	笹子	ささご
18.7	荻窪	おぎくぼ	106.5	甲斐大和	かいやまと
20.6	西荻窪	にしおぎくぼ	112.5	勝沼ぶどう郷	かつぬまぶどうきょう
22.5	吉祥寺	きちじょうじ	116.9	塩山	えんざん
24.1	三鷹	みたか	120.1	東山梨	ひがしやまなし
25.7	武蔵境	むさしさかい	122.2	山梨市	やまなしし
27.4	東小金井	ひがしこがねい	125.0	春日居町	かすがいちょう
29.1	武蔵小金井	むさしこがねい	127.8	石和温泉	いさわおんせん
31.4	国分寺	こくぶんじ	131.2	酒折	さかおり
32.8	西国分寺	にしこくぶんじ	134.1	甲府	こうふ
34.5	国立	くにたち			

↓中央本線② P56へ

絶景＆撮影ポイント

① 御茶ノ水－四ツ谷（中央本線）
外濠端に線路が敷設され、お堀と並走する。橋の上から走行する車両を見下ろせる。この沿線には大学が多く、学生街が広がる。

② 四方津－梁川（中央本線）
四方を山に囲まれ、木造の駅舎がレトロ感を漂わせている。四方津駅西方の鉄橋を渡る列車も撮影できる。

③ 勝沼ぶどう郷－石和温泉（中央本線）
雄大な自然が堪能できるポイントが多いが、特にこの駅の周辺は桃やぶどうの生産が盛んで、春は一面桃色に染まる絶景となる。

④ 富士吉田駅（富士急行線）
この駅で全列車がスイッチバックを行う。並ぶ電車の撮影が可能。ホームからは雄大な富士山が一望できる。

Topics 東中野－立川の直線区間

地図上で中央本線を東京駅からたどっていくと、東中野から立川までずーっと直線が続いていることに気付きます。その全長はなんと21.7km。北海道の2路線に続き日本で3番目に長い距離です。なぜこれほど長い直線ルートが可能だったのでしょうか。中央本線はもともと甲武鉄道、すなわち武蔵と甲斐の両国を結ぶ鉄道として計画されたものです。一直線のルートに関しては調布や府中の宿場町が反対したとする「鉄道忌避伝説」が根強く広まっていましたが、現在では否定されています。鉄道は地盤のよいところを一直線に敷設するのが理想であり、新宿－八王子間には当時あえて立ち寄るほどの経由地はないと判断したのでしょう。その後、調布・府中など甲州街道沿いには京王電気軌道（現・京王電鉄）が敷設されます。

JR青梅線　JR五日市線　多摩都市モノレール

青梅駅 ❶
青梅全体が昭和のレトロな町並みを再現。ホーム上の待合室もレトロ調になっている。

奥多摩駅
都内JRの最西端に位置する駅。ロッジ風の山小屋駅舎が奥多摩の自然と調和している。

御嶽駅
駅舎が古風な神社のようなつくりになっている。秋には渓谷への行楽客でにぎわう。

青梅鉄道公園
青梅駅下車。D51をはじめ蒸気機関車の実物が多数展示。0系新幹線も保存されている。

青梅線　おうめせん

km	駅	よみ
0.0	立川	たちかわ
1.9	西立川	にしたちかわ
2.7	東中神	ひがしなかがみ
3.6	中神	なかがみ
5.0	昭島	あきしま
6.9	拝島	はいじま
8.6	牛浜	うしはま
9.6	福生	ふっさ
11.7	羽村	はむら
14.1	小作	おざく
15.9	河辺	かべ
17.2	東青梅	ひがしおうめ
18.5	青梅	おうめ
20.6	宮ノ平	みやのひら
21.4	日向和田	ひなたわだ
22.4	石神前	いしがみまえ
23.6	二俣尾	ふたまたお
24.5	軍畑	いくさばた
25.9	沢井	さわい
27.2	御嶽	みたけ
30.0	川井	かわい
31.6	古里	こり
33.8	鳩ノ巣	はとのす
35.2	白丸	しろまる
37.2	奥多摩	おくたま

五日市線　いつかいちせん

km	駅	よみ
0.0	拝島	はいじま
1.1	熊川	くまがわ
3.5	東秋留	ひがしあきる
5.7	秋川	あきがわ
7.2	武蔵引田	むさしひきだ
8.5	武蔵増戸	むさしますこ
11.1	武蔵五日市	むさしいつかいち

多摩都市モノレール　たまとしものれーる

km	駅	よみ
0.0	上北台	かみきただい
0.7	桜街道	さくらかいどう
1.5	玉川上水	たまがわじょうすい
2.5	砂川七番	すながわななばん
3.0	泉体育館	いずみたいいくかん
3.6	立飛	たちひ
4.2	高松	たかまつ
5.4	立川北	たちかわきた
5.8	立川南	たちかわみなみ
6.5	柴崎体育館	しばさきたいいくかん
8.0	甲州街道	こうしゅうかいどう
9.3	万願寺	まんがんじ
10.5	高幡不動	たかはたふどう
11.3	程久保	ほどくぼ
12.3	多摩動物公園	たまどうぶつこうえん
13.4	中央大学・明星大学	ちゅうおうだいがく・めいせいだいがく
14.3	大塚・帝京大学	おおつか・ていきょうだいがく
15.1	松が谷	まつがや
16.0	多摩センター	たませんたー

路線プロフィール

JR青梅線　立川－奥多摩　37.2km　狭 単 電

明治27年青梅鉄道により立川－青梅間開業。明治28年日向和田まで延伸。昭和19年に国有化され青梅線となる。同年7月氷川（現・奥多摩）まで延伸し全線開業。昭和24年中央線へ直通運転開始。平成20年より新型車両のE233系にほぼ全車両が置換された。東京方面への通勤電車という役割と、東京方面から奥多摩の渓谷や梅林への観光路線という役割を併せ持つ路線で、立川－青梅間は東京からの直通を含め1時間に5本程度、青梅－奥多摩間は1時間に2本運転。

JR五日市線　拝島－武蔵五日市　11.1km　狭 単 電

大正14年五日市鉄道により拝島－五日市（現・武蔵五日市）間開業。昭和15年南武鉄道と合併、昭和19年に国有化され五日市線となる。平成20年新型車両のE233系に全車両が置換された。1時間に3往復程度運転され、朝夕の一部列車は青梅線経由で立川や東京まで直通運行する。昭島、福生、あきる野など各市を結び、秋川渓谷への観光客を運ぶ。また、各駅からは鉄道がない日出町や檜原村へも路線バスで連絡しており、多摩西部の住民にとって欠かせない路線となっている。

多摩都市モノレール線　上北台－多摩センター　16.0km　モノ 複 電

平成10年上北台－立川北間開業、平成12年立川北－多摩センター間開業。多摩地区を南北方向に走る数少ない鉄道のひとつとして、また中央大学をはじめ沿線に数多く立地する大学への足として、地元住民に重宝されている。沿線には高幡不動尊、多摩動物公園、昭和記念公園、サンリオピューロランドなどの集客施設も多い。西武ドームでプロ野球の試合が開催される際には、上北台駅から臨時のシャトルバスが運行される。日中は10分間隔で運転。上北台駅以北などへの延伸も検討されている。

おもな列車

ホリデー快速おくたま・あきがわ
東京・新宿ー奥多摩／武蔵五日市。土休日に1日3往復運転。拝島で切り離し、連結。E233系

青梅ライナー
東京ー青梅に運行。平日朝夕のラッシュに対応したライナー列車。乗車にはライナー券が必要。E257系

青梅線・五日市線
E233系。平成18年より登場。現在、青梅線・五日市線の列車は全てこの車両に置き換えられた。

多摩都市モノレール
1000系。平成10年の開業時から使用。ボディにはオレンジのグラデーション

絶景＆撮影ポイント

❶ 青梅駅（青梅線）
駅構内で待機する車両を撮影できる。駅前は「映画の街」として往年の邦画名作の看板が立ち並んでいる。

❷ 日向和田ー二俣尾（青梅線）
日向和田の駅前には関東有数の梅の名所として知られる吉野梅郷が広がる。線路と並走する吉野街道沿いには吉川英治記念館がある。

❸ 古里ー鳩ノ巣（青梅線）
多摩川の深い谷を見下ろしながら列車はゆっくりと走る。周囲の山の杉木立も美しい。

❹ 柴崎体育館ー甲州街道（多摩モノレール）
この区間で多摩川を渡り、車窓には奥多摩の山々や富士山を見ることができる。多摩川とモノレールの写真も撮れる。

Topics 石灰輸送のための鉄道

青梅線と言うと奥多摩の渓谷へ観光客を運ぶ観光路線という印象が強いですが、元々は奥多摩の石灰石の輸送を主目的に建設された路線でした。青梅は石灰の産地として古くから栄え、江戸時代には徳川家康によって江戸城修復のために青梅の石灰が使用されました。このほか、日光東照宮や名古屋城、二条城、大阪城の壁にも青梅の石灰が使用されたそうです。この時輸送ルートとして開発されたのが現在の青梅街道です。明治に入ると石灰の需要が高まり、輸送のために青梅鉄道が敷設されました。現在も青梅市内で石灰の製造は続いており、近年まで鉄道貨物による輸送が行われていましたが、トラックによる運搬が主流となったことから、青梅線による石灰輸送は平成10年8月をもって廃止されました。

京王電鉄 京王線・高尾線・相模原線・競馬場線・動物園線・井の頭線

府中駅 南北に高架の歩行者回廊が続き、ショッピングモールに直結する、都会的な駅前

停車駅 ●特急・準特急 ●急行 ○普通

京王線 けいおうせん

km	駅名	よみ
0.0	◉新宿	しんじゅく
1.7	○初台	はつだい
2.7	○幡ヶ谷	はたがや
3.6	○笹塚	ささづか
4.4	○代田橋	だいたばし
5.2	◉明大前	めいだいまえ
6.1	○下高井戸	しもたかいど
7.0	○桜上水	さくらじょうすい
7.8	○上北沢	かみきたざわ
8.4	○八幡山	はちまんやま
9.1	○芦花公園	ろかこうえん
9.9	○千歳烏山	ちとせからすやま
11.5	○仙川	せんがわ
12.5	○つつじヶ丘	つつじがおか
13.3	○柴崎	しばさき
14.2	○国領	こくりょう
14.9	○布田	ふだ
15.5	◉調布	ちょうふ
17.0	○西調布	にしちょうふ
17.7	○飛田給	とびたきゅう
18.8	○武蔵野台	むさしのだい
19.5	○多磨霊園	たまれいえん
20.4	○東府中	ひがしふちゅう
21.9	◉府中	ふちゅう
23.1	◉分倍河原	ぶばいがわら
24.7	○中河原	なかがわら
26.3	◉聖蹟桜ヶ丘	せいせきさくらがおか
28.0	○百草園	もぐさえん
29.7	◉高幡不動	たかはたふどう
32.1	○南平	みなみだいら
33.4	○平山城址公園	ひらやまじょうしこうえん
34.9	○長沼	ながぬま
36.1	◉北野	きたの
37.9	◉京王八王子	けいおうはちおうじ

京王高尾線 けいおうたかおせん

km	駅名	よみ
0.0	◉北野	きたの
1.7	○京王片倉	けいおうかたくら
3.2	○山田	やまだ
4.3	○めじろ台	めじろだい
5.8	○狭間	はざま
6.9	◉高尾	たかお
8.6	◉高尾山口	たかおさんぐち

京王相模原線 けいおうさがみはらせん

km	駅名	よみ
0.0	◉調布	ちょうふ
1.2	◉京王多摩川	けいおうたまがわ
2.5	◉京王稲田堤	けいおういなだづつみ
3.9	◉京王よみうりランド	けいおうよみうりらんど
5.5	◉稲城	いなぎ
8.8	◉若葉台	わかばだい
11.4	◉京王永山	けいおうながやま
13.7	◉京王多摩センター	けいおうたまセンター
16.0	◉京王堀之内	けいおうほりのうち
18.2	◉南大沢	みなみおおさわ
20.1	◉多摩境	たまさかい
22.6	◉橋本	はしもと

京王競馬場線 けいおうけいばじょうせん

km	駅名	よみ
0.0	◉東府中	ひがしふちゅう
0.9	◉府中競馬正門前	ふちゅうけいばせいもんまえ

京王れーるランド 多摩動物公園駅下車。Nゲージの運転体験コーナーやグッズ販売など

1:225,000

路線プロフィール

京王線 新宿－京王八王子 37.9km 〔馬鉄 複 電〕

大正2年京王電気軌道により笹塚－調布間開業。大正4年新宿追分まで延伸。大正5年、府中まで延伸。大正14年玉南電気鉄道により府中－東八王子（現・京王八王子）間開業。昭和3年新宿－東八王子間の直通運転開始。昭和53年新宿（新線新宿）－笹塚間複々線化。昭和55年から都営地下鉄新宿線と直通運転開始。新線新宿－笹塚間は京王新線と呼ばれている。

京王相模原線 調布－橋本 22.6km 〔馬鉄 複 電〕

大正5年6月調布－多摩川原（現・京王多摩川）間開業。当初は多摩川河川敷の砂利運搬のために作られた支線であったが、昭和2年に京王閣ができると行楽客も運んだ。その後、多摩ニュータウン開発に合わせて通勤路線化が図られ、何度かの延伸の末、平成2年3月相模原線が全線開通した。

京王高尾線／競馬場線／動物園線 北野－高尾山口 8.6km／東府中－府中競馬正門前 0.9km／高幡不動－多摩動物公園 2.0km 〔馬鉄 単複 電〕

昭和30年東府中－府中競馬正門前間を競馬場線として開業。昭和39年高幡不動－多摩動物公園間が多摩動物公園線（現・動物園線）として開業。昭和42年北野－高尾山口間が高尾線として開業。競馬場線は中央競馬開催日以外は利用者が少なく、平日は2両編成によるワンマン運転を実施している。動物園線も4両編成によるワンマン運転が行われるが、京王線からの直通急行も運転される。

京王井の頭線 渋谷－吉祥寺 12.7km 〔狭軌 複 電〕

昭和8年帝都電鉄渋谷線として渋谷－井の頭公園間開業。昭和9年吉祥寺まで延伸し全線開業。車両の塗装は、ブルーグリーン、アイボリー、ラベンダーがあり、レインボーカラーとして親しまれている。渋谷－吉祥寺間を急行で16分で結び、下北沢で小田急線と、明大前で京王線と、それぞれ接続している。

おもな列車

京王線ほか

9000系。平成13年登場の最新車両

8000系。平成4年登場

7000系。昭和59年登場のステンレス車

6000系。昭和47年登場。まもなく引退

井の頭線

1000系。平成8年登場。20m4扉車

3000系。昭和37年登場。まもなく引退

神泉駅
トンネルの狭間に作られ、渋谷の一駅隣とは思えない閑静な駅前となっている

京王動物園線　けいおうどうぶつえんせん
| 0.0 | 高幡不動 | たかはたふどう |
| 2.0 | 多摩動物公園 | たまどうぶつこうえん |

京王井の頭線　けいおういのかしらせん
0.0	渋谷	しぶや
0.5	神泉	しんせん
1.4	駒場東大前	こまばとうだいまえ
2.4	池ノ上	いけのうえ
3.0	下北沢	しもきたざわ
3.5	新代田	しんだいた
4.0	東松原	ひがしまつばら
4.9	明大前	めいだいまえ
6.0	永福町	えいふくちょう
6.7	西永福	にしえいふく
7.5	浜田山	はまだやま
8.7	高井戸	たかいど
9.4	富士見ヶ丘	ふじみがおか
10.2	久我山	くがやま
11.2	三鷹台	みたかだい
12.1	井の頭公園	いのかしらこうえん
12.7	吉祥寺	きちじょうじ

絶景＆撮影ポイント

① 京王多摩川―京王堰堤（相模原線） 多摩川の鉄橋を渡る車両の撮影ができる。晴れた日には車窓から富士山を拝むこともできる。多摩川河川敷はジョギング、サイクリングスポット。

② 東府中―府中競馬正門前（競馬場線） 都会から近い、平日日中はほとんど人がいないこと、通勤車両を使用し撮影できるといった条件の良さから、CMやドラマの撮影が頻繁に行われる。

③ 高尾―高尾山口（高尾線） この区間は緑豊かな山間部を走る区間で、山をバックに走る車両の撮影が可能。有名な鉄道写真撮影地。

④ 東松原駅（井の頭線） ホーム脇に多数のあじさいが植えられ、シーズンには井の頭線とあじさいのコラボレーションが楽しめる。夜間にはライトアップされる。

Topics　珍しい1372ミリ軌間

軌間とは線路の幅のこと。JRの在来線など多くの鉄道では1067mm軌間が採用されていますが、京王電鉄の路線は井の頭線を除いては1372mm。したがって、京王の車両がJRや小田急など周辺の路線に乗り入れることはできません。この1372mmは「馬鉄軌間」と呼ばれているもので、国内ではほかに東急世田谷線や都電荒川線、函館市電がこの幅を採用しています。これは京王電気軌道が敷設された際、甲武鉄道に対抗すべく、大正当時は馬鉄軌間であった東京市電への乗り入れを目論み、馬鉄軌間を選択しました。結局市電への乗り入れは実現しないまま現在に至るのです。

JR中央本線② (甲府〜中津川)

中央本線②　ちゅうおうほんせん

↓中央本線① P50から

km	駅名	よみ
134.1	甲府	こうふ
138.6	竜王	りゅうおう
142.7	塩崎	しおざき
147.0	韮崎	にらさき
151.2	新府	しんぷ
154.7	穴山	あなやま
160.1	日野春	ひのはる
166.3	長坂	ながさか
173.7	小淵沢	こぶちざわ
178.2	信濃境	しなのさかい
182.9	富士見	ふじみ
186.1	すずらんの里	すずらんのさと
188.0	青柳	あおやぎ
195.2	茅野	ちの
201.9	上諏訪	かみすわ
206.3	下諏訪	しもすわ
210.4	岡谷	おかや
218.2	みどり湖	みどりこ
222.1	塩尻	しおじり
226.3	洗馬	せば
231.0	日出塩	ひでしお
236.2	贄川	にえかわ
241.4	木曽平沢	きそひらさわ
243.2	奈良井	ならい
249.8	藪原	やぶはら
255.5	宮ノ越	みやのこし
258.3	原野	はらの
263.8	木曽福島	きそふくしま
271.1	上松	あげまつ
277.7	倉本	くらもと
282.5	須原	すはら
285.8	大桑	おおくわ
288.8	野尻	のじり
292.5	十二兼	じゅうにかね
298.0	南木曽	なぎそ
304.3	田立	ただち
307.1	坂下	さかした
313.2	落合川	おちあいがわ
317.0	中津川	なかつがわ

↓中央本線③　西日本編P26へ

km	駅名	よみ
210.4	(岡谷)	
213.9	川岸	かわぎし
219.9	辰野	たつの
224.2	信濃川島	しなのかわしま
228.2	小野	おの
238.1	(塩尻)	

廃線
● 北恵那鉄道 (22.1km)
　中津町―下付知　1978年廃止

路線プロフィール

JR中央本線②　甲府―中津川　182.9km／岡谷―塩尻　27.7km　(全線424.6km)　狭　単複　電　△

明治36年甲府―韮崎間延伸開業。明治39年塩尻まで延伸開業。明治39年国有化。明治42年塩尻―奈良井間開業。一方、名古屋方は中央西線として明治33年名古屋―多治見間が開業し、明治35年には多治見―中津(現・中津川)間延伸開業。明治44年宮ノ越―木曽福島間の開通により、中央本線に組み込まれる。昭和58年岡谷―塩尻間に新線が開通し中間にみどり湖駅開業。昭和62年に国鉄が民営化され、甲府―塩尻間はJR東日本、塩尻―中津川間はJR東海の管轄となった。甲府―塩尻間は特急<あずさ>、<スーパーあずさ>と、普通列車がそれぞれ1時間に1〜2往復運転。一方、塩尻―中津川間は特急<しなの>が1時間に1往復運転されるが、普通列車は1〜2時間に1往復程度と少ない。

Topics　急勾配線とスイッチバック

山岳路線である中央本線は、多くの区間で最高25‰という勾配が連続します。勾配区間は、高尾を出てすぐ始まり、小仏峠、笹子峠と越えていきます。韮崎を出ると、八ヶ岳の山麓へ登り、中央本線で一番高い標高の富士見駅を出ると、今度は諏訪盆地へと一気に下ります。辰野へと大きく迂回し、善知鳥トンネルで抜けると、奈良井―藪原間の鳥居峠をめざし勾配が続きます。このような中央本線では、勾配区間に駅を設置するため、初狩、笹子、勝沼(現・勝沼ぶどう郷)、新府、穴山、長坂、東塩尻(信号場)と数多くのスイッチバックが設けられました。これらは電化、複線化に伴う改良工事で廃止されましたが、各駅では今も当時の引上線や旧ホームの跡などが残ります。

茅野駅
ホームに黒曜石の原石が展示。駅前広場にはC12形蒸気機関車が展示されている。

停車駅 ●特急 ○普通

竜王駅
駅舎が近年リニューアル。建築家・安藤忠雄により駅前と合わせて設計された。

1：750,000

おもな列車

特急 スーパーあずさ
新宿―松本。1日8往復。一部は大糸線南小谷まで乗り入れる。振り子式車両で、カーブの多い中央本線での時間短縮を実現。E351系

特急 あずさ
新宿―松本。1日10往復。一部は東京、千葉まで乗り入れ。E257系で運転され、一部列車は11両編成

特急 ワイドビューしなの
名古屋―長野。1日13往復運転。1日1往復東海道本線を経由し大阪まで乗り入れ。振り子式の383系を使用

普通 中央本線
115系。山岳路線用の近郊型電車。中央本線ではスカイブルーのさわやかな塗装の車両が主力

普通 中央本線
313系。中津川―塩尻間の普通列車に使用。大きな窓が特徴でワンマン運転を実施

普通 中央本線
123系。辰野―塩尻。荷物電車を改造した車両。車内は長いロングシート。ワンマン車

絶景＆撮影ポイント

❶ **新府―穴山**　「新府桃源郷」として知られる桃畑の中を行く。春、花咲く季節はとくに美しい。下り列車の車窓右側には八ヶ岳も望める。

❷ **長坂―小淵沢**　下り列車の右側には八ヶ岳の山々。左側には南アルプス。振り返れば、遠く富士山も望める日本有数の山岳車窓を楽しめる。

❸ **上諏訪―下諏訪**　諏訪湖の湖面を望める区間。線路沿いには、温泉旅館もあり、上諏訪駅には、足湯が楽しめる施設もある。

❹ **上松―木曽福島**　名勝「寝覚の床」があり、車窓から渓流と真っ白な花こう岩を見下ろせる。エメラルドグリーンの鮮やかな水流も見どころ。

57

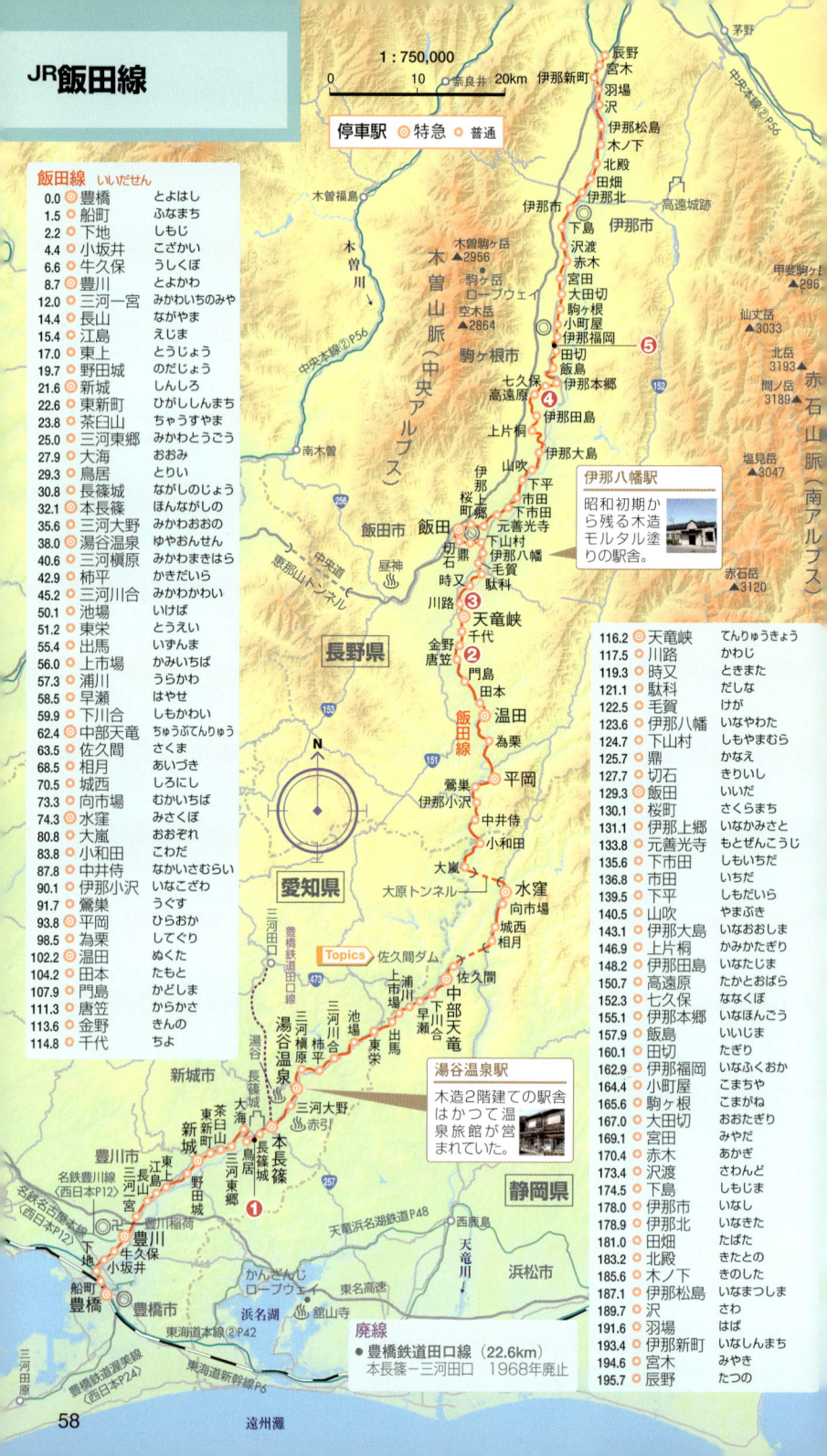

JR 飯田線

1:750,000
0 10 20km

停車駅 ● 特急 ● 普通

飯田線 いいだせん

km	駅	よみ
0.0	豊橋	とよはし
1.5	船町	ふなまち
2.2	下地	しもじ
4.4	小坂井	こざかい
6.6	牛久保	うしくぼ
8.7	豊川	とよかわ
12.0	三河一宮	みかわいちのみや
14.4	長山	ながやま
15.4	江島	えじま
17.0	東上	とうじょう
19.7	野田城	のだじょう
21.6	新城	しんしろ
22.6	東新町	ひがししんまち
23.8	茶臼山	ちゃうすやま
25.0	三河東郷	みかわとうごう
27.9	大海	おおみ
29.3	鳥居	とりい
30.8	長篠城	ながしのじょう
32.1	本長篠	ほんながしの
35.6	三河大野	みかわおおの
38.0	湯谷温泉	ゆやおんせん
40.6	三河槙原	みかわまきはら
42.9	柿平	かきだいら
45.2	三河川合	みかわかわい
50.1	池場	いけば
51.2	東栄	とうえい
55.4	出馬	いずんま
56.0	上市場	かみいちば
57.3	浦川	うらかわ
58.5	早瀬	はやせ
59.9	下川合	しもかわい
62.4	中部天竜	ちゅうぶてんりゅう
63.5	佐久間	さくま
68.5	相月	あいづき
70.5	城西	しろにし
73.3	向市場	むかいいちば
74.3	水窪	みさくぼ
80.8	大嵐	おおぞれ
83.8	小和田	こわだ
87.8	中井侍	なかいさむらい
90.1	伊那小沢	いなこざわ
91.7	鶯巣	うぐす
93.8	平岡	ひらおか
98.5	為栗	してぐり
102.2	温田	ぬくた
104.2	田本	たもと
107.9	門島	かどしま
111.3	唐笠	からかさ
113.6	金野	きんの
114.8	千代	ちよ
116.2	天竜峡	てんりゅうきょう
117.5	川路	かわじ
119.3	時又	ときまた
121.1	駄科	だしな
122.5	毛賀	けが
123.6	伊那八幡	いなやわた
124.7	下山村	しもやまむら
125.7	鼎	かなえ
127.7	切石	きりいし
129.3	飯田	いいだ
130.1	桜町	さくらまち
131.1	伊那上郷	いなかみさと
133.8	元善光寺	もとぜんこうじ
135.6	下市田	しもいちだ
136.8	市田	いちだ
139.5	下平	しもだいら
140.5	山吹	やまぶき
143.1	伊那大島	いなおおしま
146.9	上片桐	かみかたぎり
148.2	伊那田島	いなたじま
150.7	高遠原	たかとおばら
152.3	七久保	ななくぼ
155.1	伊那本郷	いなほんごう
157.9	飯島	いいじま
160.1	田切	たぎり
162.9	伊那福岡	いなふくおか
164.4	小町屋	こまちや
165.6	駒ヶ根	こまがね
167.0	大田切	おおたぎり
169.1	宮田	みやだ
170.4	赤木	あかぎ
173.4	沢渡	さわんど
174.5	下島	しもじま
178.0	伊那市	いなし
178.9	伊那北	いなきた
181.0	田畑	たばた
183.2	北殿	きたとの
185.6	木ノ下	きのした
187.1	伊那松島	いなまつしま
189.7	沢	さわ
191.6	羽場	はば
193.4	伊那新町	いなしんまち
194.6	宮木	みやき
195.7	辰野	たつの

伊那八幡駅
昭和初期から残る木造モルタル塗りの駅舎。

湯谷温泉駅
木造2階建ての駅舎はかつて温泉旅館が営まれていた。

Topics 佐久間ダム

廃線
● 豊橋鉄道田口線（22.6km）
本長篠—三河田口　1968年廃止

路線プロフィール

JR飯田線　豊橋－辰野　195.7km　　　　　狭軌 単複 電

豊橋－大海間は豊川鉄道により敷設された。明治30年の豊橋－一ノ宮（現・三河一宮）間を皮切りに、明治31年新城まで、明治33年大海まで延伸され豊川鉄道全通。長篠（現・大海）－三河川合間は鳳来寺鉄道により大正12年に開業。一方、辰野方からも伊那電車軌道（のちの伊那電気鉄道）により建設が進められ明治42年辰野（現駅とは異なる）－松島（現・伊那松島）間が開業後、明治45年には伊那町（現・伊那市）間まで、大正3年赤穂（現駒ヶ根）まで、大正12年には飯田まで達した。引き続き飯田以南も建設が進み、昭和2年には辰野－天竜峡が全通。三河川合－天竜峡は三信鉄道により敷設され、まず昭和7年天竜峡－門島間が開通、昭和8年には三河川合－三輪村（現・東栄）間も開通した。両側から徐々に延伸され、昭和12年天龍山室（現在廃止）－大嵐間の延伸により全通。これらは昭和18年国有化、豊橋－辰野間が飯田線となる。昭和28年の平岡ダム、昭和30年11月の佐久間ダム建設のため、一部区間の付け替えを実施、駅の廃止と新設が行われる。もと私鉄の路線を買収したため駅間の距離が短く、急カーブも多い。現在は、特急＜伊那路＞が豊橋－飯田間で2往復運転されるほかは、ほとんどが普通列車。豊橋－豊川間は1時間に2往復、豊川－本長篠、天竜峡－辰野間はそれぞれ1時間に1往復程度普通列車が運転されるが、山間部を走る本長篠－天竜峡は2時間に1往復程度の運転。飯田－辰野間では、中央本線、篠ノ井線を経由して長野まで乗り入れる快速＜みすず＞も運転される。200km近い長大ローカル線として知られ、全線を直通する普通列車の所要時間は約6時間。

おもな列車

特急　ワイドビュー伊那路
豊橋－飯田。1日2往復。沿線は勾配やカーブが多いため高速運転ができず、表定速度が全国のJR特急の中で二番目に遅い。373系

普通　飯田線
115系。一部の普通列車に使用。3ドアのステンレス車で車内は転換クロスシートが並ぶ

普通　飯田線
119系。飯田線のほとんどの普通列車に使用。1両編成と2両編成の2タイプがあり、組み合わせて使われる。一部列車ではワンマン運転を実施

絶景＆撮影ポイント

❶ 鳥居－長篠城 車窓から長篠の合戦で知られる長篠城を眺めることができる。長篠城には史跡資料館がある。また、沿線から走行する車両の撮影も可能。

❷ 唐笠－金野 飯田線には、天竜川を望める区間はいくつかあるが、その中でもここは絶景が広がる。金野駅は周囲に民家が一軒もない秘境駅。

❸ 天竜峡－川路 天竜峡駅は名勝「天竜峡」の最寄り。天竜川により切り開かれた花崗岩の奇岩、巨岩がそびえたつ。秋は紅葉の名所。

❹ 七久保－伊那本郷 中央アルプスの雪化粧をバックに田園地帯を走行する車両を撮影できる。伊那本郷駅の周辺には梨園がある。

❺ 田切－伊那福岡 中央アルプスの山々を背景に大カーブを行く飯田線の列車を撮影できる。古くから知られた有名撮影地。

Topics　佐久間ダムと線路の付け替え

飯田線の沿線を流れる天竜川水系は、水量が豊富であることと、急流であることの2つの好条件から、首都圏や中京圏などへの電力供給のために水力発電のためのダムがいくつか建設されました。そんな中、昭和27年に当時日本最大のダム計画が発表されます。それが、佐久間ダムです。ダム建設にあたっては、点在する集落がダムの底に沈むこと、当時盛んだった林業のいかだ流しができなくなること、そして国鉄飯田線の18kmにおよぶ区間が水没することといった問題があり、高額の補償を行うことでどうにか交渉がまとまりました。飯田線は中央構造線と天竜川断層という2つの断層地帯が走る地盤の弱い地区にトンネルを掘削し、どうにかルート変更を実現しました。こうして佐久間ダムは昭和31年10月に完成し、各都市圏への電力供給が開始されました。見方によれば、奥山を走る一ローカル線である飯田線のルート変更が日本の高度経済成長を支えたというわけです。

JR篠ノ井線　JR大糸線
松本電鉄上高地線

1:600,000

停車駅 ● 特急　○ 普通

篠ノ井線　しののいせん

km	駅	よみ
0.0	塩尻	しおじり
3.8	広丘	ひろおか
6.8	村井	むらい
8.8	平田	ひらた
10.9	南松本	みなみまつもと
13.3	松本	まつもと
21.6	田沢	たざわ
28.2	明科	あかしな
37.2	西条	にしじょう
40.9	坂北	さかきた
45.0	聖高原	ひじりこうげん
48.3	冠着	かむりき
54.2	姨捨	おばすて
62.9	稲荷山	いなりやま
66.7	篠ノ井	しののい

大糸線　おおいとせん

km	駅	よみ
0.0	松本	まつもと
0.7	北松本	きたまつもと
2.6	島内	しまうち
3.8	島高松	しまたかまつ
5.2	梓橋	あずさばし
6.8	一日市場	ひといちば
8.4	中萱	なかがや
10.4	南豊科	みなみとよしな
11.4	豊科	とよしな
14.2	柏矢町	はくやちょう
16.2	穂高	ほたか
18.4	有明	ありあけ
19.7	安曇追分	あづみおいわけ
22.8	細野	ほその
23.8	北細野	きたほその
26.0	信濃松川	しなのまつかわ
28.6	安曇沓掛	あづみくつかけ
30.9	信濃常盤	しなのときわ
34.0	南大町	みなみおおまち
35.1	信濃大町	しなのおおまち
37.2	北大町	きたおおまち
39.4	信濃木崎	しなのきざき
41.6	稲尾	いなお
42.9	海ノ口	うみのくち
46.3	簗場	やなば
47.9	ヤナバスキー場前	ヤナバスキーじょうまえ
52.8	南神城	みなみかみしろ
55.2	神城	かみしろ
56.7	飯森	いいもり
59.7	白馬	はくば
61.6	信濃森上	しなのもりうえ
65.4	白馬大池	はくばおおいけ
68.7	千国	ちくに
70.1	南小谷	みなみおたり
74.1	中土	なかつち
78.5	北小谷	きたおたり
85.0	平岩	ひらいわ
91.8	小滝	こたき
95.4	根知	ねち
100.3	頸城大野	くびきおおの
102.2	姫川	ひめかわ
105.4	糸魚川	いといがわ

松本電鉄　まつもとでんてつ

km	駅	よみ
0.0	松本	まつもと
0.4	西松本	にしまつもと
1.1	渚	なぎさ
1.9	信濃荒井	しなのあらい
2.6	大庭	おおにわ
4.4	下新	しもにい
5.4	北新松本大学前	きたにいまつもとだいがくまえ
6.2	新村	にいむら
7.6	三溝	さみぞ
8.6	森口	もりぐち
9.5	下島	しもじま
11.1	波田	はた
12.7	渕東	えんどう
14.4	新島々	しんしましま

廃線
● 松本電鉄浅間線（5.3km）
松本駅前－浅間温泉　1964年廃止

姨捨駅 Topics
駅舎は昭和初期のもの。日本三大車窓、日本三大名月、「訪れてみたい駅」など多数選出の絶景駅。

穂高駅
穂高神社を模した荘厳なつくりの木造駅舎。

新村駅
開業当初から使い続けている木造駅舎。旧筑摩電気鉄道の社紋も残る。

路線プロフィール

JR篠ノ井線 塩尻－松本 66.7km　狭軌 単複 電

明治33年西条－篠ノ井間開業。明治35年6月松本－西条間開業。同年12月塩尻－松本が延伸され全線開通。普通、特急ともに中央本線からの乗り入れ運転が行われている。勾配の急な山間部を走行するため、路線内にスイッチバックが信号場を含めて2か所（かつては4か所）ある。特急＜しなの＞が1時間に1往復運転されるほか、松本までは特急＜スーパーあずさ＞・＜あずさ＞も乗り入れる。

JR大糸線 松本－糸魚川 105.4km　狭軌 単 電

大正4年信濃鉄道が松本市（現・北松本）－豊科間開業。昭和32年中土－小滝間開業により全線開通。昭和62年4月国鉄民営化により松本－南小谷間がJR東日本に、南小谷－糸魚川間がJR西日本になる。松本－南小谷間は「北アルプス線」という愛称がつけられている。松本－信濃大町間は列車の本数も多いが、信濃大町以北は本数が減り、南小谷－平岩間は1日7往復。

松本電気鉄道上高地線 松本－新島々 14.4km　狭軌 単 電

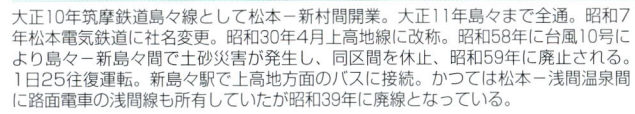

大正10年筑摩鉄道島々線として松本－新村間開業。大正11年島々まで全通。昭和7年松本電気鉄道に社名変更。昭和30年4月上高地線に改称。昭和58年に台風10号により島々－新島々間で土砂災害が発生し、同区間を休止、昭和59年に廃止される。1日25往復運転。新島々駅で上高地方面のバスに接続。かつては松本－浅間温泉間に路面電車の浅間線も所有していたが昭和39年に廃線となっている。

おもな列車

特急 あずさ
1日1往復が南小谷まで乗り入れ。下り列車は千葉始発、上り列車は新宿行。大糸線内は9両で運転。E257系

特急 ワイドビューしなの
大阪・名古屋－長野。1日13往復運転。振り子式383系。基本は6両編成だが増結される日も多い

普通 大糸線
E127系。大糸線では北アルプス側のみボックスシートを配置した100番台車が使われる

普通 大糸線
キハ52系。エンジンを2台搭載した山岳線用ディーゼルカー。旧国鉄標準色など懐かしい塗装で運転中。ワンマン車

普通 松本電鉄
3000系。元京王3000系を改造。ダイナミックストライプの5色を施したカラフルなデザインの車両。ワンマン運転

普通 篠ノ井線・大糸線
115系。勾配路線用近郊形電車。篠ノ井線では3～6両、大糸線では2～5両で使われる

絶景＆撮影ポイント

① 姨捨 （篠ノ井線）
ホームから眼下に広がる善光寺平は絶景。スイッチバックして駅に停車する普通列車で訪れたい。

② 聖高原－冠着 （篠ノ井線）
山と田園風景をバックに篠ノ井線の写真を撮れる。車両側面がきれいに写る定番の撮影ポイント。

③ 信濃松川－安曇沓掛 （大糸線）
下り列車の左側に北アルプスの山々が広がる。この区間では北アルプスをバックにした列車写真も撮れる。

④ 南小谷－中土 （大糸線）
JR東日本とJR西日本の境界。背後に北アルプスの山々が連なり、非電化の区間を旧車両の1両編成が走行する定番スポット。

Topics 日本三大車窓・姨捨からの善光寺平

姨捨駅は険しい山の中腹に位置し、急勾配のため駅を設ける平坦面を確保できず、脇道にそって停車するスイッチバック方式が採用されました。ホームからは善光寺平や棚田、千曲川を見下ろすことができ、その棚田には夜になると田ごとに月の光を美しく映されます。その様子をこの地域では「田毎の月」と呼んでいます。その美しさは古来より知られ、松尾芭蕉も更科紀行の中で「おもかげや姨ひとりなく月の友」と詠んでいるほど。また、電車の窓から九つの駅を眺めることができたり、長野市内の夜景も堪能できます。昼も夜も絶景が広がっていることから、根室本線狩勝峠付近、肥薩線矢岳駅付近と並び日本三大車窓の一つとされています。

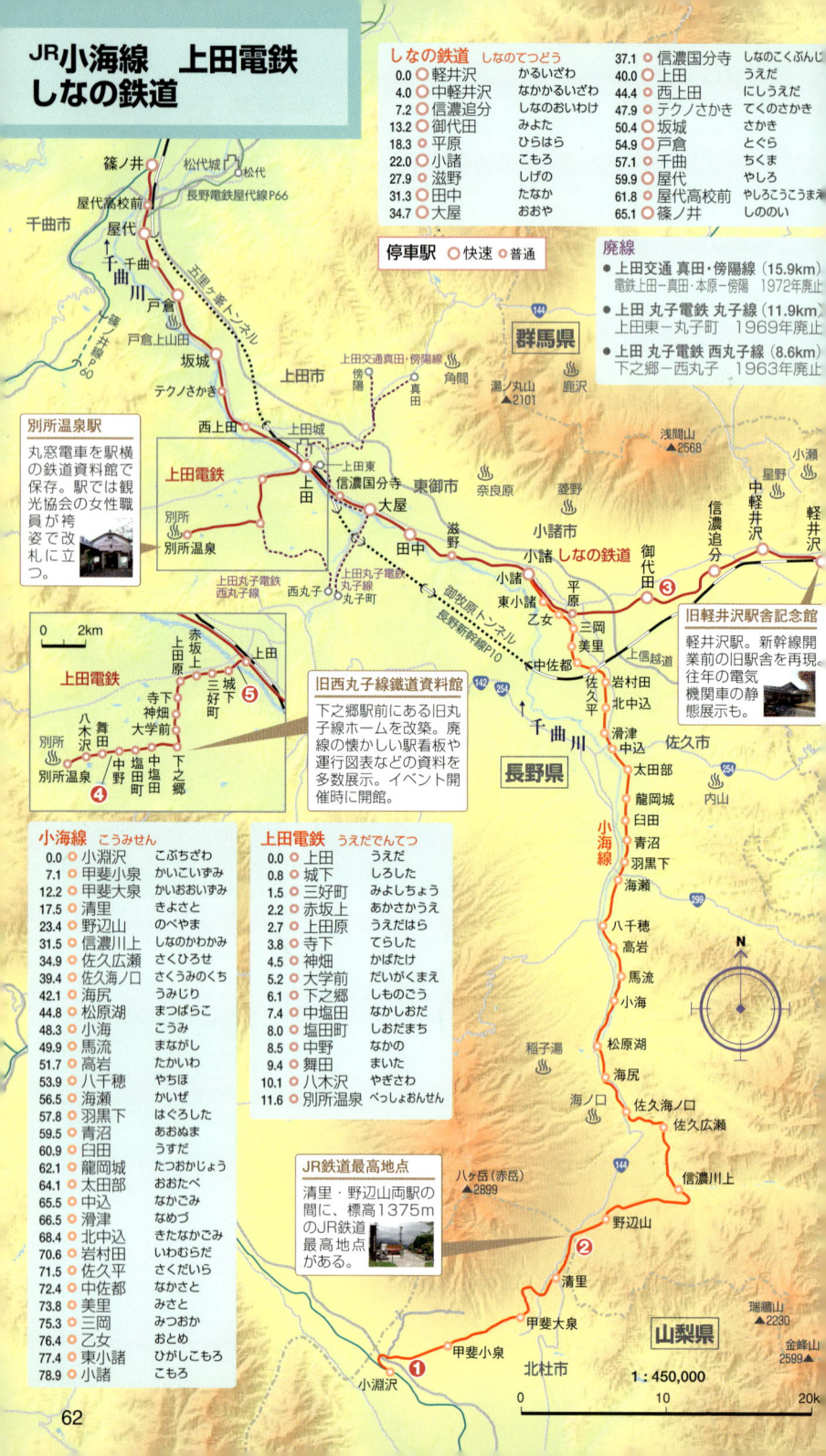

JR小海線　上田電鉄　しなの鉄道

しなの鉄道　しなのてつどう

km	駅	よみ
0.0	軽井沢	かるいざわ
4.0	中軽井沢	なかかるいざわ
7.2	信濃追分	しなのおいわけ
13.2	御代田	みよた
18.3	平原	ひらはら
22.0	小諸	こもろ
27.9	滋野	しげの
31.3	田中	たなか
34.7	大屋	おおや
37.1	信濃国分寺	しなのこくぶんじ
40.0	上田	うえだ
44.4	西上田	にしうえだ
47.9	テクノさかき	てくのさかき
50.4	坂城	さかき
54.9	戸倉	とぐら
57.1	千曲	ちくま
59.9	屋代	やしろ
61.8	屋代高校前	やしろこうこうまえ
65.1	篠ノ井	しののい

停車駅　●快速　○普通

廃線
- 上田交通　真田・傍陽線（15.9km）
  電鉄上田－真田・本原－傍陽　1972年廃止
- 上田 丸子電鉄 丸子線（11.9km）
  上田東－丸子町　1969年廃止
- 上田 丸子電鉄 西丸子線（8.6km）
  下之郷－西丸子　1963年廃止

別所温泉駅
丸窓電車を駅横の鉄道資料館で保存。駅では観光協会の女性職員が袴姿で改札に立つ。

旧西丸子線鐵道資料館
下之郷駅前にある旧丸子線ホームを改築。廃線の懐かしい駅看板や運行図表などの資料を多数展示。イベント開催時に開館。

旧軽井沢駅舎記念館
軽井沢駅。新幹線開業前の旧駅舎を再現。往年の電気機関車の静態展示も。

小海線　こうみせん

km	駅	よみ
0.0	小淵沢	こぶちざわ
7.1	甲斐小泉	かいこいずみ
12.2	甲斐大泉	かいおおいずみ
17.5	清里	きよさと
23.4	野辺山	のべやま
31.5	信濃川上	しなのかわかみ
34.9	佐久広瀬	さくひろせ
39.4	佐久ノ口	さくうみのくち
42.1	海尻	うみじり
44.8	松原湖	まつばらこ
48.3	小海	こうみ
49.9	馬流	まながし
51.7	高岩	たかいわ
53.9	八千穂	やちほ
56.5	海瀬	かいぜ
57.8	羽黒下	はぐろした
59.5	青沼	あおぬま
60.9	臼田	うすだ
62.1	龍岡城	たつおかじょう
64.1	太田部	おおたべ
65.5	中込	なかごみ
66.5	滑津	なめづ
68.4	北中込	きたなかごみ
70.6	岩村田	いわむらだ
71.5	佐久平	さくだいら
72.4	中佐都	なかさと
73.8	美里	みさと
75.3	三岡	みつおか
76.4	乙女	おとめ
77.4	東小諸	ひがしこもろ
78.9	小諸	こもろ

上田電鉄　うえだでんてつ

km	駅	よみ
0.0	上田	うえだ
0.8	城下	しろした
1.5	三好町	みよしちょう
2.2	赤坂上	あかさかうえ
2.7	上田原	うえだはら
3.8	寺下	てらした
4.5	神畑	かばたけ
5.2	大学前	だいがくまえ
6.1	下之郷	しものごう
7.4	中塩田	なかしおだ
8.0	塩田町	しおだまち
8.5	中野	なかの
9.4	舞田	まいた
10.1	八木沢	やぎさわ
11.6	別所温泉	べっしょおんせん

JR鉄道最高地点
清里・野辺山両駅の間に、標高1375mのJR鉄道最高地点がある。

路線プロフィール

JR小海線　小淵沢ー小諸　78.9km　　狭｜単

大正4年佐久鉄道による中込ー小諸間開業に始まり、昭和7年佐久海ノ口ー小海間が国鉄小海線として開業。昭和10年清里ー信濃川上間の開通により小海北線、南線が統一され小淵沢ー小諸間が小海線となる。現在は、八ヶ岳高原線の愛称で親しまれている。中込ー小諸間は列車本数が多く、1日22往復運転。小淵沢ー小海間では本数が半減し1日11往復になる。夏休みや春秋の休日などには小淵沢ー野辺山間の臨時列車も走る。

しなの鉄道線　軽井沢ー篠ノ井　65.1km　　狭｜複｜電

明治21年上田ー篠ノ井間開業。同年軽井沢ー上田間開業。大正3年、この区間が信越本線になる。昭和57年までに全区間で複線化が完了。並行する長野新幹線の開業に伴い、軽井沢ー篠ノ井間がJR東日本から第三セクターしなの鉄道に移管された。普通列車のほか、通勤ライナー列車＜しなのサンライズ号＞＜しなのサンセット号＞が走る。篠ノ井からはJR信越本線に乗り入れ長野まで運行する。1時間に1〜3往復運転。

上田電鉄別所線　上田ー別所温泉　11.6km　　狭｜単｜電

大正10年上田温泉電軌が三好町（現・城下）ー青木間、上田原ー信濃別所（現・別所温泉）間を開業。大正13年上田ー三好町間の開通で全通。昭和14年9月上田電鉄に社名変更。その後、2度の社名変更を経て平成17年再び社名が上田電鉄になる。かつて側面が丸窓の「丸窓電車」が運転していたことでも知られる。現在は、日中約40分間隔で運転。

おもな列車

［普通］小海線
キハE200形。平成19年登場。世界初のハイブリッドディーゼルカー

［普通］しなの鉄道
115系。元JR115系。しなの鉄道線内の一部列車でワンマン運転を実施

［普通］上田電鉄
1000系。元東急1000系。2編成はラッピング電車「自然と友だち号」

絶景＆撮影ポイント

❶ MAP　小淵沢ー甲斐小泉（小海線）　車窓いっぱいに八ヶ岳や南アルプスの山々が広がる。これらの山々を背景に列車写真も撮れる。

❷ MAP　清里ー野辺山（小海線）　野辺山高原のキャベツ畑の向こうに雄大な八ヶ岳がそびえる。野辺山駅は標高1345mにあり、JR全駅の中で最高地点に位置する。

❸ MAP　信濃追分ー御代田（しなの鉄道線）　浅間山をバックに快走する車両が撮影できる。信濃追分駅はしなの鉄道の中で最も標高の高い駅となっている。

❹ MAP　中野ー舞田（別所線）　田園風景が広がる別所線の定番撮影ポイント。塩田平のりんご畑や水田の中をのんびりと別所温泉へ向け登っていく区間。

❺ MAP　上田ー城下（別所線）　千曲川の橋を渡る車両の撮影ができる。タイミングが合えばバックに長野新幹線も撮影できる。駅前には上田城跡がある。

Topics　生き残りをかけたローカル線の戦い

長野県内の山村を走る各路線は、過疎化の進行や、新幹線や高速道路に長距離利用客を奪われたことから、苦境が続き、幾度となく存続の危機にさらされてきました。そこで各路線では生き残りをかけた様々な経営努力を行っています。JR小海線では世界初となるハイブリッドエンジンを使用した新型車両の走行を始め、日本中から注目されました。回生ブレーキで発電した電力をバッテリーに蓄え、走行に使用することで燃費を向上させるとともに、エンジン騒音の低減やアイドリングストップによる環境への配慮もなされており、非電化区間のローカル線でありながら最先端の走行性能を有しています。また、1970年代より度々廃線がささやかれた上田電鉄では別所温泉の入浴券とセットの切符を販売するなど観光PRを積極的に行うとともに、保守費に充てる支援金を募る「レールサポーター」の導入などで、近年利用客数を増やしています。しなの鉄道でも「ビール列車」などイベント列車を多く運行し、観光客のリピーターを集めています。

JR信越本線② (篠ノ井～新潟)

停車駅 ●特急 ●快速 ●普通

1:900,000

脇野田駅
駅構内に北陸(長野)新幹線の起工式に使用された鎌や鍬を展示。

新津鉄道資料館
新津駅。車輪やパンタグラフなどを身近に感じられる実物展示や、鉄道の町・新津の歴史を伝える資料が多数。

信越本線② しんえつほんせん

km	駅	よみ
0.0	篠ノ井	しののい
2.1	今井	いまい
4.3	川中島	かわなかじま
6.4	安茂里	あもり
9.3	長野	ながの
13.2	北長野	きたながの
16.1	三才	さんさい
20.1	豊野	とよの
27.9	牟礼	むれ
34.4	古間	ふるま
38.2	黒姫	くろひめ
46.6	妙高高原	みょうこうこうげん
53.0	関山	せきやま
61.3	二本木	にほんぎ
67.6	新井	あらい
70.5	北新井	きたあらい
73.9	脇野田	わきのだ
75.6	南高田	みなみたかだ
77.6	高田	たかだ
81.5	春日山	かすがやま
84.3	直江津	なおえつ
87.0	黒井	くろい
90.2	犀潟	さいがた
93.7	土底浜	どそこはま
95.5	潟町	かたまち
98.3	上下浜	じょうげはま
101.9	柿崎	かきざき
107.8	米山	よねやま
111.7	笠島	かさしま
113.9	青海川	おうみがわ
116.9	鯨波	くじらなみ
120.6	柏崎	かしわざき
123.6	茨目	いばらめ
126.5	安田	やすだ
129.1	北条	きたじょう
132.4	越後広田	えちごひろた
135.1	長鳥	ながとり
140.1	塚山	つかやま
144.8	越後岩塚	えちごいわつか
147.6	来迎寺	らいこうじ
151.7	前川	まえかわ
154.3	宮内	みやうち
157.3	長岡	ながおか
159.8	北長岡	きたながおか
164.2	押切	おしきり
168.7	見附	みつけ
172.8	帯織	おびおり
175.4	東光寺	とうこうじ
178.9	三条	さんじょう
180.5	東三条	ひがしさんじょう
184.3	保内	ほない
188.1	加茂	かも
192.2	羽生田	はにゅうだ
195.4	田上	たがみ
199.1	矢代田	やしろだ
202.2	古津	ふるつ
205.4	新津	にいつ
209.2	さつき野	さつきの
209.2	荻川	おぎかわ
214.1	亀田	かめだ
216.5	越後石山	えちごいしやま
220.6	新潟	にいがた

廃線
● 頸城鉄道 (15.0km)
　新黒井 - 浦川原 1968～1971年廃止

路線プロフィール

JR信越本線② 篠ノ井－新潟 220.6km（全線258.3km） 狭軌 単複 電 ⚠

明治19年官設鉄道として関山－直江津間開業。明治21年長野－関山間開業。明治30年北越鉄道が春日新田（直江津駅東方）－鉢崎（現・柏崎）間開業。明治31年長岡まで延伸。明治32年直江津－春日新田間開業。明治40年北越鉄道を国有化。明治42年高崎－新潟間が信越線となる。信越本線は高崎から長野を経由して新潟までの路線であったが、平成9年に長野新幹線が開業したため、横川－軽井沢間が廃止され、軽井沢－篠ノ井間は第三セクターのしなの鉄道へ移管された。篠ノ井－長野間はしなの鉄道や篠ノ井線からの直通列車も走る。平成19年新潟県中越沖地震の影響で黒姫－東三条間が被災。およそ3カ月間にわたって不通や速度規制が続いた。

おもな列車

特急 北越
金沢－新潟。1日5往復運転。485系6両編成で運転される。金沢・富山と新潟間の輸送だけでなく、新潟県内の都市間を結ぶ役割を果たす

急行 きたぐに
大阪－新潟間。今では珍しくなった夜行急行。2段式のA寝台車、3段式のB寝台車、グリーン車と普通車を連結。583系

快速 くびき野
新井－新潟。1日3往復運転。485系。グリーン席と普通車指定席もある。停車駅数、新潟の都市圏と上越地方を連絡する

普通 妙高
長野－直江津。1日5往復運転。かつての在来線特急＜あさま＞の車両を使用。6両編成で普通車指定席を1両連結

普通 信越本線
115系。篠ノ井－直江津間では水色の「長野色」の車両が、直江津－新潟間では、濃い青色や緑の帯の「新潟色」の車両が使われている

普通 信越本線
E127系。平成7年登場。3ドアロングシート車。信越本線では長岡－新潟間で使用

絶景＆撮影ポイント

❶ MAP 黒姫－妙高高原（信越本線） 黒姫山や斑尾山、妙高山と左右に美しい山々が広がる区間。雪化粧した山はとくに美しい。

❷ MAP 関山－二本木（信越本線） 夏場は緑の田園風景を冬場は雪景色を行く車両が撮影できる。二本木駅は信越本線で唯一のスイッチバック式の駅。

❸ MAP 青海川－鯨波（信越本線） 日本海をバックに快走する車両を撮影できる。青海川駅のホームは日本海にほぼ面しており、「日本一海に近い駅」として有名。

❹ MAP 塚山－越後岩塚（信越本線） 塚山峠のふもとを特急が高速で通過していく。塚山駅付近に橋げたがあり、真下から走行する車両の撮影ができる。

Topics 新潟ターミナルの変遷

現在、新潟の中心駅として信越本線のほか越後線、白新線などが乗り入れる新潟駅。上越新幹線の終点駅にもなっている、日本海側の鉄道網の拠点となるこの駅はかつて、現在とは違う場所にありました。当初、新潟市は中蒲原郡沼垂町と鉄道誘致を巡って激しく争っており、結局、沼垂駅が北越鉄道の終着駅となりました。しかし、明治37年5月に現在の新潟東映ホテル付近に初代新潟駅が誕生しました。その後、列車本数の増加にともない手狭になってきたため、南側の貨物支線上に移転しました。この時、大きな迂回になっていた沼垂経由の線路も付け替えられ、沼垂駅は貨物駅になりました。2年の工期を経て昭和33年4月に完成した新駅舎は開業後すぐ大規模な火災に見舞われ、再建するも再び新潟地震で駅舎やホームが損傷しました。現在、駅舎の一部が老朽化していることや、鉄道路線によって南北の市街地が分断されていることから、在来線の高架化事業が始まっており、完成すれば、新潟駅は再び装いを改めることになります。

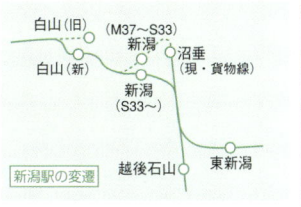

新潟駅の変遷：白山（旧）(M37～S33)／白山（新）／新潟／沼垂（現・貨物線）／新潟(S33～)／越後石山／東新潟

JR飯山線
長野電鉄 長野線・屋代線

1:750,000

飯山線 いいやません

km	駅名	よみ
0.0	豊野	とよの
2.2	信濃浅野	しなのあさの
3.9	立ケ花	たてがはな
6.9	上今井	かみいまい
8.8	替佐	かえさ
14.6	蓮	はちす
19.2	飯山	いいやま
20.5	北飯山	きたいいやま
23.8	信濃平	しなのたいら
27.5	戸狩野沢温泉	とがりのざわおんせん
31.1	上境	かみさかい
35.4	上桑名川	かみくわながわ
37.6	桑名川	くわながわ
39.7	西大滝	にしおたき
41.8	信濃白鳥	しなのしらとり
44.7	平滝	ひらたき
46.6	横倉	よこくら
49.7	森宮野原	もりみやのはら
52.5	足滝	あしだき
54.9	越後田中	えちごたなか
57.9	津南	つなん
62.1	越後鹿渡	えちごしかわたり
64.5	越後田沢	えちごたざわ
67.5	越後水沢	えちごみずさわ
70.4	土市	どいち
75.3	十日町	とおかまち
78.4	魚沼中条	うおぬまなかじょう
82.8	下条	げじょう
88.1	越後岩沢	えちごいわさわ
93.2	内ケ巻	うちがまき
96.7	越後川口	えちごかわぐち

森宮野原駅
昭和20年2月に全国の駅で最高積雪量となる7m85cmの積雪を記録した。駅前に記念標柱が立つ。

津南駅
駅舎の2階に温泉施設「リバーサイド津南」が併設されている。500円、10:00〜21:00、月曜（祝日の場合は翌日）休。

小布施駅
駅の構内に「ながでん電車の広場」があり、旧型車両が展示されている。ホームから直接行ける。

停車駅 ◎A特急 ○B特急 ●普通

長野電鉄長野線 ながのでんてつながのせん

km	駅名	よみ
0.0	長野	ながの
0.4	市役所前	しやくしょまえ
1.0	権堂	ごんどう
1.6	善光寺下	ぜんこうじした
2.7	本郷	ほんごう
3.6	桐原	きりはら
4.3	信濃吉田	しなのよしだ
6.3	朝陽	あさひ
7.0	附属中学前	ふぞくちゅうがくまえ
8.0	柳原	やなぎはら
10.0	村山	むらやま
11.0	日野	ひの
12.5	須坂	すざか
15.0	北須坂	きたすざか
17.5	小布施	おぶせ
18.6	都住	つまみ
21.3	桜沢	さくらさわ
23.3	延徳	えんとく
25.6	信州中野	しんしゅうなかの
27.0	中野松川	なかのまつかわ
29.3	信濃竹原	しなのたけはら
30.4	夜間瀬	よませ
31.8	上条	かみじょう
33.2	湯田中	ゆだなか

長野電鉄屋代線 ながのでんてつやしろせん

km	駅名	よみ
0.0	屋代	やしろ
1.3	東屋代	ひがしやしろ
2.9	雨宮	あめのみや
5.0	岩野	いわの
7.5	象山口	ぞうざんぐち
8.6	松代	まつしろ
11.7	金井山	かないやま
14.1	大室	おおむろ
15.7	信濃川田	しなのかわだ
17.2	若穂	わかほ
18.9	綿内	わたうち
21.4	井上	いのうえ
24.4	須坂	すざか

廃線
● 長野電鉄木島線（12.9km）
信州中野—木島　2002年廃止

路線プロフィール

JR飯山線　豊野－越後川口　96.7km

大正10年飯山鉄道により豊野－飯山間開業。昭和2年国鉄十日町線として越後川口－越後岩沢間が開業。昭和19年飯山鉄道が国有化され十日町線に編入。豊野－越後川口間が飯山線となる。千曲川・信濃川に沿った日本有数の豪雪地帯を走る。沿線には野沢温泉をはじめとする温泉地やスキー場が多い。千曲川・信濃川が東に望めるため、かつては東側の座席が窓を向く展望席に改造された車両も走っていた。全線が非電化の単線ローカル線で、昔懐かしい里山の風景が広がる。一部列車でワンマン運転を実施。

長野電鉄長野線　長野－湯田中　33.2km

大正12年河東鉄道として須坂－信州中野間開業。大正15年6月長野電気鉄道として権堂－須坂間開業。同年9月河東鉄道と長野電気鉄道が合併し長野電鉄になる。昭和2年信州中野－湯田中間延伸。昭和3年長野駅前（現・長野）－権堂間延伸。志賀高原や千曲川沿いの観光輸送の役割を担い、スキー客の取り込みをはかったほか、運転頻度を高めて長野市近郊の通勤・通学輸送を担ってきた。木島までを結ぶ木島線（河東線の一部）は平成14年4月に廃線となった。

長野電鉄屋代線　屋代－須坂　24.4km

大正11年河東鉄道により屋代－須坂間開業。大正15年長野電気鉄道と合併し長野電鉄に社名変更。元々は河東線の一部であったが信州中野－木島間が平成14年4月廃線となったことを受け、屋代－須坂間が屋代線へと名称変更された。1～2時間に1往復、1日15往復運転。全線でワンマン運転を実施。終点の屋代でしなの鉄道と接続するが、中間改札がないため、しなの鉄道から屋代線へ乗り換えをした場合、しなの鉄道乗車券をそのまま所持し、降車駅で屋代駅からの運賃を支払う。

おもな列車

特急 ゆけむり（A特急）
長野－湯田中ほか。特急料金100円が必要で全席自由。元小田急ロマンスカーの1000系が使用される

特急 B特急
長野－信州中野ほか。特急料金100円が必要。信州中野－湯田中間は普通列車として運転。2000系を使用（写真はりんご色といわれるD編成）

飯山線
キハ110形。飯山線の全列車に使用

長野電鉄
3500系。元地下鉄日比谷線車両

絶景＆撮影ポイント

1. **越後田中－津南**（飯山線）付近にはブナ林が広がり、日本一との呼び声高い河岸段丘の絶景が右手（下り）に広がる。
2. **横倉－森宮野原**（飯山線）飯山線沿線の中でも特に雪が多いことで知られる。森宮野原駅は昭和20年2月に7m85cmを記録した。
3. **柳原－村山**（長野電鉄長野線）千曲川に架かる村山橋では単線線路が道路と同じ橋を並走する。なお、平成21年11月には新村山橋へ架け替えられる。
4. **信濃竹原－夜間瀬**（長野電鉄長野線）夜間瀬川鉄橋では高井富士と称される高社山をバックに走行する車両を撮影できる。

Topics　日本一の豪雪線・飯山線

飯山線は日本有数の豪雪地帯を走ることで知られています。中でも森宮野原駅は昭和20年2月に全国の駅で最高積雪量となる7m85cmを記録しました。冬になると線路脇には列車よりも高く雪が降り積もり、除雪のために列車の運転ができなくなることもあったことと思います。また雪によって交通が分断され、周辺の都市と経済的な差が開いていったことが、過疎化の原因のひとつにもなったほどでした。その後は高速道路も整備され、都心から日帰りで来られる豪雪地帯として、温泉施設やスキー場が続々とオープンしました。こうしたリゾート開発によって村おこしなどが行われ、沿線の活性化が目指されました。現在はスキー客や観光客の増加も一段落し、またかつての静けさを取り戻しつつあるようです。

JR越後線　JR弥彦線
JR白新線

越後線　えちごせん

km	駅	よみ
0.0	柏崎	かしわざき
1.6	東柏崎	ひがしかしわざき
5.0	西中通	にしなかどおり
6.6	荒浜	あらはま
9.9	刈羽	かりわ
12.8	西山	にしやま
15.0	礼拝	らいはい
18.7	石地	いしじ
22.7	小木ノ城	おぎのじょう
24.8	出雲崎	いずもざき
29.4	妙法寺	みょうほうじ
32.4	小島谷	おじまや
36.2	桐原	きりはら
39.0	寺泊	てらどまり
41.5	分水	ぶんすい
45.8	粟生津	あおうづ
47.8	南吉田	みなみよしだ
49.8	吉田	よしだ
51.7	北吉田	きたよしだ
53.8	岩室	いわむろ
57.8	巻	まき
62.4	越後曽根	えちごそね
64.9	越後赤塚	えちごあかつか
68.7	内野西が丘	うちのにしがおか
70.3	内野	うちの
72.3	新潟大学前	にいがただいがくまえ
74.4	寺尾	てらお
76.3	小針	こばり
77.7	青山	あおやま
79.2	関屋	せきや
80.7	白山	はくさん
83.8	新潟	にいがた

寺泊駅
寺泊の魚市場通りは「魚のアメ横」と言われ、首都圏からも多くの客が訪れる。日本海の海産物が一堂に会する。

路線プロフィール

JR越後線　柏崎−新潟　83.8km

大正元年8月越後鉄道により白山−吉田間開業。同年11月国鉄により柏崎−石地開業。昭和2年越後鉄道が国有化され、柏崎−白山間が越後線となる。昭和26年には新潟までが越後線となる。新潟県内の南北交通は信越本線が主要ルートであり、日本海沿岸を走る越後線はその迂回ルートとなっている。柏崎−吉田間は運転本数が少ないが、吉田−新潟間は新潟近郊区間として通勤通学利用が増加。平成17年に内野西が丘の新駅が開業。

JR弥彦線　弥彦−東三条　17.4km

彌彦神社への参詣客を運ぶ鉄道路線として大正5年越後鉄道により西吉田（現・吉田）−弥彦間開業。昭和2年7月越後長沢まで延伸し全線開業。同年10月国有化され弥彦線に。昭和60年東三条−越後長沢間廃止。弥彦線全線および越後線の一部区間には、JR線としては珍しい直接吊架式の架線方式が採用されている。これはこの区間が電化された1980年代に慢性的な赤字で悩んでいた国鉄が低コスト化を図るために導入したものだが、直接吊架式では高速運転ができず、85km/h以下に制限される。1〜2時間に1往復運転。

JR白新線　新潟−新発田　27.3km

昭和27年新発田−葛塚（現・豊栄）間開業。昭和31年沼垂（当時信越本線）まで延伸し全線開業。日本海側の貨物路線を縦断させる「日本海岸縦貫鉄道線」としての役割も持つ。路線名はかつての往復区間であった白山と新発田の両駅の頭文字をとったものだが、現在白山−新潟間は越後線の一部となっている。1時間に1〜3往復運転。沿線の宅地化が進み、全線複線化を求める声が起きている。

新発田駅
五十公野公園のあやめは300品種、60万本にも及ぶ。

燕駅
日本有数の伝統ある刃物・食器産業の町。駅前には多くの店が並ぶ。近年はITや通信にもその技術が用いられる。

弥彦線　やひこせん
0.0	弥彦	やひこ
2.3	矢作	やはぎ
4.9	吉田	よしだ
8.0	西燕	にしつばめ
10.3	燕	つばめ
12.9	燕三条	つばめさんじょう
15.4	北三条	きたさんじょう
17.4	東三条	ひがしさんじょう

白新線　はくしんせん
0.0	新発田	しばた
3.0	西新発田	にししばた
6.3	佐々木	ささき
9.3	黒山	くろやま
12.3	豊栄	とよさか
15.8	早通	はやどおり
17.7	新崎	にいざき
20.3	大形	おおがた
22.3	東新潟	ひがしにいがた
27.3	新潟	にいがた

廃線
- 国鉄弥彦線（一部区間7.9km）
  東三条―越後長沢　1985年廃止
- 国鉄魚沼線（12.6km）
  来迎寺―西小千谷　1984年廃止
- 新潟交通（36.1km）
  白山前―月潟　1999年廃止
  月潟―燕　1993年廃止
- 越後交通来迎寺線（7.6km）
  来迎寺―西長岡　1973年旅客営業廃止
- 越後交通寺泊線（31.6km）
  西長岡―寺泊　1966〜1975年廃止
- 越後交通栃尾線（26.4km）
  悠久山―栃尾　1973〜1975年廃止
- 蒲原鉄道（21.9km）
  五泉―村松　1999年廃止
  村松―加茂　1985年廃止

おもな列車

特急 いなほ
新潟―酒田・秋田・青森。白新線、羽越本線を経由する。庄内平野の米どころを走行することから「いなほ」の名がついた。1日7往復運転。485系

臨時 きらきらうえつ
新潟―酒田。白新線、羽越本線を経由。土休日を中心に運行される臨時快速列車、ジョイフルトレイン。庄内地方へ観光客などを運ぶ。485系

快速 べにばな
新潟―米沢。白新線、羽越本線、米坂線を経由する。仙台―新潟を結ぶ「急行あさひ」が前身。列車名の由来である紅花は山形の特産物。キハ110系

絶景＆撮影ポイント

① 青山―関屋（越後線） 関屋分水の鉄橋を渡る車両を撮影できる。周辺はかつて工場地帯や競馬場があったが、現在は宅地開発が進む。

② 分水―寺泊（越後線） 信濃川の洪水を防ぐために開削された大河津分水を渡るようすが撮影できる。堤防は桜並木。分水駅付近も桜の名所。

③ 弥彦―矢作（弥彦線） 弥彦駅の駅舎は彌彦神社の本殿を模したつくり。弥彦山をバックに走る電車の撮影が可能。駅前は温泉街が広がる。

④ 佐々木―西新発田（白新線） 周辺は田園地帯。直線区間で飯豊山地を背景に撮影できる。残雪の残る春がおすすめ。

Topics　越後の廃止私鉄たち

地方のローカル線はモータリゼーションの進展や過疎化などの影響で利用客が減少し、廃線の危機に瀕する路線が多く見られます。新潟でも残念なことに私鉄路線が近年次々と廃止されてしまいました。栃尾線、長岡線を有する越後交通は昭和50年に貨物営業を除く鉄道全線を廃止し、バス路線への転換が行われました。蒲原鉄道は昭和60年に大部分が廃止され、新潟県内の鉄道で初の電化区間であった村松―五泉の4.2kmのミニ路線として生き残りを目指しましたが、結局平成11年に全線廃止されます。その路線跡には橋梁などが今もそのままに残っています。新潟交通の電車線も平成11年に全廃され、バス輸送に取って代わられました。このほか、豪雪地帯を走る軽便鉄道である頸城鉄道（新黒井―浦川原間。P.64参照）も昭和46年に全線廃止されています。こうした廃線の跡をたどっていくと、当時の鉄道施設、設備が残存する所も多く、当時の面影を偲ぶことができます。

JR上越線　JR吾妻線
北越急行ほくほく線

停車駅 ●特急　●快速　●普通

北越急行ほくほく線　ほくえつきゅうこうほくほくせん
km	駅	よみ
0.0	六日町	むいかまち
3.6	魚沼丘陵	うおぬまきゅうりょう
12.2	美佐島	みさしま
14.4	しんざ	しんざ
15.9	十日町	とおかまち
29.2	まつだい	まつだい
38.6	ほくほく大島	ほくほくおおしま
44.8	虫川大杉	むしがわおおすぎ
46.8	うらがわら	うらがわら
51.7	大池いこいの森	おおいけいこいのもり
53.6	くびき	くびき
59.5	犀潟	さいがた

上越線　じょうえつせん
km	駅	よみ
0.0	高崎	たかさき
2.8	高崎問屋町	たかさきとんやまち
4.0	井野	いの
7.3	新前橋	しんまえばし
12.1	群馬総社	ぐんまそうじゃ
17.7	八木原	やぎはら
21.1	渋川	しぶかわ
27.5	敷島	しきしま
30.5	津久田	つくだ
36.3	岩本	いわもと
41.2	沼田	ぬまた
46.6	後閑	ごかん
53.7	上牧	かみもく
59.1	水上	みなかみ
62.7	湯檜曽	ゆびそ
69.3	土合	どあい
80.1	土樽	つちたる
87.4	越後中里	えちごなかざと
91.1	岩原スキー場前	いわっぱらすきーじょうまえ
94.2	越後湯沢	えちごゆざわ
100.6	石打	いしうち
104.6	大沢	おおさわ
105.6	上越国際スキー場前	じょうえつこくさいすきーじょうまえ
107.9	塩沢	しおざわ
111.8	六日町	むいかまち
118.4	五日町	いつかまち
123.9	浦佐	うらさ
127.0	八色	やいろ
132.2	小出	こいで
134.7	越後堀之内	えちごほりのうち
138.1	北堀之内	きたほりのうち
142.8	越後川口	えちごかわぐち
149.4	小千谷	おぢや
156.6	越後滝谷	えちごたきや
162.6	宮内	みやうち

吾妻線　あがつません
km	駅	よみ
0.0	渋川	しぶかわ
5.5	金島	かなしま
7.7	祖母島	うばしま
11.9	小野上	おのがみ
13.7	小野上温泉	おのがみおんせん
16.4	市城	いちしろ
19.8	中之条	なかのじょう
22.9	群馬原町	ぐんまはらまち
26.3	郷原	ごうばら
28.0	矢倉	やぐら
30.5	岩島	いわしま
36.4	川原湯温泉	かわらゆおんせん
42.3	長野原草津口	ながのはらくさつぐち
44.5	群馬大津	ぐんまおおつ
46.7	羽根尾	はねお
49.6	袋倉	ふくろぐら
52.5	万座・鹿沢口	まんざ・かざわぐち
55.6	大前	おおまえ

廃線
● 国鉄長野原線 (5.8km)
　長野原－太子　1970年休止1971年廃止
● 草軽電気鉄道 (55.5km)
　新軽井沢－上州三原　1960年廃止
　上州三原－草津温泉　1962年廃止

魚沼丘陵駅
魚沼コシヒカリの田園風景が広がる。

毛渡沢橋梁
テレビ番組で「美しい鉄道橋ベスト3」にも選出された、石積み橋脚のガーダー橋。

川原湯温泉駅
八ッ場ダムの建設に伴い、線路の切り替え工事が進む。駅も移転予定。車窓に美しい渓谷が続く。

路線プロフィール

JR上越線　高崎－宮内　162.6km
狭軌　複　電　⚠

明治17年日本鉄道により高崎－前橋間開業。大正9年上越北線として宮内－東小千谷（現・小千谷）間開業。大正10年上越南線として新前橋－渋川間開業。昭和6年水上－越後湯沢間が延伸し全線開業、上越線に統一。平成3年上越新幹線の接続線として越後湯沢－ガーラ湯沢間開業。名称上は上越線の支線となっているが上越新幹線車両が冬季のみ運行し、特急券が必要。平成16年10月新潟県中越地震により水上－宮内間が被災し、8か月近くにわたって一部区間の運休、速度制限などの影響が出た。

JR吾妻線　渋川－大前　55.6km
狭軌　単　電

昭和20年1月、長野原線として渋川－長野原（現・長野原草津口）間開業。元々は鉄鉱石の輸送のための鉄道で開業当初は貨物列車のみ運行していたが、同年8月に渋川－中之条間で旅客営業を開始。昭和46年3月長野原－大前間が延伸し全線開業。平成3年、川原湯を川原湯温泉に、長野原を長野原草津口に改称。平成4年3月小野上温泉が新駅として営業開始。吾妻川の深い渓谷に沿って走る沿線には温泉が点在する。現在、八ッ場（やんば）ダムの建設に伴い、川原湯温泉駅周辺の線路の切り替え工事が進む。

北越急行ほくほく線　六日町－犀潟　59.5km
狭軌　単　電

国鉄の新線として昭和43年より工事が進められたが、国鉄の経営立て直しに伴い中断。昭和59年に新潟県および沿線各市町村、民間企業による第三セクター鉄道としての工事を再開、平成9年3月開業した。ほくほく線内では踏切がないことから高速運転が可能で、特急は国内在来線最高時速の160km/hで運転する区間があるが、トンネル区間が非常に長い。首都圏から富山・金沢方面へのメインルートとして特急が運行され、その運賃収入などにより大幅な黒字を達成している。

おもな列車

特急 はくたか
越後湯沢－金沢。1日13往復運転。ほくほく線内では国内の在来線最高速度の160km/hでの運転を行う。681系

特急 水上・草津
上野－水上および上野－万座・鹿沢口。1日3往復運転。上野－新前橋間は併結され、新前橋で〈水上〉と〈草津〉の切り離しおよび連結が行われる。群馬県北部の温泉地域への観光客などを運ぶ。185系

特急 あけぼの
上野－青森。上越線、信越本線、羽越本線、奥羽本線を経由する寝台特急列車。1日1往復運転。24系

寝台 北陸
上野－金沢。上越線、信越本線経由の寝台特急。個室寝台やシャワーも。1日1往復運転。EF64形電気機関車

急行 能登
上野－金沢。上越線、信越本線を経由する夜行急行。首都圏内では通勤客輸送の役割も。1日1往復運転。489系

絶景＆撮影ポイント

① 土樽駅（上越線） 川端康成の名作『雪国』の冒頭で駒子が駅長を呼ぶ場面が、この駅にあたる当時の土樽信号場である。周辺に人家はなく、閑散とした無人駅だ。

② 渋川－敷島（上越線） 利根川を渡る第一利根川橋梁（大正橋）は有名撮影ポイント。並行する国道353号などからも撮影できる。渋川駅から徒歩20分ほど。

③ 岩島－長野原草津口（吾妻線） 川原湯温泉駅付近は山をバックに車両がきれいに撮影できる。ダム建設により線路が移設されるため、撮影できるのはいまのうち。

④ 十日町－松代（ほくほく線） 信濃川を渡る鉄橋があり、その奥には雪化粧した山並みが見える。十日町駅はほくほく線で唯一の自社が営業する有人駅。

Topics　清水トンネルとループ線

「国境の長いトンネルを抜けると雪国だった……」ノーベル賞受賞作家・川端康成の代表作の冒頭文として有名です。この小説『雪国』の舞台となったのが上越線で、国境の長いトンネルとは、清水トンネルのことです。このトンネルは、大変険しい地形に開削されて、その前後には延長距離を長くすることで勾配を緩くする、ループ式が採用されました。トンネルに入る前の群馬側、新潟側双方にぐるっと一周するループ線を設置することで標高差をかせぎ、トンネルの長さを短縮したのです。現在は上りと下りで別のトンネルを使っており、土合駅の下りホームはトンネル内、地下深いところにあります。

JR信越本線① 上信電鉄 上毛電気鉄道

めがね橋 〈Topics〉
アプト式碓氷峠の代名詞である4連のアーチ橋。国の重要文化財に指定されている。

横川駅 ❷
かつてはこの駅から碓氷峠を登り軽井沢へ向かう拠点駅であった。名物「峠の釜めし」は今もホームで売られている。近くに「碓氷峠鉄道文化むら」がある。

信越本線① しんえつほんせん
km	駅	よみ
0.0	高崎	たかさき
2.4	北高崎	きたたかさき
6.4	群馬八幡	ぐんまやわた
10.6	安中	あんなか
17.6	磯部	いそべ
22.7	松井田	まついだ
23.9	西松井田	にしまついだ
29.7	横川	よこかわ

上信電鉄 じょうしんでんてつ
km	駅	よみ
0.0	高崎	たかさき
0.9	南高崎	みなみたかさき
3.7	根小屋	ねごや
5.0	高崎商科大学前	たかさきしょうかだいがくまえ
6.1	山名	やまな
7.0	西山名	にしやまな
9.4	馬庭	まにわ
11.7	吉井	よしい
13.4	西吉井	にしよしい
14.6	上州新屋	じょうしゅうにいや
16.6	上州福島	じょうしゅうふくしま
19.3	東富岡	ひがしとみおか
20.2	上州富岡	じょうしゅうとみおか
21.0	西富岡	にしとみおか
21.8	上州七日市	じょうしゅうなのかいち
23.1	上州一ノ宮	じょうしゅういちのみや
25.4	神農原	かのはら
28.2	南蛇井	なんじゃい
29.9	千平	せんだいら
33.7	下仁田	しもにた

廃線
- 信越本線（一部区間11.2km）横川－軽井沢　1997年廃止
- 東武高崎線（20.9km）高崎駅前－渋川新町　1953年廃止
- 東武前橋線（15.0km）前橋駅前－渋川新町　1954年廃止
- 東武伊香保線（12.6km）渋川駅前－伊香保　1956年廃止
- 伊香保ケーブル鉄道　新伊香保－榛名山　1966年廃止

路線プロフィール

JR信越本線① 高崎－横川 29.9km（全線258.3km） 〈狭軌 複 電〉

明治18年高崎－横川間開業。明治21年8月長野－上田間が開業し、同年12月軽井沢まで延伸。明治26年には難所だった横川－軽井沢間が開通した。信越本線は高崎から長野を経由して新潟までの路線であったが、平成9年10月に長野新幹線が開業したため、横川－軽井沢間が廃止され、軽井沢－篠ノ井間が第三セクター路線のしなの鉄道へ移管された。現在、高崎－横川間の折り返しで、1時間に1～2往復運転している。

上信電鉄 高崎－下仁田 33.7km 〈狭軌 単 電〉

明治30年5月上野（こうづけ）鉄道として高崎－福島（現・上州福島）間開業。同年9月下仁田まで延伸、全線開業。大正13年12月全線で電化される。昭和39年5月上信電鉄に改称。日本初の官営製糸工場（社屋は現存）である富岡製糸場の製品を多く輸送してきた。かつては急行、快速なども運行していたが現在は普通列車のみ。1時間に1～2往復ワンマン運転を実施。電化時にドイツから購入したデキ1形電気機関車は、80年経った現在は定期運行されず、高崎駅構内に留置されている。

上毛電気鉄道 中央前橋－西桐生 25.4km 〈狭軌 単 電〉

昭和3年中央前橋－西桐生間全線開業。昭和7年から昭和10年までは中央前橋から太田まで東武鉄道桐生線と直通運転を行っていた。現在、日中は1時間に2往復程度運転。路線は赤城山南麓を東西に横断し、渡良瀬川を渡る箇所もあり、沿線の車窓風景は美しいが、大きな観光施設がないこともあり、観光客の利用は少ない。ほぼ並走するJR両毛線と客を二分する。

おもな列車

銀河鉄道999号
地域の人々の募金で実現した、銀河鉄道999ラッピングトレイン。上信電鉄高崎－下仁田間を1日4往復運行

上毛電気鉄道
デハ100型。導入から80年を超える吊り掛け駆動式の旧型電車

信越本線
115系。勾配路線用近郊型電車

上毛電気鉄道
700型。旧京王井の頭線3000系。2両編成でワンマン運転実施

西桐生駅
開業当時より使用する洋風建築の駅舎は天井の高いマンサード屋根が特徴。関東の駅百選に認定されている。この駅でJR両毛線、わたらせ渓谷鐵道への乗り換えができる。

荒砥川橋梁
荒砥川に架かる橋梁。国登録有形文化財に指定。

上毛電気鉄道　じょうもうでんきてつどう

km	駅名	よみ
0.0	中央前橋	ちゅうおうまえばし
0.8	城東	じょうとう
1.6	三俣	みつまた
2.2	片貝	かたかい
3.2	上泉	かみいずみ
4.3	赤坂	あかさか
5.6	心臓血管センター	しんぞうけっかんセンター
6.2	江木	えぎ
8.3	大胡	おおご
9.9	樋越	ひごし
10.9	北原	きたはら
12.0	新屋	あらや
13.3	粕川	かすかわ
14.3	膳	ぜん
15.8	新里	にいさと
17.7	新川	にっかわ
18.7	東新川	ひがしにっかわ
19.6	赤城	あかぎ
21.8	桐生球場前	きりゅうきゅうじょうまえ
22.8	天王宿	てんのうじゅく
23.7	富士山下	ふじやました
24.3	丸山下	まるやました
25.4	西桐生	にしきりゅう

絶景＆撮影ポイント

❶ 松井田－横川（信越本線）
妙義山の麓を走る。奇岩で知られる妙義山の威容を車窓左手（下り）に眺めることができる。撮影もできる。

❷ 横川駅周辺（信越本線）
めがね橋やトンネルなど旧信越本線の遺構や、旧下り線を使って走るトロッコ列車など、撮影スポットは多い。

❸ 南高崎－根小屋（上毛電鉄）
南高崎を出て烏川を渡ると線路は大きくカーブ。田園地帯をゆっくり駆け抜ける車両を撮影できる。

❹ 粕川－膳（上毛電気鉄道）
雄大な赤城山を背景に撮影するのに人気の区間。赤城山の麓を走る上毛電気鉄道ならではの風景だ。

Topics　日本近代工業の象徴・碓氷峠と富岡製糸工場

平成9年の長野新幹線の開通により役目を終えた信越本線の横川－軽井沢間ですが、この碓氷峠越えの区間は大変な難所として知られていました。最初、明治21年に馬車鉄道が敷設された後、ドイツの山岳鉄道にならってアプト式のレールを用いた鉄道が計画されます。列車の推進力を考慮してレンガ製のアーチを使用するなどし、26のトンネルを掘り進めたことで、明治26年に念願の横川－軽井沢間が開通しました。日本の鉄道技術の粋を集めた路線といえます。現在、旧線跡にその遺構を見ることができ、観光シーズンには横川駅から見学バスも出ています。また、このエリアには明治日本の殖産興業の象徴である富岡製糸工場があり、旧上野鉄道（現在の上信電鉄）は繭・生糸・蚕種輸送に活躍。現存する軽便鉄道時代の橋梁や、生糸保管用レンガ倉庫は、碓氷峠のレンガ製アーチなどとともに世界遺産への登録を目指しています。

埼玉新都市交通　JR高崎線
JR八高線　JR川越線

停車駅 ◎特急 ○普通

埼玉新都市交通　さいたましんとしこうつう
km	駅	よみ
0.0	大宮	おおみや
1.5	鉄道博物館	てつどうはくぶつかん
3.2	加茂宮	かものみや
4.0	東宮原	ひがしみやはら
4.8	今羽	こんば
5.6	吉野原	よしのはら
6.4	原市	はらいち
7.2	沼南	しょうなん
8.2	丸山	まるやま
9.4	志久	しく
10.5	伊奈中央	いなちゅうおう
11.6	羽貫	はぬき
12.7	内宿	うちじゅく

高崎線　たかさきせん
km	駅	よみ
0.0	大宮	おおみや
4.0	宮原	みやはら
8.2	上尾	あげお
9.9	北上尾	きたあげお
11.8	桶川	おけがわ
16.4	北本	きたもと
20.0	鴻巣	こうのす
24.3	北鴻巣	きたこうのす
27.3	吹上	ふきあげ
29.6	行田	ぎょうだ
34.4	熊谷	くまがや
41.0	籠原	かごはら
45.8	深谷	ふかや
50.1	岡部	おかべ
55.7	本庄	ほんじょう
59.7	神保原	じんぼはら
64.2	新町	しんまち
70.3	倉賀野	くらがの
74.7	高崎	たかさき

八高線　はちこうせん
km	駅	よみ
0.0	八王子	はちおうじ
3.1	北八王子	きたはちおうじ
5.1	小宮	こみや
9.9	拝島	はいじま
12.7	東福生	ひがしふっさ
15.7	箱根ヶ崎	はこねがさき
20.5	金子	かねこ
25.6	東飯能	ひがしはんのう
31.1	高麗川	こまがわ
36.9	毛呂	もろ
39.6	越生	おごせ
44.8	明覚	みょうかく
52.8	小川町	おがわまち
56.3	竹沢	たけざわ
60.3	折原	おりはら
63.9	寄居	よりい
68.4	用土	ようど
71.1	松久	まつひさ
75.9	児玉	こだま
80.0	丹荘	たんしょう
84.7	群馬藤岡	ぐんまふじおか
88.4	北藤岡	きたふじおか
92.0	倉賀野	くらがの

川越線　かわごえせん
km	駅	よみ
0.0	大宮	おおみや
3.7	日進	にっしん
6.3	西大宮	にしおおみや
7.7	指扇	さしおうぎ
12.4	南古谷	みなみふるや
16.1	川越	かわごえ
18.7	西川越	にしかわごえ
20.9	的場	まとば
23.8	笠幡	かさはた
27.0	武蔵高萩	むさしたかはぎ
30.6	高麗川	こまがわ

廃線
● 上武鉄道 (6.1km)
丹荘－西武化学前　1973年旅客営業廃止

深谷駅
"ミニ東京駅"とも言える、煉瓦造りの駅舎が美しい。

明覚駅
ログハウス風の造りとなっており、関東の駅百選に選定されている。

鉄道博物館（鉄道博物館駅）
平成18年10月に開館。様々な車両の展示や運転台のシミュレーター、ミニ電車の運転など親子で楽しめるアトラクションが充実。

1:600,000

路線プロフィール

JR高崎線　大宮－高崎　74.7km
狭軌 複 電

明治16年日本初の私鉄として日本鉄道により上野－熊谷間開業。明治17年高崎まで開業し全通。当時最大の輸出品目であった生糸を生産元の群馬県から貿易港のある横浜へ、輸送するために開通した路線である。明治39年国有化、同42年大宮－高崎間が高崎線となる。平成13年湘南新宿ラインの運行が始まり、一部列車が東海道本線へ直通運転を開始。かつての五街道・中山道とほぼ並走する。

JR八高線　八王子－倉賀野　92.0km
狭軌 単 一部電

昭和6年倉賀野－児玉間が八高北線として開業。昭和8年1月寄居まで延伸。一方、昭和6年八王子－東飯能間が八高南線として開業。昭和9年小川町まで延伸。昭和9年小川町－寄居間が開業し南線、北線が統合され八高線となる。平成8年八王子－高麗川間が電化。中央線快速および青梅線の直通電車の運転が始まる。八王子発の列車の大半は川越線へ直通運転を行う。

JR川越線　大宮－高麗川　30.6km
狭軌 単複 電

昭和15年大宮－高麗川間の全線開通。東北本線と八高線の間のショートカット路線として開業された。昭和60年全線が電化され、大宮－日進間が複線化される。現在、大宮－高麗川間の川越線全線を直通する列車はなく、運行系統は途中の川越駅で分断されている。川越以西は八高線へ、川越以東は全列車埼京線へ直通運転を行っている。川越以西、以東ともに3往復／時間運転。平成21年3月西大宮駅が開業。

埼玉新都市交通　大宮－内宿　12.7km
新 単複 電

昭和58年大宮－羽貫、平成2年羽貫－内宿間が延伸し全線開業。全線にわたって東北・上越新幹線の高架脇の張り出し部分に敷設されている。平日朝夕および土休日は10分間隔、平日日中は15分間隔。新交通だが有人によるワンマン運転が実施されている。平成19年10月鉄道博物館の開館にともない最寄りの大成駅を鉄道博物館駅へと改称。鉄道博物館への来退館時間帯は列車が増発される。

おもな列車

特急 あかぎ
上野・新宿－前橋。平日1日2往復運転。7・14両編成で、普通車は全車自由席。185系

特急 水上・草津
上野－水上／上野－万座・鹿沢口。1日3往復運転。上野－新前橋で切り離し・連結。185系

ライナー ホームライナー鴻巣
上野－鴻巣。平日夜間に4本運転。帰宅ラッシュ用のホームライナー。乗車にはライナー券が必要。489系・185系

普通 八高線
209系。半自動ドア付きの3000・3100番台

普通 八高線
キハ110系。一部列車はワンマン運転

普通 埼玉新都市交通
1010系。黄色のボディにグリーンのライン

絶景＆撮影ポイント

① 岡部－本庄（高崎線） 高崎線沿線の中でも特に人気のある撮影スポット。本庄駅は新幹線の本庄早稲田駅と2kmほど離れている。

② 箱根ヶ崎－金子（八高線） 周辺は狭山茶で有名な生産地で、金子駅の南側の広大な茶畑を行く列車を撮影できる。また、金子駅前の桜並木も美しい。

③ 西川越－的場（川越線） 入間川鉄橋を渡る車両を撮影できる。すぐ近くを東武東上線が並走しており、二社の車両を同時に収めることも可能。

Topics　東京最後のローカル線、八高線の魅力

鉄道ファンならずとも八高線の名前を知る人は多いでしょう。平成8年3月に電化されるまで、東京都内では最後までディーゼルカーが走っていた路線です。現在八王子－高麗川間は電化されましたが、高麗川－高崎間は今もディーゼルカーが走っています。都市化は進んできましたが、沿線の風景は電化された部分も含めてのどかな風景が残っています。多摩川や入間川の鉄橋では、奥多摩や秩父の山々が望めたり、金子駅周辺では狭山茶の生産がさかんで、あちこちで茶畑が広がっています。また、高麗川から北側の沿線では秩父の山々や、里山風景をバックにディーゼルカーが走行していきます。東京からも気軽に出かけられるローカル線。カメラ片手に出かけてみてはいかがでしょうか？

JR京浜東北線　JR埼京線
JR湘南新宿ライン

停車駅 ○快速 ●普通

さいたま新都心駅
さいたまスーパーアリーナが車窓から見える。ジョン・レノン・ミュージアムも併設。

荒川橋梁
南に広がる関東平野の向こうに秩父、丹沢、富士山が見渡せる。

新橋駅
鉄道発祥の地である旧新橋停車場とゼロマイルポストが再現されている。

埼玉県
東京都
神奈川県

東京湾

1 : 360,000　0　10km

京浜東北線　けいひんとうほくせん
km	駅	よみ
0.0	大宮	おおみや
1.6	さいたま新都心	さいたましんとしん
2.7	与野	よの
4.3	北浦和	きたうらわ
6.1	浦和	うらわ
7.8	南浦和	みなみうらわ
10.6	蕨	わらび
12.5	西川口	にしかわぐち
14.5	川口	かわぐち
17.1	赤羽	あかばね
18.9	東十条	ひがしじゅうじょう
20.4	王子	おうじ
21.5	上中里	かみなかざと
23.2	田端	たばた
24.0	西日暮里	にしにっぽり
24.5	日暮里	にっぽり
25.6	鶯谷	うぐいすだに
26.7	上野	うえの
27.3	御徒町	おかちまち
28.3	秋葉原	あきはばら
29.0	神田	かんだ
30.3	東京	とうきょう
31.1	有楽町	ゆうらくちょう
32.2	新橋	しんばし
33.4	浜松町	はままつちょう
34.9	田町	たまち
37.1	品川	しながわ
39.5	大井町	おおいまち
41.7	大森	おおもり
44.7	蒲田	かまた
47.0	川崎	かわさき
48.5	鶴見	つるみ
52.0	新子安	しんこやす
55.1	東神奈川	ひがしかながわ
57.3	横浜	よこはま
59.1	↓根岸線	P32へ

埼京線　さいきょうせん
↓川越線　P74から
km	駅	よみ
0.0	大宮	おおみや
1.8	北与野	きたよの
2.9	与野本町	よのほんまち
4.5	南与野	みなみよの
6.2	中浦和	なかうらわ
7.4	武蔵浦和	むさしうらわ
9.8	北戸田	きたとだ
11.2	戸田	とだ
12.5	戸田公園	とだこうえん
14.9	浮間舟渡	うきまふなど
16.5	北赤羽	きたあかばね
18.0	赤羽	あかばね
20.0	十条	じゅうじょう
21.7	板橋	いたばし
23.5	池袋	いけぶくろ
28.3	新宿	しんじゅく
31.7	渋谷	しぶや
33.3	恵比寿	えびす
36.9	大崎	おおさき
	↓りんかい線	P20へ

湘南新宿ライン　しょうなんしんじゅくライン
↓東北本線① P78　高崎線 P74から
km	駅	よみ
0.0	大宮	おおみや
17.1	赤羽	あかばね
22.6	池袋	いけぶくろ
27.4	新宿	しんじゅく
30.8	渋谷	しぶや
32.4	恵比寿	えびす
36.0	大崎	おおさき
41.6	西大井	にしおおい
50.7	新川崎	しんかわさき
60.0	横浜	よこはま
63.0	保土ケ谷	ほどがや
67.9	東戸塚	ひがしとつか
72.1	戸塚	とつか
77.7	大船	おおふな
	↓東海道本線①	横須賀線 P12へ

路線プロフィール

JR京浜東北線　大宮－横浜　59.1km

日本初の鉄道として明治5年品川－横浜（現・桜木町）間開業。その後、この区間は東海道本線として延伸されるが、大正3年東京－高島町（現存せず。2代目横浜駅の位置）間を京浜線として電車の運転を開始。昭和3年、東北本線の赤羽まで、昭和7年大宮まで電車の運転が延伸。昭和39年桜木町－磯子間開業を機に横浜－磯子間が根岸線として独立したが、根岸線は京浜東北線と一体として運転されている。なお、横浜－大宮間は東海道本線および東北本線に所属し、「京浜東北線」は正式な路線名でなく運転系統名である。日中は、田端－浜松町間で快速運転を行っている。

JR埼京線　大宮－大崎　36.9km

昭和60年東北本線の支線として武蔵浦和を経由する赤羽－大宮間が開業。赤羽線池袋－赤羽間と一体化し、池袋－大宮間を埼京線として運行開始するとともに、川越線大宮－川越間とも直通運転を開始。昭和61年山手線と並走する貨物線を使用し、新宿まで延伸。平成8年には恵比寿まで、平成14年大崎まで延伸し、東京臨海高速鉄道りんかい線と相互直通運転を開始。平成13年JR東日本で初となる女性専用車両を導入。

JR湘南新宿ライン　大宮－大船　77.7km

利便性向上のために北関東方面からの宇都宮線中距離列車を従来の上野、東京だけでなく新宿、渋谷方面へ直通させ、また新宿、渋谷など副都心と横浜、小田原、鎌倉方面とを結ぶ速達列車として私鉄路線に対抗するために、平成13年12月から運行が始まった。平成16年10月以降は全列車が南北を全区間で直通運転している。東海道線、宇都宮線など全区間で既設路線上を走行し、一部区間は貨物線を走行する。現在平日63～66往復運転。宇都宮線－横須賀線間を直通する系統と高崎線－東海道線間を直通する系統があり、快速、特別快速列車も運転される。

おもな列車

京浜東北線
E233系。平成19年に登場した1000番台車

埼京線
205系。6ドア車両を2両連結

湘南新宿ライン
E231系。4、5号車は2階建グリーン車

絶景＆撮影ポイント

1. **田町－品川**（京浜東北線）　この区間は広大な車両基地の横を走り、車庫に休む様々な車両を眺められる、鉄道好きにはたまらない場所。
2. **蒲田－川崎**（京浜東北線）　蒲田駅の南約2kmにある通称タイヤ公園付近の跨線橋から京浜東北線の列車をすっきりと収められる。東海道線の列車も撮影可能。
3. **板橋－十条**（埼京線）　この区間は赤羽線にあたり、唯一の他線の並走がない地上区間となるので、埼京線の地上走行シーンを撮影するのには好都合。
4. **西大井－大崎**（湘南新宿ライン）　西大井駅は元々横須賀線の駅で、品川とを結んでいたが、湘南新宿ラインの開業により大崎へのルートもできた。両駅間は貨物線を使用。

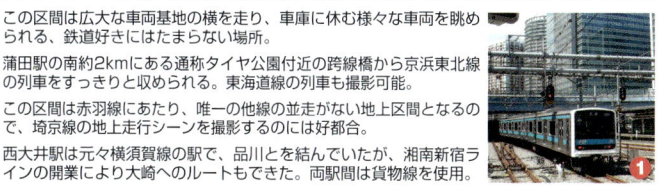

Topics　さまざまな顔をもつ長い沿線

通常、列車の方向は「上り」「下り」で表しますが、京浜東北・根岸線の場合は「南行（なんこう）」「北行（ほっこう）」が使用されます。これは、東北本線、東海道本線の双方が、東京駅に向かって「上り」となるためです。京浜東北線の「南行」に乗ってみましょう。まず出発地点の大宮から赤羽までは宇都宮線・高崎線の列車と並走します。京浜東北線は各駅に停車し、宇都宮線・高崎線は長距離客を速達で運びます。次に田端から東京を経て品川までは、黄緑の山手線と並走します。田町までは同じホームを使用し、日中時間帯に快速運転を行って山手線との棲み分けを行います。そして品川から横浜までは東海道本線・横須賀線と並走します。京浜東北線は、品川を出ると再び各駅停車に戻り、東海道本線・横須賀線が速達輸送を担当します。鈍行の役割を果たします。同一路線の列車がこれほど性格を変えるのも珍しいですね。

JR東北本線①（宇都宮線）
JR日光線　JR烏山線

停車駅 ●特急 ○快速 ─普通

日光駅
白亜の洋風建築が美しい大正元年建造の木造駅舎。現役の駅舎としては最古級で、その歴史は赤レンガの東京駅よりも長い。

鶴田駅
ホームの跨線橋に「明治四十四年鉄道院」の文字が刻まれた銘板が残る。

利根川橋梁
防風柵の設置により強風による運休や遅延は解消したが、眺めは失われた。利根川の眺めを楽しむなら隣の東武日光線P110へ。

東北本線①（宇都宮線）　とうほくほんせん

km	駅	よみ
0.0	東京	とうきょう
3.6	上野	うえの
8.4	尾久	おく
13.2	赤羽	あかばね
24.2	浦和	うらわ
28.7	さいたま新都心	さいたましんとしん
30.3	大宮	おおみや
33.3	土呂	とろ
35.4	東大宮	ひがしおおみや
39.2	蓮田	はすだ
43.5	白岡	しらおか
45.9	新白岡	しんしらおか
48.9	久喜	くき
51.6	東鷲宮	ひがしわしのみや
57.2	栗橋	くりはし
64.7	古河	こが
69.4	野木	のぎ
73.3	間々田	ままだ
80.6	小山	おやま
88.1	小金井	こがねい
90.7	自治医大	じちいだい
95.4	石橋	いしばし
101.8	雀宮	すずめのみや
109.5	宇都宮	うつのみや
115.7	岡本	おかもと
121.2	宝積寺	ほうしゃくじ
127.1	氏家	うじいえ
131.6	蒲須坂	かますさか
135.5	片岡	かたおか
141.8	矢板	やいた
146.6	野崎	のざき
151.8	西那須野	にしなすの
157.8	那須塩原	なすしおばら
163.3	黒磯	くろいそ

↓東北本線② P114へ

日光線　にっこうせん

km	駅	よみ
0.0	宇都宮	うつのみや
4.8	鶴田	つるた
14.3	鹿沼	かぬま
22.4	文挟	ふばさみ
28.2	下野大沢	しもつけおおさわ
33.9	今市	いまいち
40.5	日光	にっこう

烏山線　からすやません

km	駅	よみ
0.0	宝積寺	ほうしゃくじ
3.9	下野花岡	しもつけはなおか
5.9	仁井田	にいた
8.3	鴻野山	こうのやま
12.7	大金	おおがね
15.3	小塙	こばな
17.5	滝	たき
20.4	烏山	からすやま

廃線
● 東武矢板線（23.5km）
　矢板－新高徳　1959年廃止
● 東野鉄道（13.1km）
　西那須野－黒羽　1968年廃止

1:900,000

路線プロフィール

JR東北本線① 東京-黒磯 163.3km（全線631.3km） 狭軌 複 電

明治16年7月上野-浦和間開業、19年12月に黒磯まで開業（日本鉄道）。明治39年国有化。「宇都宮線」は同区間の愛称。日中は、上野発着1時間に4往復、湘南新宿ライン1時間に2往復運転。ほかに、寝台特急などを運転。車両はE231系・211系が中心で、上野-宇都宮間は15両の長編成も走る。平成18年3月、栗橋駅で東武日光線との乗り入れが実現。新宿・池袋から乗り換えなしで東武日光・鬼怒川温泉へ行ける特急＜日光＞＜きぬがわ＞を運転（栗橋駅でJR・東武の乗務員が交替）。

JR日光線 宇都宮-日光 40.5km 狭軌 単 電

明治23年6月宇都宮-今市、同年8月今市-日光開業。明治39年、日本鉄道から国有化。1時間に1～2往復、1日24往復（ほか宇都宮-鹿沼1日4往復）運転。かつては、東武日光線と日光への観光客輸送をめぐり熾烈な競争が繰り広げられたが、現在は、その役割を東武日光線に譲った。そのため、定期列車では、2～6両編成の普通列車が走るのみだが、今でも時折、日光への修学旅行専用列車が走る。

JR烏山線 宝積寺-烏山 20.4km 狭軌 単

大正12年4月全線開業。1時間に1往復、1日18往復（うち5往復は宇都宮乗入れ）。関東地方ではここでしか見られなくなったキハ40系気動車（2ドア・ロングシート）が走り、ワンマン運転も実施。運行車両と宝積寺を除く7つの各駅に七福神が設定され、各駅で下車しながら七福神めぐりが楽しめる。平成19年までは7月下旬の山あげ祭り当日に、上野から直通の臨時快速＜烏山山あげ祭り号＞が運転された。

おもな列車

寝台 北斗星 
昭和63年に運転開始。上野-札幌、1日1往復運転。24系

寝台 カシオペア 
上野-札幌。全車両A寝台個室。食堂車やラウンジカーも連結。E26系

快速 フェアーウェイ 
新宿-黒磯。土曜・休日1日1往復。行楽に便利。485系、全車指定席

快速 ラビット
上野-宇都宮・黒磯。朝と土曜・休日の夕方～夜。211系、E231系

特急 おはようとちぎ（上り）・ホームタウンとちぎ（下り） 
新宿-黒磯。朝上り、夕方下りの1日1往復。185系、普通車全車自由席

特急 日光・きぬがわ（スペーシア日光・きぬがわ） 
新宿-東武日光（1日1往復）・鬼怒川温泉（1日3往復）、繁忙期は増便。JR485系。一部は東武車両スペーシア

ライナー ホームライナー古河 
平日夜、上野→古河2本。ライナー券500円。1号185系、3号489系

絶景＆撮影ポイント

1. **尾久-赤羽**（東北本線）MAP
北区王子の「北とぴあ」17階展望室（無料）は、眼下に宇都宮線・高崎線、京浜東北線、東北・上越新幹線などが眺められる絶景スポット。

2. **岡本-宝積寺**（東北本線）MAP
鬼怒川橋梁（上り線）は大正6年に架けられたポニーワーレントラス橋。レンガ造りの橋脚も趣ある。北西には日光連山、南東には筑波山が眺められる。

3. **鹿沼-今市**（日光線）MAP
日光例幣使街道の美しい杉並木に沿って走る。最も杉並木に近づくのは文挟駅付近。

4. **滝-烏山**（烏山線）MAP
滝駅から5分ほど歩いたところに龍門の滝がある。滝壺に近づくこともでき、列車とからめて撮影できる。

Topics 東北縦貫線が平成25年度に開通予定！

東北本線の正式な起点は東京駅ですが、現在、東京駅を始発とする東北本線（宇都宮線）の列車は存在していません。JR東日本では、現在上野止まりになっている列車を東京駅に乗り入れするルート「東北縦貫線」2.5kmの工事を、平成20年5月から進めています。完成すると、東北本線（宇都宮線）・高崎線・常磐線の列車が東京駅に乗り入れ、新橋、品川方面の東海道本線と直通運転が可能になり、山手線・京浜東北線のラッシュ時の混雑も大幅に緩和されます。

JR武蔵野線　JR京葉線　埼玉高速鉄道

停車駅 ●特急 ○快速 ○普通

浦和美園駅 ④
サッカーW杯開催のため埼玉スタジアム2002が建設された。

舞浜駅 ③
車窓から東京ディズニーリゾートの各施設が見える。

武蔵野線　むさしのせん

km	駅	よみ
0.0	府中本町	ふちゅうほんまち
1.7	北府中	きたふちゅう
3.9	西国分寺	にしこくぶんじ
7.4	新小平	しんこだいら
13.0	新秋津	しんあきつ
15.7	東所沢	ひがしところざわ
19.7	新座	にいざ
22.8	北朝霞	きたあさか
27.8	西浦和	にしうらわ
29.8	武蔵浦和	むさしうらわ
31.7	南浦和	みなみうらわ
35.4	東浦和	ひがしうらわ
39.2	東川口	ひがしかわぐち
43.5	南越谷	みなみこしがや
46.3	越谷レイクタウン	こしがやれいくたうん
48.2	吉川	よしかわ
51.3	新三郷	しんみさと
53.4	三郷	みさと
57.5	南流山	みなみながれやま
57.5	新松戸	しんまつど
61.6	新八柱	しんやはしら
64.0	東松戸	ひがしまつど
65.9	市川大野	いちかわおおの
68.9	船橋法典	ふなばしほうてん
71.8	西船橋	にしふなばし

路線プロフィール

JR武蔵野線　府中本町ー西船橋　71.8km（貨物営業線除く）
昭和48年府中本町ー新松戸間開業。昭和51年鶴見ー府中本町間が貨物営業線として開業。昭和53年新松戸ー西船橋間が延伸し全線開業。東京外環貨物線として計画され建設されたため、開業当初の運転本数は少なかったが、徐々に沿線の宅地開発が進み、運転本数が増加した。東京、埼玉、千葉の首都圏郊外をぐるりと結び、西船橋から先は京葉線に乗り入れ、東京または海浜幕張まで直通運転する。

JR京葉線　東京ー蘇我　43.0km／市川塩浜ー西船橋　5.9km／西船橋ー南船橋　5.4km
元々は京成電鉄が自社のバイパス路線の開通を目指したが頓挫。その後の昭和50年に国鉄が蘇我ー千葉貨物ターミナル間を貨物線として開業。昭和61年西船橋ー千葉港（現・千葉みなと）間で旅客営業を開始。昭和63年新木場ー南船橋間および市川塩浜ー西船橋間、千葉港ー蘇我間がいずれも旅客開業。平成2年東京ー新木場間が延伸され全線開業。葛西臨海公園、東京ディズニーリゾート、幕張メッセなどへ観光客を運ぶとともに、ウォーターフロントの新興住宅地の通勤輸送にも利用。

埼玉高速鉄道　赤羽岩淵ー浦和美園　14.6km
平成13年赤羽岩淵ー浦和美園間開業。営団地下鉄（現・東京メトロ）南北線および東急目黒線と相互直通運転を開始。ほぼ全線が地下を走る。開業当初よりワンマン運転を実施しており、各駅にホームドアが設置されている。浦和美園駅は埼玉スタジアムへの最寄り駅で、サッカーの試合日には混雑が激しい。

埼玉高速鉄道 さいたまこうそくてつどう

0.0	赤羽岩淵	あかばねいわぶち
2.4	川口元郷	かわぐちもとごう
4.3	南鳩ヶ谷	みなみはとがや
5.9	鳩ヶ谷	はとがや
7.5	新井宿	あらいじゅく
10.0	戸塚安行	とづかあんぎょう
12.2	東川口	ひがしかわぐち
14.6	浦和美園	うらわみその

京葉線 けいようせん

0.0	東京	とうきょう
1.2	八丁堀	はっちょうぼり
2.8	越中島	えっちゅうじま
5.4	潮見	しおみ
7.4	新木場	しんきば
10.6	葛西臨海公園	かさいりんかいこうえん
12.7	舞浜	まいはま
16.1	新浦安	しんうらやす
18.2	市川塩浜	いちかわしおはま
22.6	二俣新町	ふたまたしんまち
26.0	南船橋	みなみふなばし
28.3	新習志野	しんならしの
31.7	海浜幕張	かいひんまくはり
33.7	検見川浜	けみがわはま
35.3	稲毛海岸	いなげかいがん
39.0	千葉みなと	ちばみなと
43.0	蘇我	そが
0.0	市川塩浜	いちかわしおはま
5.9	西船橋	にしふなばし
0.0	西船橋	にしふなばし
5.4	南船橋	みなみふなばし

おもな列車

特急 さざなみ

東京ー君津・館山。内房線に直通。定期列車は1日8往復。255系

特急 わかしお

東京ー勝浦・安房鴨川。外房線に直通。1日15往復運転。255・E257系

武蔵野線

205系。8両編成。武蔵野線用の205系は、座席の端に仕切りが増設され、走行装置が改良されている

快速 むさしの・ホリデー快速むさしの

八王子・府中本町ー大宮。平日は2往復、土・休日は1往復運転。多摩地区と大宮を直結する。115系

絶景＆撮影ポイント

① 府中本町駅（武蔵野線） 武蔵野線の旅客列車の起点駅。駅ホームから発車を待つ武蔵野線車両や、南武線、さらには貨物列車の撮影もできる。

② 東浦和ー東川口（武蔵野線） 長い直線がある有名撮影ポイント。沿線の道路から見沼田んぼの広々とした風景を走る列車を撮影できる。

③ 舞浜駅（京葉線） 東京ディズニーリゾートの玄関口、舞浜駅は鉄道写真撮影地としても有名。

④ 浦和美園駅（埼玉高速鉄道） この他の駅は全て地下を走るため、地上で車両を撮影できるのは浦和美園駅および車両基地周辺に限られる。

Topics 鉄道版の「外環道」、未来都市をゆく

武蔵野線の営業区間を地図で見ると、首都圏の鉄道版・外環道となっていることがわかります。元々は貨物線を走らせるために作られた路線で、期せずして郊外人口が増加したために通勤電車としての役割も果たすようになり、運行本数も年々増えています。出自が貨物線であるゆえ、駅の位置が悪く他線との乗り換えが不便であったり、高架や橋梁が多いために強風による運転見合わせが多いことなど構造上の問題はありますが、今後の改善が期待されます。さてそんな武蔵野線に、平成20年3月、吉川ー南越谷間に「越谷レイクタウン」が開業しました。調節池の河川事業と土地区画整理事業が一体化し、親水文化を創造する都市計画として実施された越谷レイクタウン。池の周辺に大規模商業施設や集合住宅を誘致、建設するとともに、水上スポーツが楽しめる施設や公園の整備を行いました。まさに21世紀の「未来都市」の誕生と言えるでしょう。

西武

新宿線・拝島線・国分寺線・多摩湖線・山口線・西武園線・狭山線・池袋線①(池袋〜飯能)・有楽町線・豊島線・多摩川線

停車駅 ◎特急 ●急行 ○普通

西武新宿線 せいぶしんじゅくせん

0.0	◎	西武新宿	せいぶしんじゅく
2.0	◎	高田馬場	たかだのばば
3.2	○	下落合	しもおちあい
3.9	○	中井	なかい
5.2	○	新井薬師前	あらいやくしまえ
6.1	○	沼袋	ぬまぶくろ
7.1	○	野方	のがた
8.0	○	都立家政	とりつかせい
8.5	●	鷺ノ宮	さぎのみや
9.8	○	下井草	しもいぐさ
10.7	○	井荻	いおぎ
11.7	○	上井草	かみいぐさ
12.8	○	上石神井	かみしゃくじい
14.1	●	武蔵関	むさしせき
15.3	○	東伏見	ひがしふしみ
16.3	○	西武柳沢	せいぶやぎさわ
17.6	●	田無	たなし
19.9	○	花小金井	はなこがねい
22.6	●	小平	こだいら
24.6	○	久米川	くめがわ
26.0	●	東村山	ひがしむらやま
28.9	◎	所沢	ところざわ
30.5	●	航空公園	こうくうこうえん
31.7	●	新所沢	しんところざわ
35.6	○	入曽	いりそ
38.6	◎	狭山市	さやまし
41.3	○	新狭山	しんさやま
43.9	○	南大塚	みなみおおつか
47.5	◎	本川越	ほんかわごえ

西武拝島線 せいぶはいじません

0.0	○	小平	こだいら
1.1	○	萩山	はぎやま
2.7	○	小川	おがわ
5.7	○	東大和市	ひがしやまとし
7.2	○	玉川上水	たまがわじょうすい
9.6	○	武蔵砂川	むさしすながわ
11.6	○	西武立川	せいぶたちかわ
14.3	○	拝島	はいじま

西武国分寺線 せいぶこくぶんじせん

0.0	○	国分寺	こくぶんじ
2.1	○	恋ヶ窪	こいがくぼ
3.6	○	鷹の台	たかのだい
5.1	○	小川	おがわ
7.8	○	東村山	ひがしむらやま

西武多摩湖線 せいぶたまこせん

0.0	○	国分寺	こくぶんじ
2.4	○	一橋学園	ひとつばしがくえん
3.4	○	青梅街道	おうめかいどう
4.6	○	萩山	はぎやま
5.6	○	八坂	やさか
8.1	○	武蔵大和	むさしやまと
9.2	○	西武遊園地	せいぶゆうえんち

西武山口線 せいぶやまぐちせん

0.0	○	西武遊園地	せいぶゆうえんち
0.3	○	遊園地西	ゆうえんちにし
2.8	○	西武球場前	せいぶきゅうじょうまえ

西武西武園線 せいぶせいぶえんせん

0.0	○	東村山	ひがしむらやま
2.4	○	西武園	せいぶえん

「所沢航空記念公園」内に飛行機や関連機器が多数展示。

狭山湖・多摩湖
狭山湖、多摩湖は美しい。桜の季節は特に賑わう。

鷹の台-恋ヶ窪間
玉川上水の沿道には武蔵野の緑がかつての姿で保存されている。

路線プロフィール

西武新宿線 西武新宿ー本川越 47.5km

明治27年川越鉄道により国分寺ー久米川(現・東村山)間が開業。明治28年久米川ー川越(現・本川越)間開業。昭和2年西武鉄道村山線として高田馬場ー東村山間開業。昭和27年西武新宿ー高田馬場間が延伸し新宿線に改称。川越線東村山ー本川越間は新宿線に編入された。平成5年より特急<小江戸>を毎日運転。西武と言えば黄色い電車が有名だったが、近年は青い帯のアルミ合金車両などが続々投入されている。

西武拝島線／西武西武園線 小平ー拝島 14.3km／東村山ー西武園 2.4km

昭和3年多摩湖鉄道として萩山ー本小平(現・小平)間開業。武蔵野鉄道への合併後の昭和25年上水線として小川ー玉川上水間開業。昭和37年旧陸軍施設の引込線を改築するなどして萩山ー小川間開業。昭和43年玉川上水ー拝島間が延伸し全線開業、拝島線と改称。新宿線へ直通運転を行っている。一方西武園線は昭和5年西武鉄道村山線として東村山ー村山貯水池前間延伸開業。昭和27年、東村山ー西武園間を西武園線に改称。

西武多摩湖線／西武国分寺線 国分寺ー西武遊園地 9.2km／国分寺ー東村山 7.8km

多摩湖線は昭和3年国分寺ー萩山間で開業。様々な路線の改編や駅の廃止を経て昭和37年に現在の国分寺ー西武遊園地間に路線確定する。萩山から西武遊園地までは新宿線から直通運転が実施され、国分寺ー萩山間で折り返し運転が行われている。一方国分寺線は明治27年に川越鉄道川越線として国分寺ー久米川(現・東村山)間開業。本川越延伸後、昭和27年に新宿線への一部編入。国分寺ー東村山間が国分寺線となる。

西武狭山線 西所沢ー西武球場前 4.2km

昭和4年武蔵野鉄道山口線として西所沢ー村山公園前間開業。戦中に停車するが、昭和26年西所沢ー狭山湖(現・西武球場前)間で営業再開し狭山線に改称。新宿線・池袋線両線から直通列車もある。

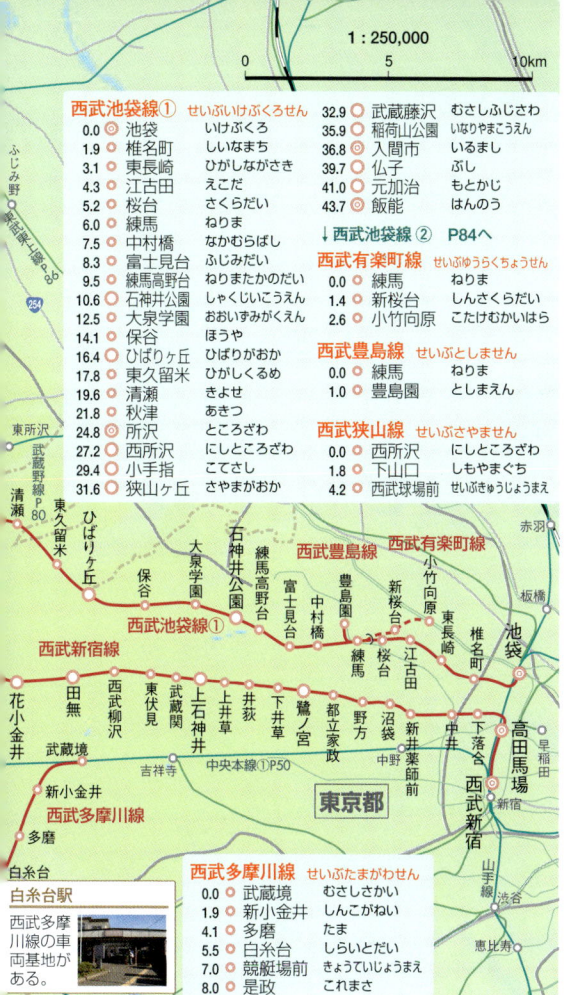

西武池袋線①　せいぶいけぶくろせん

km	駅名	よみ
0.0	池袋	いけぶくろ
1.9	椎名町	しいなまち
3.1	東長崎	ひがしながさき
4.3	江古田	えこだ
5.2	桜台	さくらだい
6.0	練馬	ねりま
7.5	中村橋	なかむらばし
8.3	富士見台	ふじみだい
9.5	練馬高野台	ねりまたかのだい
10.6	石神井公園	しゃくじいこうえん
12.5	大泉学園	おおいずみがくえん
14.1	保谷	ほうや
16.4	ひばりヶ丘	ひばりがおか
17.8	東久留米	ひがしくるめ
19.6	清瀬	きよせ
21.8	秋津	あきつ
24.8	所沢	ところざわ
27.2	西所沢	にしところざわ
29.4	小手指	こてさし
31.6	狭山ヶ丘	さやまがおか
32.9	武蔵藤沢	むさしふじさわ
35.9	稲荷山公園	いなりやまこうえん
36.8	入間市	いるまし
39.7	仏子	ぶし
41.0	元加治	もとかじ
43.7	飯能	はんのう

↓西武池袋線② P84へ

西武有楽町線　せいぶゆうらくちょうせん

km	駅名	よみ
0.0	練馬	ねりま
1.4	新桜台	しんさくらだい
2.6	小竹向原	こたけむかいはら

西武豊島線　せいぶとしません

km	駅名	よみ
0.0	練馬	ねりま
1.0	豊島園	としまえん

西武狭山線　せいぶさやません

km	駅名	よみ
0.0	西所沢	にしところざわ
1.8	下山口	しもやまぐち
4.2	西武球場前	せいぶきゅうじょうまえ

西武多摩川線　せいぶたまがわせん

km	駅名	よみ
0.0	武蔵境	むさしさかい
1.9	新小金井	しんこがねい
4.1	多磨	たま
5.5	白糸台	しらいとだい
7.0	競艇場前	きょうていじょうまえ
8.0	是政	これまさ

おもな列車

特急 小江戸

西武新宿線―本川越。平日は1時間に2本ほど運転。川越への観光客を運ぶほか、平日はゆったり座って帰りたい通勤客の利用が多い。全車指定席で特急券が必要。10000系「ニューレッドアロー」

西武新宿線・池袋線 
30000系。平成19年登場の「スマイルトレイン」

西武池袋線 
6000系。地下鉄直通用の車両。前面が白くなった

西武新宿線・池袋線 
20000系。平成12年に登場。新宿線を中心に使用

西武多摩湖線 
101系。4両編成でワンマン運転を実施

白糸台駅
西武多摩川線の車両基地がある。

西武多摩川線　武蔵境―是政　8.0km　狭単電

大正6年多摩鉄道により境（現・武蔵境）―北多磨（現・白糸台）間開業。大正11年に是政まで延伸し全線開業。多摩川の砂利を運搬する鉄道として開業したが、貨物輸送を昭和42年に廃止。都内では珍しく、全線が単線で有人改札が残る路線としてファンが多い。西武新宿線などで活躍した旧型車両が使用されている。全線12分間隔で運転。

西武山口線（レオライナー）　西武遊園地―西武球場前　2.8km　新単電

昭和25年遊戯施設「おとぎ列車」として多摩湖ホテル前―上堰堤間開業。昭和27年、正式な鉄道となり、山口線に改称。昭和47年からは蒸気機関車も走っていたが、昭和60年に案内軌条式鉄道（新交通）へと改良され、西武遊園地―西武球場前間開業。通常は1時間に3往復運転、野球開催時には増発される。

Topics　狭山湖・多摩湖を目指した3社

狭山丘陵には、多摩湖（村山貯水池）と狭山湖（山口貯水池）があります。昭和初期に両人工湖が完成すると、東京から身近な自然を楽しめる観光地として多くの人が訪れるようになります。そこで当時の武蔵野鉄道（現・西武鉄道）は昭和4年に西所沢―村山公園（現・西武球場前）間に狭山線を開業。さらに翌年、系列子会社によって国分寺―村山貯水池（仮）（現・武蔵大和付近）間にも多摩湖鉄道多摩湖線を開業させました。一方、ライバルである旧・西武鉄道は昭和5年に東村山―村山貯水池間に村山線の一部として鉄道を敷設。狭山線と多摩湖線、村山線の3社3路線が多摩湖への観光客をめぐって熾烈な争いを繰り広げました。やがて戦争が激しくなるとこれらの路線は観光路線のため営業休止に追いやられます。戦後、再び鉄道が走りだした時には、3社は合併して西武鉄道となっていました。

秩父鉄道
西武池袋線②（飯能〜吾野）・秩父線

停車駅 ◎急行 ○普通

群馬県
埼玉県
東京都
山梨県

二子山 ▲1166
志賀坂峠
両神山 ▲1723
雲取山 ▲2017
三峰山 ▲1102
宝登山 ▲497
武甲山 ▲1304

神流湖
秩父湖
秩父多摩甲斐国立公園
浦山ダム
荒川
名栗湖

本庄早稲田
上越・長野新幹線 P10
深谷
児玉
八高線 P74
小前田
桜沢
永田
武川
寄居
波久礼
樋口
野上
長瀞
上長瀞
親鼻
皆野
和銅黒谷
大野原
秩父
御花畑（芝桜）
武州中川
武州日野
白久
三峰口
影森
浦山口
横瀬
芦ヶ久保
正丸トンネル
高山不動尊
正丸
西吾野
吾野
東吾野
武蔵横手
折原
鉢形城跡
竹沢
小川町
明覚
東武東上線 P86
八高線 P74
国道254
国道299
国道140

長瀞駅 穏やかな流れから急流まで楽しめる長瀞ライン下りが人気。

西武秩父駅 羊山公園の9種類、40万株を誇る芝桜は圧巻。

宝登山ロープウェイ
秩父鉄道
西武秩父線
西武池袋線②
西武池袋線①

西武池袋線② せいぶいけぶくろせん

↓西武池袋線① P82から
43.7	◎	飯能	はんのう
44.5	◎	東飯能	ひがしはんのう
48.5	○	高麗	こま
51.3	○	武蔵横手	むさしよこて
53.8	○	東吾野	ひがしあがの
57.8	◎	吾野	あがの

西武秩父線 せいぶちちぶせん
0.0	◎	吾野	あがの
3.6	○	西吾野	にしあがの
6.3	○	正丸	しょうまる
12.4	○	芦ヶ久保	あしがくぼ
16.4	◎	横瀬	よこぜ
19.0	◎	西武秩父	せいぶちちぶ

路線プロフィール

西武池袋線 池袋－吾野 57.8km　狭軌 単複 電

大正4年武蔵野鉄道として池袋－飯能間開業。昭和4年飯能－吾野間が延伸し全線開業。昭和27年池袋線に改称。平成10年西武有楽町線を経由して営団地下鉄（現・東京メトロ）有楽町線と相互直通運転を開始、平成20年には東京メトロ副都心線との相互直通運転も始まった。スイッチバック構造の飯能で運転系統が分かれていて、多くの列車は折り返し運転。飯能－吾野間を走る列車は秩父線へ直通運転を行う。平日朝ラッシュ時には混雑緩和を目指し列車によって停車駅を分散させている。

西武有楽町線／豊島線 練馬－小竹向原 2.6km／練馬－豊島園 1.0km　狭軌 単複 電

昭和58年新桜台－小竹向原間開業。営団地下鉄（現・東京メトロ）有楽町線と直通運転を実施。平成6年練馬まで延伸し全線開業。平成10年池袋線との直通運転、平成20年には東京メトロ副都心線との相互直通運転も始まった。豊島線は昭和2年開業。始発と最終を除く全列車が池袋－豊島園間で運転。※図はP82参照。

西武秩父線 吾野－西武秩父 19.0km　狭軌 単 電

昭和44年吾野－西武秩父間全線開業。平成元年秩父鉄道との直通運転を開始。長瀞方面へ向かう列車は西武秩父駅手前の連絡線から秩父鉄道線へ入り、三峰口へは西武秩父駅からスイッチバックを経て入線。

秩父鉄道 羽生－三峰口 71.7km　狭軌 単 電

武甲山の石灰石を原料とするセメントの輸送および沿線の観光用として敷設。明治34年上武鉄道により熊谷－寄居間開業。大正10年北武鉄道により羽生－行田（現・行田市）間開業。昭和5年三峰口まで延伸し全線開業。昭和24年より東武鉄道東上線と直通運転を開始するが平成4年に廃止。一方、平成元年からは西武秩父線からの直通運転を開始。平日は飯能－長瀞、三峰口間で運転されるほか、土曜・休日には池袋発着便も。

おもな列車

特急 ちちぶ・むさし

池袋ー西武秩父／池袋ー飯能。**＜ちちぶ＞**は1日16〜17往復運転。全車指定席で特急券が必要。秩父方面への観光客や、通勤客を運ぶ。10000系「ニューレッドアロー」

普通 西武秩父線

4000系。飯能ー西武秩父間の普通列車のほぼ全てに使われている。秩父鉄道にも乗り入れるほか、土曜・休日には池袋にも発着

SL パレオエクスプレス

熊谷ー三峰口。都心から一番近いSLの定期運行となり、人気が高い。C58形蒸気機関車が牽く

急行 秩父路

羽生ー三峰口。朝夕を中心に運行。全車自由席で、立席の場合も含めて急行券が必要。6000系

高麗駅

「巾着田」秋になると曼珠沙華が一面を真っ赤に染める。

秩父鉄道　ちちぶてつどう

km	駅	よみ
0.0	羽生	はにゅう
1.2	西羽生	にしはにゅう
2.6	新郷	しんごう
4.8	武州荒木	ぶしゅうあらき
7.3	東行田	ひがしぎょうだ
8.3	行田市	ぎょうだし
10.1	持田	もちだ
14.9	熊谷	くまがや
15.8	上熊谷	かみくまがや
17.0	石原	いしわら
18.5	ひろせ野鳥の森	ひろせやちょうのもり
20.3	大麻生	おおあそう
22.9	明戸	あけと
24.8	武川	たけかわ
27.1	永田	ながた
30.5	小前田	おまえだ
31.9	桜沢	さくらざわ
33.8	寄居	よりい
37.7	波久礼	はぐれ
42.1	樋口	ひぐち
44.7	野上	のがみ
46.5	長瀞	ながとろ
47.6	上長瀞	かみながとろ
49.2	親鼻	おやはな
50.8	皆野	みなの
53.4	和銅黒谷	わどうくろや
56.6	大野原	おおのはら
59.0	秩父	ちちぶ
59.7	御花畑(芝桜)	おはなばたけ(しばざくら)
62.4	影森	かげもり
63.8	浦山口	うらやまぐち
66.2	武州中川	ぶしゅうなかがわ
67.7	武州日野	ぶしゅうひので
70.4	白久	しろく
71.7	三峰口	みつみねぐち

絶景＆撮影ポイント

① 芦ヶ久保ー横瀬（西武秩父線）
武甲山の麓を走る山深い区間。カーブが連続し、杉木立の中を列車はゆっくりと走る。

② 横瀬ー西武秩父（西武秩父線）
高台の単線を走行する車両が撮影できる。西武秩父駅と秩父鉄道御花畑駅はほぼ隣接している。

③ 寄居ー波久礼（秩父鉄道）
国道140号線、荒川とともに山裾を行く区間。SL列車を撮影するポイントとしても有名な場所。

④ 上長瀞ー親鼻（秩父鉄道）
荒川に架かる鉄橋を渡るSLが撮影できる。荒川では長瀞ライン下りを楽しむ人も。周辺にはキャンプ場も多い。

Topics　SL＜パレオエクスプレス＞

秩父鉄道ではSL列車＜パレオエクスプレス＞の定期運行が行われ、東京から一番近いSLとして休日には多くの鉄道ファンや親子連れでにぎわいます。3月中旬ごろから12月上旬の土休日を中心に運行され、乗車にはSL整理券またはSL座席指定券が必要です。運行に使用されるSLはC58形で、現役で走行するのは秩父鉄道のC58 363一両のみです。昭和19年に作られ、東北を中心に走行していましたが昭和47年に廃車。吹上小学校の校庭に保存されていましたが、昭和63年にさいたま博覧会の開催されるにあたって、子どもたちを中心に「もう一度SLを走らせたい」という声があがり、復元されました。その後、秩父鉄道で定期に運行を行っています。ちなみに「パレオエクスプレス」の「パレオ」とは、およそ2000万年前に秩父地方に生息していたとされる海獣パレオパラドキシアにちなんだものです。

東武東上線・越生線

停車駅 ● TJライナー ● 急行 ● 普通

1：450,000

東武東上線　とうぶとうじょうせん

km	駅	よみ
0.0	池袋	いけぶくろ
1.2	北池袋	きたいけぶくろ
2.0	下板橋	しもいたばし
3.0	大山	おおやま
4.0	中板橋	なかいたばし
4.7	ときわ台	ときわだい
6.0	上板橋	かみいたばし
7.4	東武練馬	とうぶねりま
8.9	下赤塚	しもあかつか
10.4	成増	なります
12.5	和光市	わこうし
14.0	朝霞	あさか
16.4	朝霞台	あさかだい
17.8	志木	しき
19.3	柳瀬川	やなせがわ
20.6	みずほ台	みずほだい
22.0	鶴瀬	つるせ
24.2	ふじみ野	ふじみの
25.9	上福岡	かみふくおか
28.3	新河岸	しんがし
30.5	川越	かわごえ
31.4	川越市	かわごえし
34.8	霞ケ関	かすみがせき
37.0	鶴ケ島	つるがしま
38.9	若葉	わかば
40.6	坂戸	さかど
42.7	北坂戸	きたさかど
46.7	高坂	たかさか
49.9	東松山	ひがしまつやま
52.6	森林公園	しんりんこうえん
55.4	つきのわ	つきのわ
57.1	武蔵嵐山	むさしらんざん
64.1	小川町	おがわまち
67.1	東武竹沢	とうぶたけざわ
70.8	男衾	おぶすま
73.5	鉢形	はちがた
74.4	玉淀	たまよど
75.0	寄居	よりい

東武越生線　とうぶおごせせん

km	駅	よみ
0.0	坂戸	さかど
1.5	一本松	いっぽんまつ
4.4	西大家	にしおおや
5.6	川角	かわかど
7.1	武州長瀬	ぶしゅうながせ
8.6	東毛呂	ひがしもろ
9.4	武州唐沢	ぶしゅうからさわ
10.9	越生	おごせ

東毛呂駅
駅近くの出雲伊波比神社は県内最古の神社建築として知られ、国の重要文化財にも指定されている。

廃線
● 東武啓志線（6.3km）
上板橋－グラントハイツ 1948年旅客営業廃止

路線プロフィール

東武東上線　池袋－寄居　75.0km

大正3年5月東上鉄道により池袋－田面沢（廃駅・入間川鉄橋東詰付近）間開業。大正5年10月坂戸町（現・坂戸）まで延伸。大正9年7月東武鉄道と合併。大正12年10月武州松山（現・東松山）まで延伸し、その1か月後には小川町まで延伸。大正14年7月寄居まで延伸し全線開業。昭和24年4月より秩父鉄道と直通運転を開始するが平成4年4月に廃止。昭和62年8月営団地下鉄（現・東京メトロ）有楽町線と相互直通運転開始。平成20年6月より東京メトロ副都心線とも相互直通運転を開始。埼玉県南西部の通勤・通学客を運ぶ。

東武越生線　坂戸－越生　10.9km

昭和7年2月越生鉄道として坂戸町（現・坂戸）－森町（廃駅）間開業。昭和9年12月越生まで延伸し全線開業。開業当初は砂利運搬を主とした貨物営業のみを行っていた。昭和18年に東武鉄道越生線となる。昭和34年10月東武鉄道内で初となるCTC（列車集中制御装置）を導入。昭和59年8月貨物営業を廃止。坂戸－越生間で折り返す各駅停車のみの運転で、平日朝夕は1時間に5～6往復、日中および土休日は1時間に4往復運転される。全線でワンマン運転を実施している。

おもな列車

TJライナー
池袋→森林公園・小川町。夕方に運転。座席定員制で有料の着席整理券が必要。平日は6本、土休日は4本運転される。50090型

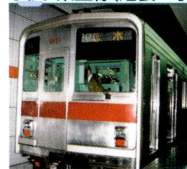

東上線（池袋－小川町）
9000系 東京メトロ直通車両。有楽町線、副都心線に乗り入れ

東上線（池袋－小川町）
10000系 ステンレス製の車両。急行から普通まで幅広く使用

東上線（小川町－寄居）・越生線
8000系 4両編成のワンマン仕様車

高坂駅
関東の駅100選に選出。三角屋根に時計塔がついた駅舎は県の建築景観賞も受賞している。

川越駅
蔵造りの町並みが重要伝統的建造物群保存地区に選定。「小江戸」と親しまれテレビ番組にもたびたび登場している。

絶景＆撮影ポイント

① **中板橋駅**（東上線）
2面4線の島式ホームで、急行などの通過待ちを行う。隣駅ときわ台との距離は700mと短い。

② **和光市駅**（東上線）
乗り入れる東京メトロ有楽町線、副都心線を含めた多種多様な車両の撮影が可能。また、西武鉄道の車両も当駅まで乗り入れる。

③ **柳瀬川－みずほ台**（東上線）
柳瀬川を渡る車両の撮影が可能。柳瀬川沿いは田んぼが広がるほか、春には土手に桜が咲き誇る。

④ **武州唐沢－越生**（越生線）
道路沿いから撮影が可能。途中から終点・越生まではJR八高線と並走するため、ディーゼルカーとのすれ違い風景も収められる。

Topics　「東上線」その名の由来

東武東上線はなぜ「東上」という名前が付いたのか、ご存知ですか？東は「東京」だということは容易に想像がつくのですが、「上」とつく地名は現在主要駅には見当たりません。実は、これは「上野国」「上州」を表しています。すなわち、現在の群馬県です。開業当時、東上線は東京府巣鴨村（池袋）から川越、高崎を経て群馬・渋川間までを結ぶ計画でした。一説には新潟まで延伸するプランもあったそうです。結局寄居より先への延伸は、実現には至りませんでしたが、その後東上線沿線は宅地開発が進み、一大通勤路線として欠かせない存在になり、埼玉県南西部の発展に大きく寄与しました。

東武伊勢崎線① (浅草〜東武動物公園)
亀戸線・大師線・野田線

1:300,000
0　5　10km

東武野田線　とうぶのだせん

km	駅	よみ
0.0	大宮	おおみや
1.2	北大宮	きたおおみや
2.2	大宮公園	おおみやこうえん
4.0	大和田	おおわだ
5.6	七里	ななさと
8.5	岩槻	いわつき
10.9	東岩槻	ひがしいわつき
12.2	豊春	とよはる
14.1	八木崎	やぎさき
15.2	春日部	かすかべ
17.8	藤の牛島	ふじのうしじま
20.6	南桜井	みなみさくらい
22.9	川間	かわま
25.1	七光台	ななこうだい
26.6	清水公園	しみずこうえん
27.7	愛宕	あたご
28.6	野田市	のだし
30.9	梅郷	うめさと
33.2	運河	うんが
35.1	江戸川台	えどがわだい
36.8	初石	はついし
38.4	流山おおたかの森	ながれやまおおたかのもり
39.7	豊四季	とよしき
42.9	柏	かしわ
45.8	新柏	しんかしわ
47.1	増尾	ますお
48.0	逆井	さかさい
50.2	高柳	たかやなぎ
51.9	六実	むつみ
53.3	新鎌ヶ谷	しんかまがや
55.2	鎌ヶ谷	かまがや
57.7	馬込沢	まごめざわ
60.1	塚田	つかだ
61.3	新船橋	しんふなばし
62.7	船橋	ふなばし

停車駅　●特急　◎急行　○普通

大師前駅
無人駅で、さらに改札がない。乗車する場合、運賃の精算は終点の西新井駅で行う。

東向島駅
駅に併設する東武博物館が2009年7月リニューアルオープン。東武の鉄道やバスに関する車両や資料の展示が充実。運転シミュレータもある。

浅草駅
伊勢崎線の起点駅で松屋のある駅ビルと一体化。

東武伊勢崎線　とうぶいせさきせん

km	駅	よみ
0.0	浅草	あさくさ
1.1	業平橋	なりひらばし
2.4	曳舟	ひきふね
3.2	東向島	ひがしむこうじま
4.2	鐘ヶ淵	かねがふち
5.3	堀切	ほりきり
6.0	牛田	うしだ
7.1	北千住	きたせんじゅ
8.2	小菅	こすげ
9.3	五反野	ごたんの
10.5	梅島	うめじま
11.3	西新井	にしあらい
13.4	竹ノ塚	たけのつか
15.9	谷塚	やつか
17.5	草加	そうか
19.2	松原団地	まつばらだんち
20.5	新田	しんでん
21.9	蒲生	がもう
22.9	新越谷	しんこしがや
24.4	越谷	こしがや
26.0	北越谷	きたこしがや
28.5	大袋	おおぶくろ
29.8	せんげん台	せんげんだい
31.1	武里	たけさと
33.0	一ノ割	いちのわり
35.3	春日部	かすかべ
36.8	北春日部	きたかすかべ
38.4	姫宮	ひめみや
41.0	東武動物公園	とうぶどうぶつこうえん

| 0.0 | 押上 | おしあげ |
| 1.3 | 曳舟 | ひきふね |

↓東武伊勢崎線② P108へ

東武大師線　とうぶだいしせん

| 0.0 | 西新井 | にしあらい |
| 1.0 | 大師前 | だいしまえ |

東武亀戸線　とうぶかめいどせん

0.0	曳舟	ひきふね
1.4	小村井	おむらい
2.0	東あずま	ひがしあずま
2.7	亀戸水神	かめいどすいじん
3.4	亀戸	かめいど

路線プロフィール

東武伊勢崎線① 浅草－東武動物公園 41.0km（全線114.5km）

明治32年北千住－久喜間開業。明治35年北千住－吾妻橋（現・業平橋）間延伸。昭和6年浅草雷門（現・浅草）まで延伸した。昭和37年営団地下鉄（現・東京メトロ）日比谷線と相互直通運転を開始。平成15年東京メトロ半蔵門線、東急田園都市線との相互直通運転を開始し、それに伴い押上－曳舟間の連絡線も開業。日光線、鬼怒川線を経由して野岩鉄道、会津鉄道へも乗り入れる。

東武亀戸線 亀戸－曳舟 3.4km

明治37年4月に曳舟－亀戸間全線開業。当時は伊勢崎線の本線に組み込まれ、総武鉄道（現・総武本線）と相互直通運転を行っていた。昭和3年亀戸線として全線を電化し、中間駅6駅を開業。伊勢崎線が浅草まで開通してからも、バイパス線としての役割を果たしていたが、日比谷線との直通運転により利用客は激減した。現在2両編成での亀戸線内の折り返しワンマン運転を実施しており、1時間6往復運転。

東武大師線 西新井－大師前 1.0km

昭和6年12月西板線として西新井－大師前間開業。当初は東武東上本線の上板橋までを結ぶ路線として計画されたが、関東大震災の被害や沿線の宅地化が進んだことによる建設費の高額化などの理由で中止された。昭和22年大師線と改称。大師駅前に改札はなく、代わりに、西新井駅の大師線ホーム入口に改札口がある。

東武野田線 大宮－船橋 62.7km

明治44年千葉県営軽便鉄道野田線として柏－野田町（現・野田市）間開業。それまで舟運が主であった醤油の貨物輸送を担う路線として敷設。大正12年北総鉄道船橋線として船橋－柏間開業。昭和4年大宮－粕壁（現・春日部）間開業。昭和19年3月東武鉄道が吸収合併。昭和23年、野田線と船橋線を統合し大宮－船橋間が野田線となる。柏を境に運転系統が分かれており、直通の列車はほとんどない。

おもな列車

特急 けごん・きぬ 
けごん：浅草－東武日光間、きぬ：浅草－鬼怒川間運行。100系スペーシア

特急 りょうもう
浅草－赤城。群馬、栃木方面へのビジネス客の利用を見込む。200系

普通 伊勢崎線 
50050系 地下鉄半蔵門線直通車両

特急 しもつけ 
浅草－東武宇都宮。宇都宮方面からの通勤特急として、運転。350系

特急 きりふり 
浅草－南栗橋・東武日光。行楽シーズンは東武日光発着となり、平日は帰宅時の通勤特急として運転。300系、350系

普通 亀戸線・大師線 
8000系 2両編成のワンマン車

普通 野田線 
8000系 野田線では全列車6両編成で使用

絶景＆撮影ポイント

① 浅草－業平橋（伊勢崎線） 浅草駅から急カーブを出発すると、隅田川に架かる橋梁を低速で運転。隅田川上をゆく水上バスや屋形船が見られ、春は桜が美しい。

② 亀戸－亀戸水神（亀戸線） ターミナル駅・亀戸を出発するとカーブが続く。亀戸線沿線はどこも懐かしい下町の情島が広がる。

③ 流山おおたかの森－豊四季（野田線） 流山おおたかの森駅の豊四季寄りの道路から、林をバックに野田線の列車を撮影できる。

Topics 荒川放水路建設による移設

荒川はその名の通り、「荒くれ川」の異名を持つほど氾濫を繰り返す川としてかつては恐れられていました。中でも明治43年に起きた荒川流域の大洪水は、東京・下町の大部分を浸水させ、324名の死者を出す大惨事となりました。そこで明治政府は、翌年から全長22km、幅500mにおよぶ放水路の開削を行います。北区の岩淵から中川河口に向けて放水路を造り、洪水時の増水を抑えようというものです。放水路の計画ルート上には東武鉄道が敷設されていたため、大正8年から鐘ヶ淵－北千住－西新井間で東武の線路の移設工事が行われました。水路の掘削にあたってはのべ310万人が従事し、昭和5年に完成しました。この放水路が後に荒川と改称され、それまでの荒川は隅田川となりました。

京成本線・押上線・金町線・東成田線　芝山鉄道
北総鉄道　山万ユーカリが丘線

京成本線　けいせいほんせん
km	駅	よみ
0.0	京成上野	けいせいうえの
2.1	日暮里	にっぽり
3.4	新三河島	しんみかわしま
4.3	町屋	まちや
5.9	千住大橋	せんじゅおおはし
7.3	京成関屋	けいせいせきや
8.8	堀切菖蒲園	ほりきりしょうぶえん
9.9	お花茶屋	おはなぢゃや
11.5	青砥	あおと
12.7	京成高砂	けいせいたかさご
14.5	京成小岩	けいせいこいわ
15.7	江戸川	えどがわ
16.4	国府台	こうのだい
17.3	市川真間	いちかわまま
18.2	菅野	すがの
19.1	京成八幡	けいせいやわた
20.1	鬼越	おにごえ
20.8	京成中山	けいせいなかやま
21.6	東中山	ひがしなかやま
22.2	京成西船	けいせいにしふな
23.6	海神	かいじん
25.1	京成船橋	けいせいふなばし
26.4	大神宮下	だいじんぐうした
27.2	船橋競馬場	ふなばしけいばじょう
28.2	谷津	やつ
29.7	京成津田沼	けいせいつだぬま
32.1	京成大久保	けいせいおおくぼ
34.0	実籾	みもみ
36.6	八千代台	やちよだい
38.7	京成大和田	けいせいおおわだ
40.3	勝田台	かつただい
42.1	志津	しづ
43.2	ユーカリが丘	ゆーかりがおか
45.7	京成臼井	けいせいうすい
51.0	京成佐倉	けいせいさくら
53.0	大佐倉	おおさくら
55.0	京成酒々井	けいせいしすい
57.0	宗吾参道	そうごさんどう
58.6	公津の杜	こうづのもり
61.2	京成成田	けいせいなりた
68.3	空港第2ビル	くうこうだいにびる
69.3	成田空港	なりたくうこう

京成金町線　けいせいかなまちせん
0.0	京成高砂	けいせいたかさご
1.5	柴又	しばまた
2.5	京成金町	けいせいかなまち

京成東成田線　けいせいひがしなりたせん
0.0	京成成田	けいせいなりた
7.1	東成田	ひがしなりた

芝山鉄道　しばやまてつどう
0.0	東成田	ひがしなりた
2.2	芝山千代田	しばやまちよだ

旧博物館動物園駅出入口
豪華な洋館のような外観が特徴。人気漫画「こち亀」にも登場した。平成16年4月に惜しまれながら廃止。

停車駅　●スカイライナー　●特急　●普通

路線プロフィール

京成本線　京成上野―成田空港　69.3km

大正元年に現在の京成押上線の起点となる押上から市川（現・江戸川）間が開業。大正15年に成田花咲町（仮駅）、昭和6年日暮里、昭和8年上野公園（現・京成上野）まで延伸。昭和53年京成成田―成田空港（現・東成田）間開業。平成3年旧成田空港駅を東成田駅と改称し、別路線で京成成田―成田空港間を開業、京成成田―東成田間を東成田線とする。成田空港へのアクセス路線としてJRと競合する。

京成押上線　押上―青砥　5.7km

京成電鉄最初の路線として大正元年に押上―市川（現・江戸川）間が開業。その後現在の京成本線となる青砥―上野公園（現・京成上野）間が開業したことにより、押上線となった。1435mmに改軌後、昭和35年に都営地下鉄1号線（現・浅草線）、昭和43年に京浜急行電鉄と相互直通運転を開始。平成11年9月八広―四ツ木間が高架化。ほとんどの列車が都営浅草線および、京成本線または北総鉄道へ乗り入れを行う。

京成金町線　京成高砂―金町　2.5km

明治32年帝釈人車鉄道として柴又―金町間開業。大正元年に京成電気軌道が曲金（現・高砂）―柴又間を開業。大正2年に人車軌道を改軌し、曲金―金町間の運行となる。単線区間があるため朝ラッシュ時でも1時間に6往復の運転にとどまっている。日中は1時間に3往復の運転となり、金町線内で折り返す。

北総鉄道北総線　京成高砂―印旛日本医大　32.3km

千葉ニュータウン開発に合わせて昭和54年北総開発鉄道北総線として北初富―小室間開業し新京成線へ直通運転。昭和59年住宅・都市整備公団千葉ニュータウン線として小室―千葉ニュータウン中央間開業、昭和63年北総・公団線に。平成3年、京成高砂―新鎌ヶ谷開業により京成線へ直通運転開始、翌年新京成線乗り入れ廃止。印西牧の原、印旛日本医大への延伸後、平成16年、全線を北総線と改称。

京成押上線　けいせいおしあげせん

0.0	押上	おしあげ
1.1	京成曳舟	けいせいひきふね
2.3	八広	やひろ
3.1	四ツ木	よつぎ
4.6	京成立石	けいせいたていし
5.7	青砥	あおと

北総鉄道　ほくそうてつどう

0.0	京成高砂	けいせいたかさご
1.3	新柴又	しんしばまた
3.2	矢切	やぎり
4.7	北国分	きたこくぶん
6.2	秋山	あきやま
7.5	東松戸	ひがしまつど
8.9	松飛台	まつひだい
10.4	大町	おおまち
12.7	新鎌ケ谷	しんかまがや
15.8	西白井	にししろい
17.8	白井	しろい
19.8	小室	こむろ
23.8	千葉ニュータウン中央	ちばにゅーたうんちゅうおう
28.5	印西牧の原	いんざいまきのはら
32.3	印旛日本医大	いんばにほんいだい

印旛日本医大駅
テーマパークのような特徴的な外観を有し、駅内には展望台も設置（一般公開はされていない）。関東の駅100選に選出されている。

成田空港駅・空港第2ビル駅
改札外の検問所で身分証の提示を求められるなど、随所に海外との玄関口らしさがみられる駅。

山万ユーカリが丘線　やまんゆーかりがおかせん

0.0	ユーカリが丘	ゆーかりがおか
0.5	地区センター	ちくせんたー
1.0	公園	こうえん
1.9	女子大	じょしだい
2.7	中学校	ちゅうがっこう
3.5	井野	いの
4.1	公園	こうえん

おもな列車

特急 スカイライナー 
上野－成田空港。全車指定席で運行し、JRの「成田エクスプレス」と競合。AE100形

京成電鉄 
3000形 京成最新の通勤用車両

北総鉄道 
7500形 京成3000形の北総鉄道仕様車

北総鉄道 
9100形「C-flyer」（千葉ニュータウン鉄道保有）

芝山鉄道 
3600形 京成3600形を借り受けたもの

山万ユーカリが丘線 
1000形「こあら号」

芝山鉄道芝山鉄道線　東成田－芝山千代田　2.2km

空港建設に伴う地域からの要望を受けて建設され、平成14年に第三セクター方式で東成田－芝山千代田間が開業。保有路線が日本一短い鉄道として知られる。日中は40分間隔で運転され、全列車が京成線への相互直通運転を行う。芝山千代田駅前は成田空港の整備地区となっている。

山万ユーカリが丘線　ユーカリが丘－女子大－公園　4.1km

ユーカリが丘ニュータウンの開発を行う不動産会社・山万が民間初の新交通システムとして開業。昭和57年ユーカリが丘－女子大－中学校間、翌年中学校－井野－公園間開業。ラケット状の路線で、公園からは女子大、中学校、井野を経由し公園に戻る一方向のみの環状運転を行う。

Topics　空港アクセス鉄道

日本を代表する玄関口として成田空港が開港されてから、いかにして東京都心から成田までのアクセスを短縮させるかが課題でした。当初の成田新幹線計画は沿線住民の反対が根強く断念。昭和53年に京成電鉄が空港アクセス特急としてスカイライナーの運行を始め、その後新幹線の建設予定地を利用して、平成3年にJR成田線と京成電鉄の両線を延伸し成田空港内への乗り入れが実現。JRも特急成田エクスプレスの運行を開始しました。さらに平成22年には現在の北総鉄道を延伸させる形で成田新高速鉄道線が開業し、第3のルートが完成します。成田新高速鉄道では新型スカイライナーを運行。在来線最速の時速160キロで運転され、都心から成田空港までの所要時間を大幅に短縮し、最速36分で結びます。新型スカイライナー車両もすでにお目見え。便利になる成田空港アクセスに期待が高まります。

京成千葉線・千原線　新京成電鉄　東葉高速鉄道　千葉都市モノレール

船橋日大前駅
駅舎の西口は日大理工学部が設計を担当。関東の駅百選に認定された。東口はレンガと木を用いた穏やかなつくり。

鉄道模型館
上本郷駅の駅ビル2階に設置。実際の新京成電車800形、8000形の運転台を使用してNゲージの運転ができる。

おゆみ野駅
平成14年に駅舎と駅前広場の景観設計が土木学会デザイン賞優秀賞を受賞した。

京成千葉線　けいせいちばせん
- 0.0 京成津田沼　けいせいつだぬま
- 2.1 京成幕張本郷　けいせいまくはりほんごう
- 4.0 京成幕張　けいせいまくはり
- 5.3 検見川　けみがわ
- 8.1 京成稲毛　けいせいいなげ
- 9.9 みどり台　みどりだい
- 10.9 西登戸　にしのぶと
- 11.7 新千葉　しんちば
- 12.3 京成千葉　けいせいちば
- 12.9 千葉中央　ちばちゅうおう

京成千原線　けいせいちはらせん
- 0.0 千葉中央　ちばちゅうおう
- 2.5 千葉寺　ちばでら
- 4.2 大森台　おおもりだい
- 7.3 学園前　がくえんまえ
- 8.8 おゆみ野　おゆみの
- 10.9 ちはら台　ちはらだい

千葉都市モノレール1号線　ちばとしものれーるいちごうせん
- 0.0 千葉みなと　ちばみなと
- 0.7 市役所前　しやくしょまえ
- 1.5 千葉　ちば
- 2.0 栄町　さかえちょう
- 2.5 葭川公園　よしかわこうえん
- 3.2 県庁前　けんちょうまえ

千葉都市モノレール2号線　ちばとしものれーるにごうせん
- 0.0 千葉　ちば
- 1.1 千葉公園　ちばこうえん
- 1.8 作草部　さくさべ
- 2.5 天台　てんだい
- 3.4 穴川　あながわ
- 4.0 スポーツセンター　すぽーつせんたー
- 5.2 動物公園　どうぶつこうえん
- 6.2 みつわ台　みつわだい
- 7.7 都賀　つが
- 9.0 桜木　さくらぎ
- 10.2 小倉台　おぐらだい
- 11.2 千城台北　ちしろだいきた
- 12.0 千城台　ちしろだい

新京成電鉄　しんけいせいでんてつ
- 0.0 松戸　まつど
- 1.7 上本郷　かみほんごう
- 2.4 松戸新田　まつどしんでん
- 3.0 みのり台　みのりだい
- 3.8 八柱　やばしら
- 5.6 常盤平　ときわだいら
- 7.4 五香　ごこう
- 8.7 元山　もとやま
- 9.6 くぬぎ山　くぬぎやま
- 11.3 北初富　きたはつとみ
- 12.1 新鎌ヶ谷　しんかまがや
- 13.3 初富　はつとみ
- 15.4 鎌ヶ谷大仏　かまがやだいぶつ
- 16.3 二和向台　ふたわむこうだい
- 17.1 三咲　みさき
- 18.5 滝不動　たきふどう
- 19.5 高根公団　たかねこうだん
- 20.1 高根木戸　たかねきど
- 21.0 北習志野　きたならしの
- 21.7 習志野　ならしの
- 22.5 薬園台　やくえんだい
- 23.9 前原　まえばら
- 25.3 新津田沼　しんつだぬま
- 26.5 京成津田沼　けいせいつだぬま

東葉高速鉄道　とうようこうそくてつどう
- 0.0 西船橋　にしふなばし
- 2.1 東海神　ひがしかいじん
- 6.1 飯山満　はさま
- 8.1 北習志野　きたならしの
- 9.8 船橋日大前　ふなばしにちだいまえ
- 11.0 八千代緑が丘　やちよみどりがおか
- 13.8 八千代中央　やちよちゅうおう
- 15.2 村上　むらかみ
- 16.2 東葉勝田台　とうようかつただい

停車駅　○東葉快速　●普通

1:250,000

路線プロフィール

新京成電鉄 松戸－京成津田沼　26.5km

昭和4年から7年にかけて陸軍鉄道連隊演習線として津田沼－松戸駅付近が開通。戦後、旧陸軍から払い下げられ、昭和22年新京成線として新津田沼－薬園台間開業。昭和30年松戸まで延伸し全線開業。京成千葉線への直通運転を開始するが5ヵ月後に廃止。昭和54年北総開発鉄道と相互直通運転を開始するが平成4年に廃止。平成18年京成千葉線への乗り入れを再開した。路線にはトンネルが1箇所もない。

東葉高速鉄道 西船橋－東葉勝田台　16.2km

当初は営団地下鉄東西線の延伸路線として計画されたが、東京エリアから大きく逸脱することなどの理由により第三セクター路線として建設された。平成8年西船橋－東葉勝田台間が全線開業し、営団地下鉄（現・東京メトロ）東西線との相互直通運転を開始。沿線のベッドタウンから都心へのアクセスを担う通勤路線として機能。平成11年より東葉快速を運転開始。東西線だけでなく自社路線内も快速運転を行っている。

京成千葉線／千原線 京成津田沼－千葉中央　12.9km／千葉中央－ちはら台　10.9km

大正10年津田沼（現・京成津田沼）－千葉間開業。京成本線の津田沼－成田間よりも早く開業した。平成4年第三セクターによる千葉急行電鉄が千葉中央－大森台間で開業し、京成千葉線と千葉急行線は相互直通運転開始。平成7年ちはら台まで延伸。千葉急行電鉄は平成10年京成電鉄に譲渡され、京成千原線となる。平成18年、松戸－千葉中央間で新京成電鉄との直通運転を開始。新京成からの車両が京成に乗り入れるが、京成車両は新京成へは乗り入れない。

千葉都市モノレール1号線／2号線 千葉みなと－県庁前　3.2km／千葉－千城台　12.0km

昭和63年2号線がスポーツセンター－千城台間で開業。平成3年千葉まで延伸。平成7年1号線の千葉みなと－千葉間開業。平成11年1号線千葉－県庁前間が延伸開業した。1号線の千葉みなと－千葉間は接続するJR京葉線およびJR総武線・内房線・外房線、京成線との連絡線として利用客が多い。千葉市役所へのアクセスも担う。一方、1号線の千葉－県庁前間は千葉大など大学のキャンパスや千葉競輪場、千葉市動物公園などの施設が近いが、同区間で頻発する路線バスの利便性が勝るため、利用客が伸び悩んでいる。

おもな列車

新京成電鉄 — 8800形。新京成の主力。6両編成は京成千葉線にも乗り入れ

新京成電鉄 — 8900形。新京成初のステンレス車両。8両編成

東葉高速鉄道 — 2000系。オレンジのラインが特徴。10両編成

京成千葉線・千原線 — 3500形。ステンレス車体。千葉線・千原線では4・6両で使用

千葉都市モノレール — 1000形。開業時から使用されている車両。2両編成

千葉都市モノレール — URBAN FLYER 0-type。現在、導入計画が進行中

Rendering ©DSH2007

絶景＆撮影ポイント

① 松戸－上本郷（新京成電鉄）
松戸、上本郷の中間付近にある踏切ではカーブしながら渡る車両を、迫力あるアングルで撮影できる。

② 八千代中央駅（東葉高速線）
カーブを通過してくる下り列車を撮影可能。東葉高速の車両だけでなく乗り入れてくる東京メトロの車両も撮影可。

③ 幕張本郷駅（京成千葉線）
JR総武線と並走し、周辺にはJR東日本の幕張車両センターがある。

④ 千葉－千葉公園（千葉モノレール）
千葉公園駅では千葉公園から快走する懸垂式モノレールを撮影できる。千葉駅ではホームで間近に迫るモノレールを見られる。

Topics　前身は鉄道連隊

新京成電鉄の前身は旧陸軍の鉄道連隊でした。戦時中まで様々な形の線路を敷き、そこで演習が行われていましたが、戦後不要になったことから、民間の鉄道会社への売却が行われます。西武鉄道も名乗りをあげましたが、最終的には京成電鉄に払い下げられました。松戸と津田沼の間をこれほど蛇行する路線となっているのは、そうした旧陸軍路線の名残があるためです。また、新京成線は開業後に何度も軌間（線路の幅）を変更していることも特筆すべき点と言えるでしょう。旧陸軍の演習線は軌間が600mmで、鉄道線としては極端に狭いものでした。新京成線の開業にあたってこれを国鉄などと同じ1067mmに改軌しますが、その後京成線への乗り入れを考慮して1372mmに変更。さらに、京成線が都営地下鉄との相互乗り入れにあたって1435mmへの改軌を決めたことで、新京成線も二度目の改軌を余儀なくされました。

JR総武本線　JR成田線
銚子電鉄

両国駅
両国駅はかつて千葉方面へ向かう長距離列車の始発駅だった。当時の特急用ホームが現在のホームの北側に残っている。

停車駅　●特急　●快速・エアポート快速　●普通

総武本線　そうぶほんせん

km	駅	よみ
0.0	東京	とうきょう
1.2	新日本橋	しんにほんばし
2.3	馬喰町	ばくろちょう
4.8	錦糸町	きんしちょう
6.3	亀戸	かめいど
8.2	平井	ひらい
10.0	新小岩	しんこいわ
12.8	小岩	こいわ
15.4	市川	いちかわ
17.4	本八幡	もとやわた
19.0	下総中山	しもうさなかやま
20.6	西船橋	にしふなばし
23.2	船橋	ふなばし
25.0	東船橋	ひがしふなばし
26.7	津田沼	つだぬま
29.6	幕張本郷	まくはりほんごう
31.6	幕張	まくはり
33.2	新検見川	しんけみがわ
35.9	稲毛	いなげ
37.8	西千葉	にしちば
39.2	千葉	ちば
40.1	東千葉	ひがしちば
43.4	都賀	つが
46.9	四街道	よつかいどう
51.1	物井	ものい
55.3	佐倉	さくら
59.3	南酒々井	みなみしすい
62.2	榎戸	えのきど
65.9	八街	やちまた
71.7	日向	ひゅうが
76.9	成東	なるとう
82.5	松尾	まつお
86.8	横芝	よこしば
90.6	飯倉	いいぐら
93.7	八日市場	ようかいちば
98.8	干潟	ひがた
103.6	旭	あさひ
106.3	飯岡	いいおか
109.2	倉橋	くらはし
111.8	猿田	さるだ
117.3	松岸	まつぎし
120.5	銚子	ちょうし

成田線　なりたせん

km	駅	よみ
0.0	御茶ノ水	おちゃのみず
0.9	秋葉原	あきはばら
2.0	浅草橋	あさくさばし
2.8	両国	りょうごく
4.3	(錦糸町)	
0.0	佐倉	さくら
6.4	酒々井	しすい
13.1	成田	なりた
20.0	久住	くずみ
25.5	滑河	なめがわ
31.6	下総神崎	しもうさこうざき
36.1	大戸	おおと
40.0	佐原	さわら
43.6	香取	かとり
47.5	水郷	すいごう
52.7	小見川	おみがわ
57.7	笹川	ささがわ
62.9	下総橘	しもうさたちばな
66.2	下総豊里	しもうさとよさと
71.0	椎柴	しいしば

路線プロフィール

JR総武本線　東京-銚子　120.5km／御茶ノ水-錦糸町　4.3km　狭軌　単複　電

明治27年7月総武鉄道として市川-佐倉間開業。同年12月本所（現・錦糸町）、明治30年銚子まで延伸。明治40年国有化し総武本線となる。昭和7年御茶ノ水-両国間開業。昭和47年東京-錦糸町間開業。現在、東京-千葉間の総武快速線、御茶ノ水-千葉間の総武緩行線（各駅停車）、千葉-銚子間の3系統に分かれて運転されており、総武快速線は横須賀線と、総武緩行線は中央緩行線と直通運転を実施。また、千葉-銚子間は成東経由と佐倉経由があり、成田線に入り成田空港へ向かう快速なども運転されている。

JR成田線　佐倉-松岸　75.4km／成田-我孫子　32.9km／成田-成田空港　10.8km　狭軌　単複　電

明治30年1月成田鉄道により佐倉-成田間開業。同年12月成田-滑河間開業。明治34年我孫子まで延伸。大正9年国有化され、佐倉-佐原間および成田-我孫子間が成田線となる。東京・下町から成田山新勝寺への参詣客を運ぶ路線として計画、運行されてきたが、成田空港が開業し、平成3年成田-成田空港間に支線が開業すると、空港へのアクセス路線としての役割も担うようになる。成田-我孫子間は全て各駅停車として運行され、一部は常磐線に乗り入れ上野まで直通。

銚子電鉄　銚子-外川　6.4km　狭軌　単　電

大正2年銚子遊覧鉄道により銚子-犬吠間開業。経営難や第一次大戦による鉄の高騰などの影響で大正6年に廃線。その後旅館の送迎バスが走るなどしたが、地元住民の要望に応えて銚子鉄道が設立され、大正12年銚子-外川間全線開業。当時漁港のあった外川まで開業された。国鉄線の快速電車が乗り入れていた時期もあった。平成7年よりワンマン運転開始。現在は1時間に2～3往復。基本的に1両編成で運転。平成15年、資金不足で鉄道車両や踏切等の法定検査が行えず、廃線の危機に瀕したが、関係者の努力と全国の鉄道ファンの支援により、危機を脱した。

おもな列車

特急 しおさい
東京ー佐倉・成東・銚子。1日8往復運転。E257系500番台・255系

特急 成田エクスプレス
横浜・新宿・池袋ー成田空港。東京ー成田空港は1時間2往復。253系「N'EX」

特急 あやめ
東京ー成田・鹿島神宮・銚子。下り3本、上り2本運転。E257系500番台

成田線
113系。青と白のスカ色。4・6両編成

銚子電鉄
デハ1000形。元営団地下鉄銀座線車両

銚子駅
総武線の電車を降りると周囲の醤油工場の匂いが広がる。銚子電鉄線のホームにはミニ風車が設置されている。

犬吠駅
ポルトガル風の白壁が美しい駅舎の入り口付近に、モハ501形の車体が設置されている。野ざらしになっており状態は悪い。

Topics 銚子電鉄

距離	駅名	よみ
75.4	(松岸)	
0.0	(成田)	
5.1	下総松崎	しもうさまんざき
9.7	安食	あじき
14.6	小林	こばやし
18.9	木下	きおろし
20.8	布佐	ふさ
24.0	新木	あらき
26.6	湖北	こほく
29.5	東我孫子	ひがしあびこ
32.9	(我孫子)	

距離	駅名	よみ
0.0	(成田)	
9.8	空港第2ビル	くうこうだいにびる
10.8	成田空港	なりたくうこう

銚子電鉄 ちょうしでんてつ

距離	駅名	よみ
0.0	銚子	ちょうし
0.5	仲ノ町	なかのちょう
1.1	観音	かんのん
1.8	本銚子	もとちょうし
2.7	笠上黒生	かさがみくろはえ
3.2	西海鹿島	にしあしかじま
3.6	海鹿島	あしかじま
4.7	君ヶ浜	きみがはま
5.5	犬吠	いぬぼう
6.4	外川	とかわ

廃線
- 成田鉄道多古線（30.2km）
  成田ー八日市場　1946年廃止

絶景＆撮影ポイント

① 佐倉ー物井（総武本線）
通称「モノサク」と呼ばれる有名撮影スポット。田園風景のカーブを走る車両を撮影できるポイントが多くある。

② 下総神崎ー大戸（成田線）
広々とした田んぼの中を走る列車の編成写真を撮影できる。長い編成の貨物列車が人気の被写体。

③ 木下ー小林（成田線）
一面に田園風景が広がる。成田山へ向かう初詣列車を撮影するポイントとして有名。すぐ近くには利根川が流れている。

④ 仲ノ町駅（銚子電鉄）
レトロな駅舎と車両基地があり、休憩中の車両の撮影も可能。駅舎には販売用のぬれせんべいの箱が所狭しと積み上げられている。

Topics ぬれせんが鉄道を支える

銚子電鉄は旧経営陣による横領事件をきっかけに、車両点検や枕木交換、老朽化する踏切など設備の更新にかかる費用が捻出できず、廃線の危機に瀕しました。そこで立ち上がったのが、沿線住民および地元の商工会議所、そして銚子電鉄の職員たちです。彼らが注目したのは、沿線の名物として元々電鉄が副業で販売を行っていたぬれせんべいです。オンラインショップを設け、ネット上などでせんべいの購入を呼び掛けたところ、全国から注目を浴び、飛ぶように売れました。市民団体によるサポート活動も浸透し、銚子電鉄は無事に枕木交換や設備改善、車両点検を実施、存続することができました。まさに、ぬれせんべいと銚子電鉄を愛する人々が銚子電鉄を救ったと言えるでしょう。

JR内房線　JR外房線
JR東金線

廃線
- 九十九里鉄道（8.5km）
  東金－上総片貝　1961年廃止

東金線 とうがねせん
km	駅	よみ
0.0	大網	おおあみ
3.3	福俵	ふくたわら
5.8	東金	とうがね
9.6	求名	ぐみょう
13.8	成東	なるとう

停車駅 ● 特急　○ 普通
1：600,000　0　10　20km

和田浦駅
関東の駅百選に認定。和田浦は捕鯨の拠点であり、駅舎にはクジラに関する資料展示などがされている。

山生橋梁
大正9年に建設され、今も現役で使用されている。

館山駅
スペイン風のユニークな駅舎が関東の駅百選に認定されている。

内房線 うちぼうせん
km	駅	よみ
0.0	蘇我	そが
3.4	浜野	はまの
5.6	八幡宿	やわたじゅく
9.3	五井	ごい
15.1	姉ヶ崎	あねがさき
20.5	長浦	ながうら
24.4	袖ヶ浦	そでがうら
27.5	巌根	いわね
31.3	木更津	きさらづ
38.3	君津	きみつ
42.0	青堀	あおほり
46.6	大貫	おおぬき
50.7	佐貫町	さぬきまち
55.1	上総湊	かずさみなと
60.2	竹岡	たけおか
64.0	浜金谷	はまかなや
67.5	保田	ほた
70.8	安房勝山	あわかつやま
73.7	岩井	いわい
79.8	富浦	とみうら
82.1	那古船形	なこふなかた
85.9	館山	たてやま
91.7	九重	ここのえ
96.6	千倉	ちくら
98.6	千歳	ちとせ
102.2	南三原	みなみはら
106.8	和田浦	わだうら
111.4	江見	えみ
116.0	太海	ふとみ
119.4	安房鴨川	あわかもがわ

外房線 そとぼうせん
km	駅	よみ
0.0	千葉	ちば
1.4	本千葉	ほんちば
3.8	蘇我	そが
8.8	鎌取	かまとり
12.6	誉田	ほんだ
18.1	土気	とけ
22.9	大網	おおあみ
25.3	永田	ながた
27.7	本納	ほんのう
31.4	新茂原	しんもばら
34.3	茂原	もばら
38.9	八積	やつみ
43.0	上総一ノ宮	かずさいちのみや
46.2	東浪見	とらみ
49.3	太東	たいとう
52.1	長者町	ちょうじゃまち
53.7	三門	みかど
57.2	大原	おおはら
60.5	浪花	なみはな
65.4	御宿	おんじゅく
70.9	勝浦	かつうら
74.5	鵜原	うばら
77.2	上総興津	かずさおきつ
80.5	行川アイランド	なめがわあいらんど
84.3	安房小湊	あわこみなと
87.7	安房天津	あわあまつ
93.3	安房鴨川	あわかもがわ

路線プロフィール

JR外房線　千葉－安房鴨川　93.3km
狭軌 単複 電

明治29年1月房総鉄道として蘇我－大網間開業。同年2月千葉－蘇我間延伸。明治30年4月大網－一ノ宮（現・上総一ノ宮）間延伸。明治40年9月国有化し明治42年房総線となる。昭和8年4月安房鴨川まで延伸し全線開業。昭和47年7月外房線に改称。現在は、京葉線から特急などが乗り入れるほか、総武快速線から直通する快速が上総一ノ宮まで運転される。普通列車のほとんどが千葉発着。上総一ノ宮までの沿線はベッドタウンとしての開発が進み、千葉や都心方面への通勤客も多い。

JR内房線　蘇我－安房鴨川　119.4km
狭軌 単複 電

明治45年3月木更津線として蘇我－姉ヶ崎間開業。大正元年8月木更津まで延伸。大正8年5月安房北条（現・館山）まで延伸し北条線に改称。大正14年7月安房鴨川まで延伸し全線開業。昭和47年7月内房線に改称。現在は、京葉線から特急などが乗り入れるほか、総武快速線から快速が君津まで直通運転される。普通列車のほとんどが千葉発着。かつて外房線と内房線の両線を直通する列車もあったが、現在はそれぞれの線が安房鴨川で折り返している。

JR東金線　大網－成東　13.8km
狭軌 単 電

明治33年6月房総鉄道により大網－東金間開業。明治40年国有化。明治42年10月路線名が東金線に決まる。明治44年11月東金－成東間が延伸し全線開業。昭和48年9月に全線が電化される。大網－成東の線内折り返しや外房線経由で千葉発着の普通列車があり、1時間に1～2往復運転されるほか、東京から京葉線・外房線経由で成東まで乗り入れる通勤快速（土曜・休日は快速）も1往復運転されている。近年は自家用車やバスへシフトし、利用者が減少傾向にある。

おもな列車

特急 わかしお
東京－上総一ノ宮・安房鴨川。1日16往復運転。255系・E257系500番台

特急 さざなみ
東京－君津・館山。定期列車は1日8往復。255系・E257系500番台

普通 外房線・内房線・東金線
113系。4両編成から最長10両編成で運転

普通 外房線・内房線・東金線
211系。ロングシートの3000番台車

絶景＆撮影ポイント

1. **八積－上総一ノ宮（外房線）** カーブを走行する下り列車の車体正面が撮影できる。上総一ノ宮からは太平洋岸の海水浴場が近い。
2. **安房天津－安房鴨川（外房線）** 外房線をまたぐ国道の高台から、太平洋をバックに走行する車両を撮影できる。安房鴨川は外房、内房両線の終点駅。
3. **上総湊－竹岡（内房線）** 上総湊駅付近の陸橋から走行する車両が撮影可能。この区間は東京湾沿いを走るので海をバックにした写真も撮れる。
4. **福俵－大網（東金線）** 田んぼの中を突っ切る単線の線路と車両が撮影できる。大網駅の東金線ホームは外房線とやや離れたところに設置されている。

Topics　昔は2回も方向を変えた外房線

かつて両国駅から出発していた安房鴨川行の外房線の列車は、千葉駅と大網駅で2回も進行方向を変えていました。山岳地帯にあるわけでもないこれらの駅でなぜスイッチバックをする必要があったのでしょうか。かつての千葉駅は現在の東千葉駅（総武本線）付近にあり、外房線は西向きに分岐していました。一方、大網駅は現在より東側の東金線の線路上にあり、外房線は折り返す形で線路が敷設されていました。これは路線建設時のなるべく中心部に駅を近付けるという経緯があったためです。しかし、列車の運行には不便なことが多いため、千葉駅は昭和38年に現在の位置に移設、大網駅も昭和47年の外房線の電化とともに現在地に移設され、スイッチバックは解消されました。大網駅付近には現在も当時の線路跡が残っています。

小湊鐵道　いすみ鉄道
JR久留里線

上総鶴舞駅
典型的なローカル線の木造駅舎が人気。テレビドラマやCMのロケ地として何度も使用されている。

横田駅 ❶
東京近郊で唯一、単線で正面衝突を防ぐためのタブレット＝通票の交換が行われる。

大多喜駅
大多喜城が最寄り。お城を模した駅舎や駅前のガス灯などが評価され関東の駅百選に認定されている。

路線プロフィール

JR久留里線　木更津－上総亀山　32.2km
　狭軌　単

大正元年千葉県営鉄道久留里線として木更津－久留里間開業。それまで水運に頼っていた物資運搬を担う路線として開業した。大正12年国有化。元々は軌間762mmの軽便鉄道であったが、昭和5年に1067mmに改軌される。昭和11年に久留里－上総亀山間が延伸され全線開業。当初は大多喜を経て大原まで延伸される予定だったが、戦時中に久留里－上総亀山間が一時休業となった後営業再開し、その後の延伸は断念された。1時間に約1本運転され、のどかなローカル線として観光客が訪れる。現在もタブレット交換が行われている。

小湊鐵道　五井－上総中野　39.1km
　狭軌　単

大正14年五井－里見間開業。大正15年月崎まで延伸。昭和3年上総中野まで延伸し全線開業。現在の鴨川市にあたる小湊町までの開通を目指して着工されたが、昭和9年に国鉄木原線（現・いすみ鉄道）が開通したため、上総中野以東の延伸は見送られた。内房線に乗り入れ千葉－養老渓谷間の直通列車が運行されたこともある。五井－上総牛久間は沿線の通勤、通学客の利用が多い。ほとんどの列車が途中の上総牛久止まりで、また養老渓谷止まりの列車もあり、終点・上総中野まで走る列車は2時間に1本程度。

いすみ鉄道　大原－上総中野　26.8km
　狭軌　単

昭和5年国鉄木原線として大原－大多喜間開業。昭和8年総元まで、翌9年上総中野間まで延伸し全線開業。国鉄久留里線と結ぶ計画があったが実現できず、上総中野までとなった。合理化のために一時期レールバスを導入するなどしたが、乗客の増加が見込めず廃止対象路線となり、昭和63年に第三セクターいすみ鉄道に転換された。転換後も慢性的な赤字状態が続き再び廃止の話も出たが、沿線の高校に通う利用者を中心に存続運動が起き、経営再建に向けて民間から社長を公募するなど赤字脱却に取り組んでいる。

久留里線　くるりせん

km	駅	よみ
0.0	木更津	きさらづ
2.6	祇園	ぎおん
4.2	上総清川	かずさきよかわ
6.1	東清川	ひがしきよかわ
9.3	横田	よこた
10.8	東横田	ひがしよこた
13.9	馬来田	まくた
15.2	下郡	しもごおり
18.2	小櫃	おびつ
20.0	俵田	たわらだ
22.6	久留里	くるり
25.7	平山	ひらやま
28.3	上総松丘	かずさまつおか
32.2	上総亀山	かずさかめやま

小湊鐵道　こみなとてつどう

km	駅	よみ
0.0	五井	ごい
2.5	上総村上	かずさむらかみ
5.4	海士有木	あまありき
7.2	上総三又	かずさみつまた
8.6	上総山田	かずさやまだ
10.6	光風台	こうふうだい
12.4	馬立	うまたて
16.4	上総牛久	かずさうしく
18.5	上総川間	かずさかわま
20.0	上総鶴舞	かずさつるまい
22.0	上総久保	かずさくぼ
23.8	高滝	たかたき
25.7	里見	さとみ
27.5	飯給	いたぶ
29.8	月崎	つきざき
32.3	上総大久保	かずさおおくぼ
34.9	養老渓谷	ようろうけいこく
39.1	上総中野	かずさなかの

いすみ鉄道　いすみてつどう

km	駅	よみ
0.0	大原	おおはら
1.7	西大原	にしおおはら
5.2	上総東	かずさあずま
7.4	新田野	にったの
8.8	国吉	くによし
12.0	上総中川	かずさなかがわ
14.8	城見ケ丘	しろみがおか
15.9	大多喜	おおたき
18.2	小谷松	こやまつ
19.6	東総元	ひがしふさもと
20.8	三育学院大久我原	さんいくがくいんだいがくくがはら
22.2	総元	ふさもと
25.1	西畑	にしはた
26.8	上総中野	かずさなかの

おもな列車

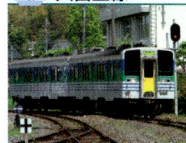

普通　久留里線
キハ38形　以前は八高線で走っていた車両

普通　久留里線
キハ37形　全国でここでしか見られない

普通　久留里線
キハ30形　かつての国鉄標準塗装の車両も登場

普通　小湊鐵道
キハ200形　なつかしさ漂うクリームと赤のツートンカラー

普通　いすみ鉄道
いすみ200形　黄色にグリーンの帯の「なの花」色

絶景＆撮影ポイント

① 横田駅（久留里線） 東京近郊でタブレットの交換が見られるのは、この駅と久留里駅だけ。木造駅舎をバックに停車中の車両を撮影するのもいい。

② 上総大久保－月崎（小湊鐵道） 古い駅舎と単線を走るディーゼル車が懐かしい田舎の風景を演出。上総大久保駅前は桜が美しく、カメラを持つ人でにぎわう。

③ 上総中野駅（小湊鐵道・いすみ鉄道） 1日に数回、両線の車両が並ぶことも。両線は現在相互乗り入れを行っていないが、線路はつながっている。

④ 新田野－上総東（いすみ鉄道） またの名を「菜の花鉄道」と言うほど、ほぼ全線にわたり線路沿いに菜の花が植えられ、3月から4月は真黄色に染まる。

Topics　幻に終わった房総横断鉄道

いすみ鉄道の前身は木原線という名前の路線でした。その名は、房総の西端・木更津と東端・大原から一文字ずつとったものです。つまり、木原線は房総を横断させる構想があり、現在の久留里線と接続させる予定だったのですが、第二次大戦などの影響により幻となりました。また、小湊鐵道の「小湊」名は、外房・安房小湊にある誕生寺への参拝客輸送を目的に、小湊町（現・鴨川市）を目指して着工されたことがその名の由来です。こちらも資金難などの理由で断念されました。そして、ともに別のルートで房総横断を目指していたいすみ鉄道（旧木原線）と上総中野で接続されています。いすみ鉄道は2008年、「幻の木原線号」と題して、上総中野－上総亀山間をバスで結ぶツアーイベントを実施しました。将来的にはこの区間を軌道・道路ともに走行可能なDMVで結ぶ構想もあり、実現が期待されています。

JR常磐線①（日暮里〜水戸）　流鉄流山線
つくばエクスプレス

1:600,000

停車駅 ◉特急　◉快速　◉普通

つくばエクスプレス
km	駅	よみ
0.0	秋葉原	あきはばら
1.6	新御徒町	しんおかちまち
3.1	浅草	あさくさ
5.6	南千住	みなみせんじゅ
7.5	北千住	きたせんじゅ
10.6	青井	あおい
12.0	六町	ろくちょう
15.6	八潮	やしお
19.3	三郷中央	みさとちゅうおう
22.1	南流山	みなみながれやま
24.3	流山セントラルパーク	ながれやませんとらるぱーく
26.5	流山おおたかの森	ながれやまおおたかのもり
30.0	柏の葉キャンパス	かしわのはきゃんぱす
32.0	柏たなか	かしわたなか
37.7	守谷	もりや
44.3	みらい平	みらいだいら
48.6	みどりの	みどりの
51.8	万博記念公園	ばんぱくきねんこうえん
55.6	研究学園	けんきゅうがくえん
58.3	つくば	つくば

廃線
● 筑波鉄道（40.1km）
　土浦〜岩瀬　1987年廃止

つくば駅
筑波研究学園都市の「未来」をイメージした斬新なデザインの駅舎や駅構内が見どころ。

流山駅
関東の駅百選に認定。流山線の終点で、車庫もある。駅近くに近藤勇の陣屋跡がある。

流山市立博物館
蒸気機関車の写真や白みりん発祥の地である流山市の史料が展示されている。

常磐線① じょうばんせん
km	駅	よみ
2.2	上野	うえの
0.0	日暮里	にっぽり
1.2	三河島	みかわしま
3.4	南千住	みなみせんじゅ
5.2	北千住	きたせんじゅ
7.7	綾瀬	あやせ
9.9	亀有	かめあり
11.8	金町	かなまち
15.7	松戸	まつど
17.8	北松戸	きたまつど
19.1	馬橋	まばし
20.7	新松戸	しんまつど
22.0	北小金	きたこがね
24.5	南柏	みなみかしわ
26.9	柏	かしわ
29.2	北柏	きたかしわ
31.3	我孫子	あびこ
34.0	天王台	てんのうだい
37.4	取手	とりで
43.4	藤代	ふじしろ
45.5	佐貫	さぬき
50.6	牛久	うしく
54.5	ひたち野うしく	ひたちのうしく
57.2	荒川沖	あらかわおき
63.8	土浦	つちうら
69.9	神立	かんだつ
76.4	高浜	たかはま
80.0	石岡	いしおか
86.5	羽鳥	はとり
91.9	岩間	いわま
98.8	友部	ともべ
103.5	内原	うちはら
109.1	赤塚	あかつか
113.4	偕楽園（臨）	かいらくえん
115.3	水戸	みと

↓常磐線② P116へ

流鉄流山線 りゅうてつながれやません
km	駅	よみ
0.0	馬橋	まばし
1.7	幸谷	こうや
2.8	小金城趾	こがねじょうし
3.6	鰭ヶ崎	ひれがさき
5.1	平和台	へいわだい
5.7	流山	ながれやま

1:250,000

路線プロフィール

JR常磐線　日暮里－水戸　115.3km（全線343.1km）　狭軌　複　電

明治22年水戸鉄道が水戸－小山間を開業。明治28年日本鉄道が土浦－友部間を開業。明治29年田端－土浦間が開業し、東京・水戸両市が結ばれた。明治38年三河島－日暮里間開業。明治39年国有化、昭和46年綾瀬－我孫子間が複々線化され、上野－取手以遠の中距離列車である常磐線および上野－取手間の快速線と、営団地下鉄（現・東京メトロ）千代田線と相互乗り入れを行う綾瀬－取手間の緩行線に分離。平成17年につくばエクスプレスが競合路線として開業したことから、特別快速を設定するなどし対抗。平成19年より新型車両E531系にグリーン車が導入された。

つくばエクスプレス　秋葉原－つくば　58.3km　狭軌　複　電

常磐線の混雑緩和および筑波研究学園都市へのアクセスを担う路線として「常磐新線」の構想が1980年代より起こる。平成3年首都圏新都市鉄道が設立され、その後常磐新線の工事認可が下り、着工。平成13年2月路線名が「つくばエクスプレス（TX）」に決定。平成17年8月秋葉原－つくば間全線開業。快速・区間快速・普通の3種類の列車が運転されている。全線でATO＝自動列車運転装置による自動運転およびワンマン運転を実施している。列車内無線LAN接続サービスの導入を行っている。

流鉄流山線　馬橋－流山　5.7km　狭軌　単　電

大正5年流山軽便鉄道として馬橋－流山間全線開業。みりんの生産がさかんな千葉県流山から東京への輸送ルートとして開通された。以前は総武流山線という名称を使用していたが、平成20年8月、流鉄への社名変更と同時に流山線に改称した。1時間3～4往復運転。車両はすべて西武鉄道線から譲渡されたもので、それぞれの車両に「若葉」「流星」「青空」などの愛称がつき、異なる塗装が施されている。都心直結のつくばエクスプレスの開業の影響により近年は利用客が減少している。

おもな列車

特急 スーパーひたち
上野－いわき・原ノ町・仙台。1日15往復。福島、仙台方面への長距離輸送を担う。651系

特急 フレッシュひたち
上野－土浦・勝田・高萩・いわき。1日22往復。スーパーひたちより茨城県内の停車駅数が多い。651系・E653系

普通 常磐線
E531系。4・5号車に2階建グリーン車を連結。朝夕を中心に15両編成で運転

普通 つくばエクスプレス
TX-2000系。守谷以北に乗り入れ可能な交直流車

普通 若葉（流鉄）
3000形。元西武101系。3両編成

普通 青空（流鉄）
2000形。元西武801系。2両編成のワンマン車

絶景＆撮影ポイント

① **北松戸－馬橋（常磐線）** 特急車両から通勤車両、貨物車両に至るまでさまざまな種類の車両をきれいに撮れる撮影ポイント。

② **偕楽園（臨）－水戸（常磐線）** 仙波湖と偕楽園の間を走る区間。とくに梅の季節は美しく、梅の花をバックに常磐線の列車を撮影することもできる。

③ **流山セントラルパーク－南流山（つくばエクスプレス）** 沿線は地下区間や高架区間がほとんどで、駅にはホームドアが設置されているため、跨線橋が数少ない撮影ポイントとなる。

④ **幸谷－小金城趾（流山線）** 住宅街を駆け抜ける流山線が撮影できる。小金城趾駅では上下線の交換が可能となっており、2編成の並びが撮れる。

Topics　研究都市への高速新線

つくばエクスプレスは、茨城から東京への大動脈である常磐線の混雑緩和を目指すとともに、筑波研究学園都市へのアクセスを担う新路線として構想されました。その開通にあたっては、高速化と輸送力の強化が重視されました。高速化を図るために、カーブをなるべく減らしたルートを採用したほか、全線が地下または高架を走るので、踏切がありません。最高時速は130kmで、秋葉原－つくば間およそ60kmの道のりを最速45分で結びます。また、つくばエクスプレスはJR以外の鉄道事業者では唯一、直流と交流の二区間にまたがって運行されます。これは茨城・石岡市にある気象庁地磁気観測所への影響を考慮して守谷以北が交流電化されているためです。

鹿島臨海鉄道大洗海岸線
JR鹿島線　ひたちなか海浜鉄道

1 : 360,000

ひたちなか海浜鉄道湊線
ひたちなかかいひんてつどうみなとせん

km	駅	よみ
0.0	勝田	かつた
0.6	日工前	にっこうまえ
1.8	金上	かねあげ
4.8	中根	なかね
8.2	那珂湊	なかみなと
9.6	殿山	とのやま
10.8	平磯	ひらいそ
13.3	磯崎	いそざき
14.3	阿字ヶ浦	あじがうら

廃線
- 鹿島鉄道（26.9km）
  石岡－鉾田　2007年廃止
- 茨城交通水浜線（18.0km）
  上水戸－水戸駅前　1965年廃止
  水戸駅前－大洗　1966年廃止
- 茨城交通茨城線（25.2km）
  赤塚－御前山　1966～1971年廃止

鹿島臨海鉄道大洗鹿島線
かしまりんかいてつどうおおあらいかしません

km	駅	よみ
0.0	水戸	みと
3.8	東水戸	ひがしみと
8.3	常澄	つねずみ
11.6	大洗	おおあらい
18.0	涸沼	ひぬま
22.8	鹿島旭	かしまあさひ
26.7	徳宿	とくしゅく
31.0	新鉾田	しんほこた
34.9	北浦湖畔	きたうらこはん
39.0	大洋	たいよう
43.1	鹿島灘	かしまなだ
46.1	鹿島大野	かしまおおの
48.4	長者ヶ浜潮騒はまなす公園前	ちょうじゃがはましおさいはまなすこうえんまえ
50.1	荒野台	こうやだい
53.0	鹿島サッカースタジアム	かしまさっかーすたじあむ

鹿島線　かしません

km	駅	よみ
0.0	香取	かとり
3.0	十二橋	じゅうにきょう
5.2	潮来	いたこ
10.4	延方	のぶかた
14.2	鹿島神宮	かしまじんぐう
17.4	鹿島サッカースタジアム	かしまさっかーすたじあむ

鉾田駅跡
関東の駅百選に選定後、廃線となった。駅舎は現在、バスターミナルとして使用されている。

鹿島大野駅
ヨットのマストを模したユニークな駅舎。関東の駅百選に認定。鹿島灘が近い。

長者ヶ浜潮騒はまなす公園前駅
日本一長い駅名として知られる。ただし地元の利用者は地名をとって「角折（つのおれ）駅」と呼んでいる。

路線プロフィール

JR鹿島線 香取－鹿島サッカースタジアム 17.4km 　狭軌 単 電

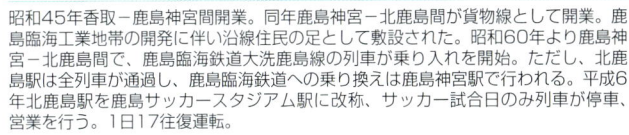

昭和45年香取－鹿島神宮間開業。同年鹿島神宮－北鹿島間が貨物線として開業。鹿島臨海工業地帯の開発に伴い沿線住民の足として敷設された。昭和60年より鹿島神宮－北鹿島間で、鹿島臨海鉄道大洗鹿島線の列車が乗り入れを開始。ただし、北鹿島駅は全列車が通過し、鹿島臨海鉄道への乗り換えは鹿島神宮駅で行われる。平成6年北鹿島駅を鹿島サッカースタジアム駅に改称、サッカー試合日のみ列車が停車、営業を行う。1日17往復運転。

鹿島臨海鉄道大洗鹿島線 水戸－鹿島サッカースタジアム 53.0km 　狭軌 単

昭和45年、貨物専用の鉄道として北鹿島（現・鹿島サッカースタジアム）－奥野谷浜間を開業。その後日本鉄道として建設が進んでいた北鹿島－水戸間を引き受け、昭和60年より旅客営業を開始。水戸への通勤、通学客や大洗などへの観光客を運ぶ。単線で非電化のローカル線だが、沿線の利用客が多く、水戸－大洗間では1時間に2～3往復運転される。サッカースタジアムでの試合開催日には鹿島サッカースタジアム駅に停車する。なお、貨物専用の鹿島臨港線は現在も営業中である。

ひたちなか海浜鉄道湊線 勝田－阿字ヶ浦 14.3km 　狭軌 単

大正2年、湊鉄道として勝田－那珂湊間開業。大正13年に磯崎まで、昭和3年阿字ヶ浦まで延伸し全線開業。その後茨城交通湊線となる。海水浴シーズンには急行列車が上野駅まで運転されるなどにぎわったが、沿線の過疎化などにより乗客が減少。平成17年には平成20年3月をもって廃線すると発表されたが、地元・ひたちなか市や茨城県などによる第三セクター運営をひきつぐことを決定。平成20年4月よりひたちなか海浜鉄道湊線として営業開始。1時間に1～2往復運転。

おもな列車

特急 あやめ 
東京－鹿島神宮。総武本線、成田線、鹿島線を経由し、1日1往復。E257系500番台。佐原－鹿島神宮間は普通列車。

普通 ひたちなか海浜鉄道 
旧国鉄キハ20形。水島臨海鉄道を経てやってきた車両。ツートンカラーの旧国鉄色で活躍中

普通 ひたちなか海浜鉄道 
キハ22形車両が現役で走る貴重な路線。北海道の羽幌炭礦鉄道廃止後、同線へ。キハ22 2は、クリームとブルーのツートンカラー

普通 鹿島線 
113系。鹿島線では4両編成で運転

普通 大洗鹿島線 
6000形。大洗鹿島線の全列車に使用。ワンマン運転

普通 ひたちなか海浜鉄道 
キハ3710形 形式名は「みなと」の語呂合わせ。ワンマン車

絶景＆撮影ポイント

1. **延方－鹿島神宮**（鹿島線）MAP
北浦を長い橋で渡る。長い貨物列車もすっきりと写真に収められる有名な撮影ポイント。

2. **北浦湖畔駅**（大洗鹿島線）MAP
駅名の通り、北浦が近くまで迫る。駅ホームから、北浦の水面をバックに単線を走るディーゼルカーが見える。

3. **阿字ヶ浦－磯崎**（ひたちなか海浜鉄道）MAP
ローカル線の風情が漂うのどかな風景が広がる。CM撮影にもよく使われる、人気の撮影スポットだ。

4. **金上－中根**（ひたちなか海浜鉄道）MAP
中根駅付近は、水田の中を走り、のどかなローカル線らしい写真が撮れる。両駅の中間付近では林を抜けていき、緑の中を走る列車が撮れる。

Topics 水郷をゆく

JR鹿島線が走る利根川下流や霞ヶ浦を中心とした低湿地帯は、いわゆる「水郷」と呼ばれる地域で、潮来、佐原などは江戸時代には舟運で栄えました。昭和に入ると治水対策として干拓などの土地改良が行われますが、水郷の美しさはそのまま残り、周辺は水郷筑波国定公園に指定されました。湖畔や沼地の水面の美しさはもちろんのこと、アヤメやショウブなどの水生植物が広がり、開花期の5月下旬～6月下旬は特に訪れる人の目を楽しませてくれます。カッパ舟で行く十二橋めぐりも一興。

関東鉄道常総線・竜ヶ崎線 真岡鐵道

停車駅 ○快速 ○普通

真岡駅
駅舎がSLを模したデザインになっており、関東の駅百選に選定。駅内にSL館があり、関連グッズの販売も。

騰波ノ江駅
昭和初期の木造駅舎が残り、関東の駅百選にも選ばれたが、老朽化のため駅舎は改築された。

新守谷駅
常総ニュータウン北守谷地区の東端にあり、周囲の景観と調和した赤レンガの駅舎となっている。かつては駅構内に図書館があった。

廃線
● 常総筑波鉄道鬼怒川線（6.0km）
大田郷－三所　1964年廃止

真岡鐵道　もおかてつどう

km	駅	よみ
0.0	下館	しもだて
2.2	下館二高前	しもだてにこうまえ
4.6	折本	おりもと
6.6	ひぐち	ひぐち
8.5	久下田	くげた
12.6	寺内	てらうち
16.4	真岡	もおか
18.0	北真岡	きたもおか
21.2	西田井	にしだい
22.9	北山	きたやま
25.1	益子	ましこ
28.4	七井	なない
31.2	多田羅	たたら
34.3	市塙	いちはな
38.1	笹原田	ささはらだ
39.2	天矢場	てんやば
41.9	茂木	もてぎ

関東鉄道　常総線
かんとうてつどうじょうそうせん

km	駅	よみ
0.0	取手	とりで
1.6	西取手	にしとりで
2.1	寺原	てらはら
3.4	新取手	しんとりで
5.4	稲戸井	いなとい
6.3	戸頭	とがしら
7.4	南守谷	みなみもりや
9.6	守谷	もりや
11.4	新守谷	しんもりや
13.0	小絹	こきぬ
17.5	水海道	みつかいどう
19.3	北水海道	きたみつかいどう
20.9	中妻	なかつま
23.9	三妻	みつま
27.2	南石下	みなみいしげ
28.8	石下	いしげ
31.0	玉村	たまむら
33.0	宗道	そうどう
36.1	下妻	しもつま
38.7	大宝	だいほう
41.0	騰波ノ江	とばのえ
43.6	黒子	くろご
47.3	大田郷	おおたごう
51.1	下館	しもだて

関東鉄道　竜ヶ崎線
かんとうてつどうりゅうがさきせん

km	駅	よみ
0.0	佐貫	さぬき
2.2	入地	いれじ
4.5	竜ヶ崎	りゅうがさき

路線プロフィール

関東鉄道常総線　取手－下館　51.1km　狭軌 単複

大正2年常総鉄道が取手－下館間を開業。昭和20年筑波鉄道と合併し常総筑波鉄道に改称。昭和40年鹿島参宮鉄道と合併し関東鉄道になり、関東鉄道常総線となる。昭和50年代より複線化が進み、現在非電化私鉄としては日本最長の複線化距離を誇る。平成17年につくばエクスプレスが開業すると、守谷－下館間で快速運転を始めるなどダイヤを見直し、高速化を図った。守谷・常総市では、常総ニュータウンやパークシティ守谷などの宅地開発により沿線人口が急増している。

関東鉄道竜ヶ崎線　佐貫－竜ヶ崎　4.5km　狭軌 単

明治33年竜ヶ崎鉄道が佐貫－竜ヶ崎間を開業。大正4年に線路幅を1067mmに改軌。昭和19年に鹿島参宮鉄道と合併。さらに昭和40年に常総筑波鉄道と合併し関東鉄道となり、この区間が関東鉄道竜ヶ崎線となる。昭和46年日本の普通鉄道で初となるワンマン運転を開始。区間が短いため1本の列車が全線を行き来し、途中の追い抜きや交換はない。1時間に1～2往復運転されるが、ダイヤは等間隔ではなく常磐線に合わせた運行となっている。近年は竜ヶ崎ニュータウンが開発されるなどし、沿線人口が増えている。

真岡鐵道　下館－茂木　41.9km　狭軌 単

明治45年真岡軽便線として下館－真岡間開業。大正2年に七井まで、大正9年に茂木まで延伸し全線開業。茂木以遠の延伸計画もあったが実現しなかった。廃止対象路線に指定されたため、昭和63年第三セクターの真岡鐵道真岡線として引き継がれた。1時間に約1往復。土休日を中心に蒸気機関車「SLもおか」が年間を通して運行され、多くの親子連れや鉄道ファンでにぎわう。

おもな列車

SL もおか
下館－茂木。土休日を中心に1日1往復運転。乗車整理券「SLもおか券」大人500円、小人250円が必要。C12形蒸気機関車(左)、C11形蒸気機関車。

常総線
キハ2100形。平成5年登場。ワンマン化され、普通・快速列車で使用中

真岡線
モオカ14形。グリーンのモザイク模様が美しい

常総線
キハ0形。昭和59年登場。ワンマン化済み

竜ヶ崎線
キハ2000形。両運転台のワンマン車両

絶景＆撮影ポイント

① **大宝－騰波ノ江**（常総線）　筑波山をバックに田園地帯を走り抜ける車両を横から撮影できる。付近には花畑も広がる。

② **入地－竜ヶ崎**（竜ヶ崎線）　入地駅付近では田園地帯が広がる。竜ヶ崎駅には車両基地が併設され、出番を待つ車両を眺めることもできる。

③ **天矢場－茂木**（真岡線）　茂木駅付近の田園、SLが煙を吐きながらここは真岡線では数少ない勾配区間でシーンが撮影できる貴重なポイント。

④ **市塙－笹原田**（真岡線）　カーブを曲がり雑木林を抜けていく列車を正面から撮影できる。SLだけでなく普通列車も絵になるポイント。

Topics　珍しい複線非電化線

関東鉄道常総線には全国でも珍しい、非電化の複線区間が存在します。これは、沿線のニュータウン開発などにより通勤・通学利用者が増加したことが一番の理由に挙げられます。電化することも検討されたのですが、気象庁地磁気観測所があるため交流電化にしなければならない事情があり、費用負担が大きいことから見送られました。そこで、輸送力の強化を図るべく、取手－水海道間の17.5kmが複線化されました。これは日本の電化されていない私鉄では最長の距離を誇ります。また、列車の本数を増やすためには車両の増備も必要でした。関東鉄道は全国各地からディーゼルカーを買い付け、本数の増強に成功します。平成5年からは高出力の新型車を続々投入するとともに、平成17年にはつくばエクスプレスの開業を機に守谷－下館間で多くの駅を通過する快速列車も開始。沿線の通勤利用客を確実に取り込んでいます。

JR両毛線　JR水戸線　わたらせ渓谷鐵道

間藤駅
鉄道紀行作家の宮脇俊三がこの駅にて国鉄全線踏破を達成。駅舎内に著書などの展示がある。

わたらせ渓谷道　わたらせけいこくてつどう

km	駅名	よみ
0.0	桐生	きりゅう
1.9	下新田	しもしんでん
3.1	相老	あいおい
4.2	運動公園	うんどうこうえん
7.3	大間々	おおまま
12.4	上神梅	かみかんばい
13.8	本宿	もとじゅく
16.9	水沼	みずぬま
21.0	花輪	はなわ
22.0	中野	なかの
24.4	小中	こなか
26.4	神戸	ごうど
33.4	沢入	そうり
38.7	原向	はらむこう
41.9	通洞	つうどう
42.8	足尾	あしお
44.1	間藤	まとう

停車駅　●特急　●普通

水沼駅
温泉施設が駅舎に併設されている。関東の駅百選に選定。

足尾駅博物館
懐かしいオレンジ色のディーゼルカーや貨物車両が屋外に留置されている。

足利駅
足利駅周辺には森高千里の名曲「渡良瀬橋」にまつわる歌碑やモニュメントがある。

路線プロフィール

JR水戸線　小山－友部　50.2km
〔狭軌　単　電〕

明治22年水戸鉄道が小山－水戸間開業。明治39年に国営化。明治42年小山－友部間が水戸線となる。水戸線はかつて常磐炭田から積み出された石炭の京浜地区への輸送を担っていた。昭和42年2月に全線が電化される。現在は地元住民を運ぶローカル線となっている。小山－友部間を通して運転される列車が1時間に1～2往復あるほか、小山－下館間の区間列車もある。

JR両毛線　小山－新前橋　84.4km
〔狭軌　単複　電〕

明治21年5月小山－足利間で両毛鉄道が開業。同年11月桐生まで、明治22年前橋まで延伸。明治39年に国有化され、小山－高崎間が両毛線となる。その後、上越線開業に伴い両毛線は小山－新前橋間となり、新前橋－高崎が上越線に組み込まれるが、現在桐生－新前橋間を走る全ての列車が高崎まで乗り入れている。元々生糸や織物の輸送に利用されたが、現在は沿線住民の地域内の輸送を主としている。

わたらせ渓谷鐵道　桐生－間藤　44.1km
〔狭軌　単〕

足尾銅山からの鉱石を輸送するために敷設された路線。明治44年足尾鉄道により下新田連絡所（現・下新田信号所）－大間々町（現・大間々）間開業。大正元年足尾まで延伸、大正2年より国が借入れ、国鉄足尾線として運行。大正3年間藤まで延伸。その後廃止の対象となり平成元年第三セクターわたらせ渓谷鐵道として開業。桐生－間藤間を結ぶ。渡良瀬川上流の渓谷に沿った美観が広がるローカル線である。土休日には渓谷の新緑や紅葉が堪能できるトロッコ列車が運行される。1～2時間に1本程度の運転。

両毛線 りょうもうせん

km	駅	よみ
0.0	小山	おやま
5.4	思川	おもいがわ
10.8	栃木	とちぎ
15.2	大平下	おおひらした
19.3	岩舟	いわふね
26.6	佐野	さの
31.1	富田	とみた
38.2	足利	あしかが
42.7	山前	やままえ
47.3	小俣	おまた
52.9	桐生	きりゅう
56.9	岩宿	いわじゅく
63.3	国定	くにさだ
69.1	伊勢崎	いせさき
74.9	駒形	こまがた
78.1	前橋大島	まえばしおおしま
81.9	前橋	まえばし
84.4	新前橋	しんまえばし

水戸線 みとせん

km	駅	よみ
0.0	小山	おやま
4.9	小田林	おたばやし
6.6	結城	ゆうき
8.3	東結城	ひがしゆうき
10.4	川島	かわしま
12.5	玉戸	たまど
16.2	下館	しもだて
22.3	新治	にいはり
25.9	大和	やまと
29.6	岩瀬	いわせ
32.8	羽黒	はぐろ
37.0	福原	ふくはら
40.1	稲田	いなだ
43.3	笠間	かさま
48.5	宍戸	ししど
50.2	友部	ともべ

廃線
● 赤城登山鉄道（1.0km）
利平茶屋－赤城山頂　1968年廃止

おもな列車

特急 あかぎ
上野・新宿ー前橋。下り6本上り5本運転。朝夕のみ運転され、日中時間帯の列車はない

臨時 トロッコわたらせ渓谷号
大間々ー足尾。冬季と梅雨時期を除く土休日に運転。ディーゼル機関車がトロッコ客車をけん引する。わ99形

普通 水戸線
415系。4両編成のステンレス製1500番台車

普通 両毛線
115系。湘南色の車両。3～6両で使用

普通 わたらせ渓谷鐵道
わ89形。ボディは銅のイメージ「あかがね」色

絶景＆撮影ポイント

① 新治―大和（水戸線）
沼のほとりを走行する。大和駅では踏切から停車する車両を正面から撮影することが可能。

② 駒形―伊勢崎（両毛線）
周囲に建物等のないすっきりした畑地をまっすぐ走行する区間があり、初心者でも車両がきれいに撮影できる。

③ 大間々―上神梅（わたらせ渓谷鐵道）
下り列車の車窓右側に高津戸峡の渓谷を垣間見ながら走る。渡良瀬渓谷を愛でる旅のプロローグとなる区間。

④ 上神梅―本宿（わたらせ渓谷鐵道）
上神梅駅の手前の、国道122号線から、わたらせ渓谷鐵道の列車を撮影できる。渡良瀬川の清流をバックにした写真が撮れる有名撮影地。

Topics　足尾銅山と渡良瀬川

「お願いがございます」——田中正造が天皇へ直訴したことで知られる、足尾鉱毒事件。わが国の公害問題の原点と言うべき事件ですが、その舞台となったのは渡良瀬川中流域の旧谷中村、そして足尾銅山です。足尾銅山は明治中期には全国の4割という生産量を誇り日本最大の銅山でした。しかし、その頃から鉱毒の被害が表面化します。古河財閥は田中正造の直訴後、工場と河川工事を行うなどして鉱毒の流出を抑えますが、被害はますます拡大し渡良瀬川流域の鉱毒反対運動は昭和の戦後まで続きます。結局、昭和48年に閉山。現在、旧足尾精錬所のタンクや煙突などの巨大な建物跡地がそのまま残るとともに、間藤以北の引き込み線と凄惨な巨大精錬工場跡は、日本有数の廃墟・廃線ウォークのメッカとなっています。

東武伊勢崎線② (東武動物公園〜伊勢崎)
桐生線・小泉線・佐野線

停車駅 ◉特急 ○普通

東武伊勢崎線② とうぶいせさきせん
↓東武伊勢崎線① P88から
- 41.0 ◉東武動物公園 とうぶどうぶつこうえん
- 43.9 ○和戸 わど
- 47.7 ◉久喜 くき
- 52.1 ○鷲宮 わしのみや
- 54.8 ○花崎 はなさき
- 58.5 ◉加須 かぞ
- 63.1 ○南羽生 みなみはにゅう
- 66.2 ○羽生 はにゅう
- 70.5 ○川俣 かわまた
- 72.4 ○茂林寺前 もりんじまえ
- 74.6 ◉館林 たてばやし
- 78.6 ○多々良 たたら
- 81.8 ○県 あがた
- 83.9 ○福居 ふくい
- 85.1 ○東武和泉 とうぶいずみ
- 86.8 ◉足利市 あしかがし
- 88.5 ○野州山辺 やしゅうやまべ
- 91.8 ○韮川 にらがわ
- 94.7 ◉太田 おおた
- 97.8 ○細谷 ほそや
- 101.2 ○木崎 きざき
- 104.1 ○世良田 せらだ
- 106.3 ○境町 さかいまち
- 110.0 ○剛志 ごうし
- 113.3 ○新伊勢崎 しんいせさき
- 114.5 ◉伊勢崎 いせさき

東武小泉線 とうぶこいずみせん
- 0.0 館林 たてばやし
- 2.0 成島 なるしま
- 6.1 本中野 ほんなかの
- 8.2 篠塚 しのづか
- 9.8 東小泉 ひがしこいずみ
- 10.7 小泉町 こいずみまち
- 12.0 西小泉 にしこいずみ

- 0.0 東小泉 ひがしこいずみ
- 3.1 竜舞 りゅうまい
- 6.4 太田 おおた

東武桐生線 とうぶきりゅうせん
- 0.0 ◉太田 おおた
- 3.4 ○三枚橋 さんまいばし
- 5.9 ○治良門橋 じろえんばし
- 9.7 ○藪塚 やぶづか
- 12.9 ○阿左美 あざみ
- 14.6 ◉新桐生 しんきりゅう
- 16.9 ○相老 あいおい
- 20.3 ◉赤城 あかぎ

東武佐野線 とうぶさのせん
- 0.0 館林 たてばやし
- 2.7 渡瀬 わたらせ
- 6.9 田島 たじま
- 9.0 佐野市 さのし
- 11.5 佐野 さの
- 13.1 堀米 ほりごめ
- 15.2 吉水 よしみず
- 17.7 田沼 たぬま
- 19.3 多田 ただ
- 22.1 葛生 くずう

木崎駅 明治43年開業当時の木造の駅舎がそのまま現役で残っている。大変貴重な駅舎。

西小泉駅 終着駅の風情が漂う駅。かつては貨物専用線が利根川近くの仙石河岸までのびていた。

路線プロフィール

東武伊勢崎線② 東武動物公園ー伊勢崎 73.5km（全線114.5km） 狭軌 単複 電

明治32年北千住ー久喜間開業。明治35年加須まで、翌36年川俣（利根川右岸の旧駅）まで、その後、少しずつ延伸し明治43年伊勢崎まで全線開業。昭和56年東武動物公園を開園するとともに、最寄駅である杉戸駅を東武動物公園駅に改称。館林ー伊勢崎間は単線区間で、太田ー伊勢崎間ではワンマン運転が行われている。東武動物公園からは日光線、館林から小泉線、佐野線、太田から桐生線が分岐する。

東武桐生線 太田ー赤城 20.3km 狭軌 単 電

明治44年藪塚石材軌道により太田ー藪塚間に石材運搬用の軌道が開設される。その後太田軽便鉄道に変わり、大正2年に東武鉄道が買収し、太田ー相老間開業。昭和3年全線電化。昭和7年相老ー新大間々（現・赤城）間開業。伊勢崎線からの特急が赤城まで運転されるほか、各駅停車のほとんどが太田から小泉線に乗り入れ東小泉まで運転。かつては終点・赤城から上毛電鉄と相互直通運転を行っていたこともあった。

東武小泉線 館林ー西小泉／東小泉ー太田 18.4km 狭軌 単

大正6年中原鉄道により館林ー小泉間開業。昭和12年東武鉄道に買収される。昭和16年6月太田ー東小泉間開業、同年12月西小泉駅開業。翌年小泉町駅が旅客営業を廃止し、小泉信号所が東小泉駅になる。館林ー西小泉間と東小泉ー太田ー赤城間で運転。1時間に1〜2往復運転。2両編成。平成15年よりワンマン運転。

東武佐野線 館林ー葛生 22.1km 狭軌 単 電

葛生で採れる石灰石を運ぶため、明治22年安蘇馬車鉄道として葛生ー吉水間開業。同年8月佐野町（現・佐野市）まで延伸。明治26年佐野鉄道、明治45年東武佐野線となる。大正3年全線開業。平成5年に貨物輸送廃止。特急＜りょうもう＞が1日1往復、普通列車は日中1時間に1往復、朝夕は1時間に2〜3往復運転。

館林駅
洋館風の美しい駅舎があり、関東の駅百選に選定されている。名産はうどん。

おもな列車

特急 りょうもう
浅草ー赤城・葛生・伊勢崎。200系、250系。利用者は、ビジネス客が中心なため、スペーシアにくらべ設備はシンプルになっている

普通 伊勢崎線
10000系。おもに久喜ー太田間で使用されているステンレス車

普通 桐生線・小泉線
8000系。2両編成のワンマン改造車

普通 佐野線
800系。8000系を3両編成にしたワンマン車両

廃線
- 東武熊谷線（10.1km）
  熊谷ー妻沼　1983年廃止

絶景＆撮影ポイント

① 多々良ー県（東武伊勢崎線）
矢場川の土手にて、単線区間を走る車両が建物等の邪魔なくきれいに撮影できる。

② 羽生ー川俣（東武伊勢崎線）
利根川を渡る車両を撮影できる。羽生駅は島式2面4線のホームとなっており、特急の追い抜きが行われる。

③ 赤城駅（東武桐生線）
駅舎が平成15年に改築され、芝生の中の整然とした建物になっている。始発駅となり、特急と普通列車がホームに並ぶこともある。

④ 渡瀬ー田島（東武佐野線）
渡良瀬川の橋梁を渡る車両を撮影できる。橋を渡ってから田島駅まではS字カーブがあり、こちらも撮影ポイントになる。

Topics 関東平野の車窓

東武伊勢崎線は全国の私鉄（第3セクターを除く）で最も長い路線距離114.5kmを誇ります。浅草、押上方面から久喜までの区間は地下鉄に直通する通勤電車も乗り入れ、準急や急行などの優等列車が高速運転を行いますが、久喜を境にその表情を変えます。東武動物公園から先は特急を除く全ての列車が各駅停車となり、館林からは単線区間になります。さらに、太田から伊勢崎まではワンマン運転が実施されています。この区間を特急＜りょうもう＞に乗って旅していると、ほぼ全線を通して平坦な土地が続いていることに気がつくでしょう。車窓から険しい山地や渓谷は見られません。これは、伊勢崎線が日本一の平野・関東平野の中央を走行しているためです。東向島にある東武博物館では、「関東平野に広がる東武鉄道」と題したパノラマショーがあり、関東平野の"広大さ"と伊勢崎線の"長さ"を実感できるようになっています。

東武日光線・宇都宮線・鬼怒川線　野岩鉄道

停車駅 ◎特急 ●普通

野岩鉄道　やがんてつどう
0.0	◎ 新藤原	しんふじわら
1.7	● 龍王峡	りゅうおうきょう
4.8	● 川治温泉	かわじおんせん
6.0	● 川治湯元	かわじゆもと
10.3	◎ 湯西川温泉	ゆにしがわおんせん
16.8	● 中三依温泉	なかみよりおんせん
21.0	● 上三依塩原温泉口	かみみよりしおばらおんせんぐち
25.0	● 男鹿高原	おじかこうげん
30.7	◎ 会津高原尾瀬口	あいづこうげんおぜぐち

上三依塩原温泉口駅
山岳地帯をイメージして作られた、とがった屋根の駅舎が特徴。

湯西川温泉駅鉄橋
長く高い鉄橋の下には五十里湖が広がり、車窓からは湖と山々の絶景が楽しめる。

東武日光線　とうぶにっこうせん
0.0	◎ 東武動物公園	とうぶどうぶつこうえん
3.2	● 杉戸高野台	すぎとたかのだい
5.8	◎ 幸手	さって
10.4	● 南栗橋	みなみくりはし
13.9	◎ 栗橋	くりはし
20.6	◎ 新古河	しんこが
23.6	◎ 柳生	やぎゅう
25.6	◎ 板倉東洋大前	いたくらとうようだいまえ
29.5	◎ 藤岡	ふじおか
37.3	● 静和	しずわ
40.1	◎ 新大平下	しんおおひらした
44.9	◎ 栃木	とちぎ
47.9	◎ 新栃木	しんとちぎ
50.0	● 合戦場	かっせんば
52.4	● 家中	いえなか
56.6	◎ 東武金崎	とうぶかなさき
61.2	● 楡木	にれぎ
64.0	◎ 樅山	もみやま
66.8	◎ 新鹿沼	しんかぬま
69.8	◎ 北鹿沼	きたかぬま
74.9	● 板荷	いたが
78.5	● 下小代	しもごしろ
81.3	● 明神	みょうじん
87.0	◎ 下今市	しもいまいち
88.4	● 上今市	かみいまいち
94.5	◎ 東武日光	とうぶにっこう

東武宇都宮線　とうぶうつのみやせん
0.0	◎ 新栃木	しんとちぎ
2.0	● 野州平川	やしゅうひらかわ
3.9	● 野州大塚	やしゅうおおつか
7.3	◎ 壬生	みぶ
10.8	● 国谷	くにや
12.6	◎ おもちゃのまち	おもちゃのまち
14.8	● 安塚	やすづか
18.3	● 西川田	にしかわだ
20.3	◎ 江曽島	えそじま
22.1	● 南宇都宮	みなみうつのみや
24.3	◎ 東武宇都宮	とうぶうつのみや

東武鬼怒川線　とうぶきぬがわせん
0.0	◎ 下今市	しもいまいち
0.8	● 大谷向	だいやむこう
4.8	● 大桑	おおくわ
7.1	● 新高徳	しんたかとく
9.9	● 小佐越	こさごえ
12.4	◎ 鬼怒川温泉	きぬがわおんせん
14.5	◎ 鬼怒川公園	きぬがわこうえん
16.2	◎ 新藤原	しんふじわら

東武日光駅
三角屋根の大きな駅舎。奥日光方面への多くのバスの発着駅。

板荷駅
古く懐かしい感じの駅舎と、駅背後にそびえ立つ大きな岩のような切り通しの珍しい風景が楽しめる。

廃線
- 東武矢板線（23.5km）
  新高徳－矢板　1959年廃止
- 東武日光軌道線（9.6km）
  国鉄駅前－馬返　1968年廃止
- 東武鋼索鉄道線（1.2km）
  馬返－明智平　1970年廃止

1：600,000

路線プロフィール

東武日光線 東武動物公園－東武日光 94.5km　狭軌 複 電

昭和4年4月杉戸（現・東武動物公園）－新鹿沼間開業。7月下今市まで、10月東武日光まで延伸し全線開業。開業当初から複線・電化で開業。東武伊勢崎線と直通運転を行い、東京方面から日光への観光客を運ぶ。新栃木で宇都宮線、下今市で鬼怒川線を分け、栃木県内各方面への長距離利用客を運ぶ。平成18年より栗橋にJRと東武の連絡線を設け、新宿駅から東武日光および鬼怒川温泉方面への相互直通運転を開始した。

東武宇都宮線 新栃木－東武宇都宮 24.3km　狭軌 単 電

昭和6年新栃木－東武宇都宮間全線開業。昭和28年より急行運転開始。その後有料の急行も運転されるが数年で廃止。昭和63年に再び快速急行として「しもつけ」が登場すると、需要が徐々に高まり、平成3年に急行に昇格、平成18年に特急に昇格した。現在普通列車は全線でワンマン運転。宇都宮や栃木市など県内の人口集中地区を結ぶ生活路線として利用されている。1時間に2〜3往復運転。

東武鬼怒川線 下今市－新藤原 16.2km　狭軌 単複 電

鬼怒川温泉付近の発電所への資材運搬のために下野軌道により敷設され、大正6年大谷向今市（現・大谷向）－中岩（現在廃止）間開業。大正8年3月大原（現・鬼怒立岩信号所）－下滝（現・鬼怒川温泉）間、同年10月大谷向今市－新今市間開業。昭和18年東武鬼怒川線となる。昭和61年野岩鉄道が開業し相互直通運転開始。

野岩鉄道 新藤原－会津高原尾瀬口 30.7km　狭軌 単 電

昭和61年新藤原－会津高原（現・会津高原尾瀬口）間全線開業。平成2年会津高原－会津田島間が電化し、東武鉄道との相互直通運転を開始。沿線には川治、湯西川、塩原、会津高原など多くの温泉地があり、「ほっとスパ・ライン」の愛称が付く。全区間を通じて民家が少なく、観光利用を主とした路線である。

おもな列車

特急 けごん
浅草－春日部・新栃木・東武日光。1日4往復運転。日光への観光客を運ぶ。100系スペーシア

特急 きぬ
浅草－鬼怒川温泉方面。鬼怒川温泉への観光客を運び、新藤原で野岩鉄道と接続。100系スペーシア

快速 AIZUマウントエクスプレス
鬼怒川温泉－喜多方。特急きぬへの接続列車として野岩鉄道、会津鉄道内を運転する。キハ8500系

特急 しもつけ
浅草－東武宇都宮。宇都宮方面からの通勤用特急として、朝に上り、夕方に下りを1本ずつ運転。350系

特急 きりふり
浅草－南栗橋・東武日光。行楽シーズンは東武日光発着、平日は浅草－南栗橋。通勤用特急として運転。300系

快速 AIZU尾瀬エクスプレス
鬼怒川温泉－会津若松。野岩鉄道、会津鉄道を経て会津若松まで乗り入れる。AT600・650形

絶景＆撮影ポイント

1. **板荷－下小代**（東武日光線）MAP　車窓から日光連山が望める区間。下小代駅手前の大きな築堤では、日光連山と東武特急を1枚の写真に収められる。
2. **新栃木－野州平川**（東武宇都宮線）MAP　周辺には蔵屋敷や格子作りの商家などの町並みが残る。新栃木駅は日光線と宇都宮線の分岐駅で、多くの種類の車両が見られる。
3. **鬼怒川公園－新藤原**（東武鬼怒川線）MAP　鬼怒川温泉ロープウェイがあり、空から鬼怒川線の電車を俯瞰できる。頂上には展望台があり鬼怒川の渓谷の絶景が広がる。
4. **川治温泉－川治湯元**（野岩鉄道）MAP　紅葉シーズンは周囲の山が一面赤や黄に染まる。コンクリート橋が鬼怒川を渡る風景も素晴らしい。

Topics 日光特急の系譜

世界遺産にも登録されている観光地・日光へのアクセスを担うのが東武日光線です。開業直後の昭和4年から週末に特急運転を開始し、併走する国鉄日光線と激しい乗客争奪戦を繰り広げました。戦前からすでに展望車を連結した特急も走っていました。戦時中に一時休止しましたが、終戦から3年を経た昭和23年に復活。平日も含め毎日運行され、修学旅行用などの団体列車も運転されました。昭和26年に5700系が導入されると、列車名に＜きぬ＞＜けごん＞の愛称も付き、昭和35年には1720系が導入。高速化が図られ海外からの観光客も取り込みます。平成2年には100系「スペーシア」が導入。私鉄では初となる個室が導入されました。そして平成18年、JR新宿から栗橋を経て東武に乗り入れる＜日光＞の運行が開始しました。それまでライバルだったJRと東武が提携し、新宿・池袋方面からの乗客を運んでいます。

JR只見線　会津鉄道

只見線　ただみせん

km	駅名	よみ	km	駅名	よみ
0.0	会津若松	あいづわかまつ	58.3	会津中川	あいづなかがわ
1.3	七日町	なぬかまち	60.8	会津川口	あいづかわぐち
3.1	西若松	にしわかまつ	63.6	本名	ほんな
6.5	会津本郷	あいづほんごう	70.0	会津越川	あいづこすがわ
11.3	会津高田	あいづたかだ	73.2	会津横田	あいづよこた
14.8	根岸	ねぎし	75.4	会津大塩	あいづおおしお
16.8	新鶴	にいつる	80.9	会津塩沢	あいづしおざわ
18.9	若宮	わかみや	83.9	会津蒲生	あいづがもう
21.6	会津坂下	あいづばんげ	88.4	只見	ただみ
26.0	塔寺	とうでら	95.0	田子倉（臨）	たごくら
29.7	会津坂本	あいづさかもと	109.2	大白川	おおしらかわ
33.3	会津柳津	あいづやないづ	112.1	柿ノ木	かきのき
36.9	郷戸	ごうど	115.6	入広瀬	いりひろせ
39.6	滝谷	たきや	118.7	上条	かみじょう
41.5	会津桧原	あいづひのはら	123.1	越後須原	えちごすはら
43.7	会津西方	あいづにしかた	127.0	魚沼田中	うおぬまたなか
45.4	会津宮下	あいづみやした	129.5	越後広瀬	えちごひろせ
51.2	早戸	はやと	131.6	藪神	やぶかみ
55.1	会津水沼	あいづみずぬま	135.2	小出	こいで

路線プロフィール

会津鉄道会津線　西若松－会津高原尾瀬口　57.4km
狭軌　単　一部電

昭和2年国鉄会津線として西若松－上三寄（現・芦ノ牧温泉）間開業。昭和28年会津滝ノ原（現・会津高原尾瀬口）まで延伸。昭和46年会津若松－只見間が只見線に統合される。会津地方の地域交通を担っていたが、赤字のため国鉄再建法による第2次特定地方交通線に指定。昭和62年第三セクターによる会津鉄道会津線として西若松－会津高原（現・会津高原尾瀬口）間営業開始。9つの駅名が改称され、「温泉」「公園」「登山口」といった観光客にわかりやすい駅名がつけられた。平成2年会津田島－会津高原（現・会津高原尾瀬口）間が電化され、接続する野岩鉄道および東武鬼怒川線との相互直通運転を開始。平成17年より快速<AIZUマウントエクスプレス>を運行している。

JR只見線　会津若松－小出　135.2km
狭軌　単

大正15年、国鉄会津線として会津若松－会津坂下間開業。昭和38年只見まで延伸。一方、昭和17年小出－大白川間を国鉄只見線として開業。昭和46年只見まで延伸し、会津若松－只見間を会津線から分離し只見線と統合。会津若松－小出間が只見線となる。平成16年10月新潟県中越地震により只見－小出間がおよそ1ヶ月間不通となる。平成17年3月と6月には脱線事故などが発生し、冬の積雪と併せておよそ半年間一部区間が不通となった。沿線は豪雪地帯で、冬季には並走する国道が積雪により通行止めになることから、只見地区と魚沼地方を結ぶ唯一の交通手段となり、利用者が少ないにも関わらず廃線を免れている。最も本数の多い会津若松－会津坂下間は1日7往復、最も少ない会津川口－只見は1日3往復のみ。会津若松－西若松間は会津鉄道の列車も乗り入れる。

おもな列車

快速 AIZUマウントエクスプレス

鬼怒川温泉－喜多方。東武特急きぬへの接続列車として東武鬼怒川線、野岩鉄道に乗り入れる。キハ8500形

快速 AIZU尾瀬エクスプレス

鬼怒川温泉－会津若松。東武鬼怒川線、野岩鉄道に乗り入れる。AT600・650形

臨時 トロッコ会津浪漫

会津若松－会津田島。春～秋に下り2本上り1本運転。お座敷車両、トロッコ車両、展望車の3両編成

普通 只見線

キハ40形。只見線用車両は、ホワイトの車体にグリーンのライン

塔のへつり駅
奇岩「塔のへつり」は国指定の天然記念物。ホームでは巨大こけしが出迎える。

湯野上温泉駅
国内唯一のかやぶき屋根の駅舎である。

会津長野駅
国鉄時代の簡素なホームが残る。

会津鉄道 あいづてつどう

km	駅名	よみ
0.0	西若松	にしわかまつ
3.0	南若松	みなみわかまつ
4.9	門田	もんでん
7.8	あまや	あまや
10.5	芦ノ牧温泉	あしのまきおんせん
16.2	大川ダム公園	おおかわだむこうえん
17.7	芦ノ牧温泉南	あしのまきおんせんみなみ
22.7	湯野上温泉	ゆのかみおんせん
26.5	塔のへつり	とうのへつり
28.0	弥五島	やごしま
31.1	会津下郷	あいづしもごう
32.5	ふるさと公園	ふるさとこうえん
35.1	養鱒公園	ようそんこうえん
37.3	会津長野	あいづながの
39.5	田島高校前	たじまこうこうまえ
42.0	会津田島	あいづたじま
45.8	中荒井	なかあらい
49.2	会津荒海	あいづあらかい
50.1	会津山村道場	あいづさんそんどうじょう
53.1	七ヶ岳登山口	ななつがたけとざんぐち
57.4	会津高原尾瀬口	あいづこうげんおぜぐち

絶景＆撮影ポイント

① 湯野上温泉－芦ノ牧温泉（会津線） 阿賀川の渓谷を渡る鉄橋が有名な撮影ポイント。列車は景観を楽しんでもらうため橋上に一時停車する。

② 大川ダム公園－芦ノ牧温泉（会津線） 沿線は山に囲まれており日が当たらないが、粉雪を巻き上げて力走するディーゼルカーの迫力ある写真が撮影できる。

③ 会津宮下－早戸（只見線） ゆったりと流れる只見川に架かる鉄橋と走行する車両の撮影に訪れる人が多い有名な撮影ポイントとなっている。

④ 大白川駅（只見線） 開業当初は貨物輸送の拠点であったことから、駅構内には現在も残る側線が幾つもある。山間の駅にたたずむ列車も絵になる。

Topics 只見川の電源開発

尾瀬を水源に福島を経て新潟へ、越後山脈の起伏激しい中を流れる只見川。雪解け水により水量が豊富であり、落差も大きいといった好条件から、水力発電に格好の土地として注目されました。明治時代から多くの電力会社が水力発電による電源開発を試みますが、山岳の険しい地形と、豪雪という厳しい気候によってその開発が阻まれました。終戦後から技術の進歩とともに徐々に開発は進み昭和28年から田子倉ダムの建設が始まります。只見線も資材輸送の重要な手段として活用され、当時の終着駅、会津川口からダム建設現場まで35kmにおよぶ専用鉄道が敷設されました。会津川口－只見間は、この専用鉄道を転用したものです。田子倉ダムは昭和35年に完成、現在でも、発電用ダムとしては、全国2位の貯水容量を誇ります。

JR東北本線② (黒磯〜仙台) 福島交通
阿武隈急行　仙台空港鉄道

東北本線② とうほくほんせん

↓東北本線② P78から

km	駅	よみ
163.3	黒磯	くろいそ
167.3	高久	たかく
171.5	黒田原	くろだはら
176.7	豊原	とよはら
182.0	白坂	しらさか
185.4	新白河	しんしらかわ
188.2	白河	しらかわ
192.9	久田野	くたの
197.4	泉崎	いずみざき
203.4	矢吹	やぶき
208.8	鏡石	かがみいし
215.1	須賀川	すかがわ
221.8	安積永盛	あさかながもり
226.7	郡山	こおりやま
232.4	日和田	ひわだ
236.9	五百川	ごひゃくがわ
240.7	本宮	もとみや
246.6	杉田	すぎた
250.3	二本松	にほんまつ
254.5	安達	あだち
259.5	松川	まつかわ
264.0	金谷川	かなやがわ
269.4	南福島	みなみふくしま
272.8	福島	ふくしま
278.8	東福島	ひがしふくしま
281.9	伊達	だて
285.9	桑折	こおり
289.3	藤田	ふじた
294.9	貝田	かいだ
298.6	越河	こすごう
306.8	白石	しろいし
311.0	東白石	ひがししろいし
315.3	北白川	きたしらかわ
320.1	大河原	おおがわら
323.1	船岡	ふなおか
327.7	槻木	つきのき
334.2	岩沼	いわぬま
337.9	館腰	たてこし
341.4	名取	なとり
344.1	南仙台	みなみせんだい
346.3	太子堂	たいしどう
347.3	長町	ながまち
351.8	仙台	せんだい

↓東北本線③ P130へ

仙台空港鉄道 せんだいくうこうてつどう

km	駅	よみ
0.0	名取	なとり
1.8	杜せきのした	もりせきのした
3.8	美田園	みたぞの
7.1	仙台空港	せんだいくうこう

伊達駅
入母屋造りが目を惹く、武家屋敷のようなどっしりとしたたたずまいの駅。

あぶくま駅
阿武隈川の渓谷がすぐ。丸森町産業伝承館が駅舎を兼ねている。

廃線
- 川俣線 (12.2km)
  松川―岩代川俣　1972年廃止
- 福島交通飯坂東線 (13.8km)
  1967・1971年廃止
- 福島交通保原線 (4.5km)、
  福島交通梁川線 (6.6km)、
  福島交通掛田線 (6.3km)、
  1971年廃止
- 秋保電気鉄道 (16.0km)
  長町―秋保温泉　1961年廃止

白河駅
大正10年建造の木造洋館がとても美しい駅。入口上部にはステンドグラスも。

停車駅 ○快速 ○普通

阿武隈急行 あぶくまきゅうこう

km	駅	よみ
0.0	福島	ふくしま
5.6	卸町	おろしまち
6.5	福島学院前	ふくしまがくいんまえ
7.5	瀬上	せのうえ
8.6	向瀬上	むかいせのうえ
10.1	高子	たかこ
11.5	上保原	かみほばら
12.8	保原	ほばら
13.9	大泉	おおいずみ
15.4	二井田	にいだ
17.0	新田	にった
18.3	梁川	やながわ
20.0	やながわ希望の森公園前	やながわきぼうのもりこうえんまえ
22.1	富野	とみの
25.2	兜	かぶと
29.4	あぶくま	あぶくま
37.5	丸森	まるもり
39.2	北丸森	きたまるもり
41.6	南角田	みなみかくだ
43.3	角田	かくだ
45.2	横倉	よこくら
47.7	岡	おか
51.3	東船岡	ひがしふなおか
54.9	槻木	つきのき

福島交通 ふくしまこうつう

km	駅	よみ
0.0	福島	ふくしま
0.6	曽根田	そねだ
1.4	美術館図書館前	びじゅつかんとしょかんまえ
2.5	岩代清水	いわしろしみず
2.7	泉	いずみ
3.0	上松川	かみまつかわ
4.2	笹谷	ささや
5.1	桜水	さくらみず
6.2	平野	ひらの
7.4	医王寺前	いおうじまえ
8.7	花水坂	はなみずざか
9.2	飯坂温泉	いいざかおんせん

路線プロフィール

JR東北本線② 黒磯ー仙台　188.5km（全線535.3km）　狭軌 複 電 ⚠

明治20年7月、黒磯ー郡山間開業。同年12月に仙台まで延伸・開業。黒磯を境に以南区間では直流電化、以北区間では交流電化を採用。長距離都市間を結ぶ列車は臨時・寝台・貨物のみ。もっぱら栃木・福島の県境地域から黒磯へ、また郡山・福島・仙台など地域中心都市の生活路線としての運行が主体。黒磯ー郡山間、郡山ー福島間、福島ー仙台間でそれぞれ1時間に1～2往復。平日の日中にはワンマン列車も運行。

福島交通飯坂線　福島ー飯坂温泉　9.2km　狭軌 単 電

福島市内と飯坂温泉を結ぶ交通手段として、大正13年、福島飯坂電車軌道が福島ー飯坂（現・花水坂）間を開業。昭和2年に飯坂温泉まで延伸し全線開通。現在は観光用だけでなく、通勤・通学手段としても活躍。日中は25分間隔で運行。

阿武隈急行　福島ー槻木　54.9km　狭軌 単 電

昭和43年4月から槻木ー丸森間で運行していた旧国鉄丸森線を、昭和61年7月に阿武隈急行が転換、開業。昭和63年には福島ー丸森間が開業し全線開通。全線通しで運転する列車のほか、福島・宮城の県境を挟んで福島方面、槻木方面への区間列車も運行。福島ー槻木間では、1時間に1～2往復。「あぶきゅう」の愛称で親しまれている。

仙台空港鉄道　名取ー仙台空港　7.1km　狭軌 単 電

JR仙台駅と仙台空港を結ぶ路線として、平成19年3月開業。仙台空港鉄道が運営。東北本線名取駅から分岐し、仙台駅から乗り換えなしで、最速約17分で仙台空港に到着。快速列車と普通列車合わせて1時間に1～3往復運転。

おもな列車

寝台 カシオペア
上野ー札幌間。全車両が2階建の2人用A寝台個室。郡山・福島・仙台に停車

寝台 北斗星
上野ー札幌、1日1往復運転。豪華な寝台特急として人気が高い。郡山・福島・仙台に停車

快速 仙台シティラビット
701系・719系・E721系。福島ー仙台。4両編成（一部は2両）。平日3往復、土休日5往復運行

普通 福島交通
7000系。元東急7000系。2両編成と3両編成あり

普通 阿武隈急行
8100系電車。昭和63年の全線開業時から使用されているワンマン車両

普通 仙台空港鉄道
SAT721系。JRE721系と同型のワンマン車両

絶景＆撮影ポイント

❶ 船岡ー大河原（東北本線） 例年4月中旬には、白石川沿いに約8km続く桜並木をバックに走り抜ける列車を撮影できる。船岡城址公園展望台からの眺めは圧巻。

❷ 飯坂温泉駅（福島交通） 駅から徒歩約10分、愛宕山頂上からは飯坂温泉駅や温泉街が一望できる。摺上川の水面に温泉街の灯りを映し出す夕闇の景色は格別。

❸ やながわ希望の森公園前駅（阿武隈急行） 駅から徒歩約3分のやながわ希望の森公園で煙を吹き上げ走るミニSL（蒸気機関車「さくら1号」）が人気（土休日運行）。

❹ 美田園ー仙台空港（仙台空港鉄道） タイミングが合えば、高架橋を颯爽と走る列車と仙台空港に離着陸する旅客機の両方を一枚の写真に収めることもできる。

Topics　白河以北の楽しみ方

みちのくとの境になる関所「白河の関」。東北本線で「白河の関」にあたるのは黒磯駅です。東北本線はここで直流から交流に電気方式が変わり、普通列車はそれぞれ折り返します。上野からやってきた長い編成の4ドア車両は姿を消し、ここから先を走るのは2両や4両の短い編成の車両。車窓の風景も変わります。春は萌え出る若葉を、夏は深緑の山影を、秋は頭を垂れる稲穂を、冬は雪を抱いた山々が車窓に広がります。東北の豊かな自然を北へ向かう鉄路。みちのくの鉄道の旅はまだまだ始まったばかりです。

JR 常磐線② (水戸〜いわき)
JR 水郡線

停車駅 ●特急 ○普通

1:600,000

常磐線② じょうばんせん
↓常磐線① P100から

km	駅	よみ
115.8	水戸	みと
121.1	勝田	かつた
125.3	佐和	さわ
130.0	東海	とうかい
137.4	大甕	おおみか
142.0	常陸多賀	ひたちたが
146.9	日立	ひたち
152.4	小木津	おぎつ
156.6	十王	じゅうおう
162.5	高萩	たかはぎ
167.0	南中郷	みなみなかごう
171.6	磯原	いそはら
178.7	大津港	おおつこう
183.2	勿来	なこそ
187.8	植田	うえだ
195.0	泉	いずみ
201.5	湯本	ゆもと
205.0	内郷	うちごう
209.4	いわき	いわき

↓常磐線③ P118へ

水郡線 すいぐんせん

km	駅	よみ
0.0	水戸	みと
1.9	常陸青柳	ひたちあおやぎ
4.1	常陸津田	ひたちつだ
6.5	後台	ごだい
7.8	下菅谷	しもすがや
9.0	中菅谷	なかすがや
10.1	上菅谷	かみすがや
13.4	常陸鴻巣	ひたちこうのす
16.7	瓜連	うりづら
18.1	静	しず
23.4	常陸大宮	ひたちおおみや
28.8	玉川村	たまがわむら
32.5	野上原	のがみはら
35.2	山方宿	やまがたじゅく
37.9	中舟生	なかふにゅう
40.7	下小川	しもおがわ
44.1	西金	さいがね
47.3	上小川	かみおがわ
51.8	袋田	ふくろだ
55.6	常陸大子	ひたちだいご
62.0	下野宮	しものみや
66.9	矢祭山	やまつりやま
71.0	東館	ひがしだて
73.8	南石井	みなみいしい
74.9	磐城石井	いわきいしい
81.3	磐城塙	いわきはなわ
86.4	近津	ちかつ
88.8	中豊	なかとよ
90.5	磐城棚倉	いわきたなくら
97.0	磐城浅川	いわきあさかわ
100.0	里白石	さとしらいし
105.3	磐城石川	いわきいしかわ
110.1	野木沢	のぎさわ
112.6	川辺沖	かわべおき
115.3	泉郷	いずみごう
122.2	川東	かわひがし
126.0	小塩江	おしおえ
128.9	谷田川	やたがわ
132.1	磐城守山	いわきもりやま
137.5	安積永盛	あさかながもり

km	駅	よみ
0.0	(上菅谷)	
2.5	南酒出	みなみさかいで
3.6	額田	ぬかだ
6.7	河合	かわい
8.2	谷河原	やがわら
9.5	常陸太田	ひたちおおた

福島県

勿来駅
白壁造りの駅舎は、勿来の関を思わせる佇まいだ。

高萩駅
三角のファサードが印象的な駅舎は大正15年築。屋根や壁の色はこれまで何度か塗り変えられている。

玉川村駅
ロッジ風の駅舎が自然あふれる周囲の風景とマッチ。図書館などがあるコミュニティ施設としての役割も。

茨城県

太平洋

廃線
- **茨城交通茨城線 (25.2km)**
  石塚−御前山　1966年廃止
  大学前−石塚　1967年廃止
  赤塚−大学前　1971年廃止
- **日立電鉄 (18.1km)**
  常北太田−鮎川　2005年廃止

路線プロフィール

JR常磐線② 水戸－いわき 94.1km（全線343.1km）　狭軌 複 電

常磐炭田から産出される石炭の輸送を目的に建設された。明治30年2月に、水戸－平（現・いわき）間開業。列車は普通列車が日中1時間に2本程度運行されるほか、同線の看板特急＜スーパーひたち＞がおよそ1時間で水戸－いわき間を結ぶ。海岸線に程近い磯原・大津港を過ぎれば福島県へ。下り列車の場合、車窓右手には太平洋を望む常磐線随一の美しい風景が広がる。湯本はいわき温泉の下車駅。レジャー施設・スパリゾートハワイアンズでは、かつての常磐炭鉱の坑道から湧出する温泉を利用している。

JR水郡線 水戸－安積永盛 137.5km／上菅谷－常陸太田 9.5km　狭軌 単

明治30年11月、太田鉄道が水戸－久慈川間（現在の河合付近）を開通。昭和4年5月、水郡北線・笹川（現・安積永盛）－谷田川間開業に伴い、水郡線を水郡南線に改称。昭和9年12月、磐城棚倉－川東間を延伸開業し全通。水郡南線・水郡北線を併合し水郡線と改称。路線上は安積永盛が終点だが、全列車が同駅より東北本線に乗り入れ、郡山駅発着となる。運行本数は1～2時間に1本程度。大半が水戸－常陸大宮・常陸大子・常陸太田間の区間運転となっており、水戸－郡山間を全区間通しで運行する列車は1日6往復（季節列車・接続列車を除く）。

おもな列車

特急 スーパーひたち
上野－いわき・原ノ町・仙台、1時間に1往復運行。曲線を取り入れた白いボディが鮮烈。651系

特急 フレッシュひたち
上野－土浦・勝田・高萩・いわき。いわきまで乗り入れるものは1日1往復。所要時間は1時間程度。651系・E653系

臨時 奥久慈風っこ号
水郡線を運行するキハ40系を改造したトロッコ列車。1年に1回程度運行。車内には木製ベンチ風シートを配置

普通 常磐線
415系。ロングシートでステンレス車体の1500番台

普通 常磐線
E501系。4ドアロングシート車。5両と10両で運転

普通 水郡線
キハE130系。平成19年登場。3ドアのワンマン車

絶景＆撮影ポイント

① 水戸－勝田（常磐線）　那珂川を渡る列車が撮影できる。列車本数が多い区間なので、運がよければ列車同士がすれ違う光景の撮影も可能。

② 大津港－勿来（常磐線）　大津港を過ぎ、勿来関を越え福島県に入る頃、勿来の海を車窓に見ることができる。常磐線随一と言われる美しい車窓風景。

③ 下小川－西金（水郡線）　久慈川に架かる橋梁を走る列車が撮影できる。キハE130系は、久慈川の流れと新緑の緑・秋の紅葉をイメージしたカラーリングの2タイプ。

④ 上小川－袋田（水郡線）　久慈川沿いの渓谷の中、鉄橋を越える光景はスリリング。久慈川が織り成す渓谷美を満喫していると、丸太を組んだログハウスの袋田駅へ到着する。

Topics 里山の楽しみ

阿武隈高地を横断する水郡線。ローカル線の中でも地味な部類に入るその車窓には息をのむような絶景はありません。沿線の著名な観光地も袋田の滝ぐらいです。しかし、水郡線の車窓の魅力はその地味さにあります。なだらかに続く山並みと、その間を流れる久慈川の清流。そして、山々に溶け込むように暮らす人々が耕す水田。そこには、長年にわたって守り続けられてきた日本の原風景があります。早苗の水田に映る列車の姿や黄金色の絨毯が広がる秋の田んぼ。列車の座席に座ったままで四季の風景を楽しむ旅もまた魅力がいっぱいです。

JR常磐線③ (いわき～岩沼)
JR磐越東線

停車駅 ◎特急 ○普通

常磐線③ じょうばんせん
↓常磐線② P116から

km	駅	よみ
209.4	いわき	いわき
214.8	草野	くさの
219.2	四ツ倉	よつくら
224.0	久ノ浜	ひさのはま
227.6	末続	すえつぎ
232.4	広野	ひろの
237.8	木戸	きど
240.9	竜田	たつた
247.8	富岡	とみおか
253.0	夜ノ森	よのもり
257.9	大野	おおの
263.7	双葉	ふたば
268.6	浪江	なみえ
273.5	桃内	ももうち
277.5	小高	おだか
282.4	磐城太田	いわきおおた
286.9	原ノ町	はらのまち
294.4	鹿島	かしま
301.1	日立木	にったき
307.0	相馬	そうま
311.4	駒ヶ嶺	こまがみね
315.8	新地	しんち
321.2	坂元	さかもと
325.7	山下	やました
329.6	浜吉田	はまよしだ
334.6	亘理	わたり
337.8	逢隈	おおくま
343.1	岩沼	いわぬま

相馬駅
駅前で馬の像が迎えてくれるのは野馬追で知られる相馬ならでは。

三春駅
滝桜で知られる三春町は田村藩の城下町として栄えた。その城下町の雰囲気に合ったデザインの駅舎には観光案内所とレストランがある。

夜ノ森駅
ホームを包み込むように咲き誇る約6000株のツツジが見もの。徒歩5分の夜の森公園は桜の名所でもあり、「花の駅」として親しまれている。

磐越東線 ばんえつとうせん

km	駅	よみ
0.0	いわき	いわき
4.8	赤井	あかい
10.3	小川郷	おがわごう
18.3	江田	えだ
26.3	川前	かわまえ
36.7	夏井	なつい
40.1	小野新町	おのにいまち
46.6	神俣	かんまた
49.9	菅谷	すがや
54.3	大越	おおごえ
58.7	磐城常葉	いわきときわ
62.5	船引	ふねひき
69.5	要田	かなめた
73.7	三春	みはる
79.8	舞木	もうぎ
85.6	郡山	こおりやま

1:600,000

路線プロフィール

JR常磐線③　いわき－岩沼　133.7km(全線343.1km)　狭軌 単複 電 △

いわきから中堅都市原ノ町（南相馬市）、相馬を経て、阿武隈川を渡ると終点の岩沼。岩沼市は三大稲荷のひとつ、竹駒神社の門前町。全列車が東北本線の線路を走り仙台まで向かうため、岩沼は事実上途中駅として扱われる。岩沼まで全区間開通したのは明治31年8月。いわきから先、四ツ倉を過ぎるとほとんどが単線区間となりローカル線の雰囲気を色濃くする。日中の運行本数は1時間に1～2本程度。太平洋の海岸線を走るイメージがあるが、実際に海が見えるのは四ツ倉－竜田付近と富岡付近。

JR磐越東線　いわき－郡山　85.6km　狭軌 単 △

福島県の太平洋岸である浜通りと東北本線沿いの中通りとを結ぶ。大正3年7月、郡山と三春間が平郡西線として開業したことに始まる。大正6年10月には全線が開業し、磐越東線となった。小川郷－小野新町間の峠を越えて全区間通しで運転する列車は少なく、小野新町－郡山間、いわき－小川郷間の区間列車が多い。2両編成、一部列車でワンマン運転。小野新町－郡山間は1～2時間に1本程度運行、いわき－小野新町間は9時～12時台は運行なし。愛称は「ゆうゆうあぶくまライン」。

おもな列車

[特急] スーパーひたち

651系。上野－いわき・原ノ町・仙台、原ノ町まで2往復、仙台まで4往復運転。基本的にいわき以北ではグリーン車のない4両編成で運転されている

[普通] 常磐線

E721系。平成19年から使用開始。低いホームに合わせて、車両の床を低くしている。原ノ町－仙台間で使用され、ワンマン運転を実施

[普通] 常磐線

415系。現在使われている車両は、昭和61年以降製造の1500番台車のみ。車内はロングシートでステンレス車体になっている。いわき－原ノ町間で使用されている

[普通] 磐越東線

キハ110系。平成3年登場。両運転台のキハ110、片運転台のキハ111・112がある。磐越東線の全列車に使用され、一部列車ではワンマン運転となる

絶景＆撮影ポイント

❶ 竜田－富岡（常磐線）
富岡付近は雄大な太平洋をバックに電車を撮影できる数少ないポイント。手前には田園風景が広がるのどかな雰囲気。

❷ 夜ノ森駅（常磐線）
ホームの両側に約6000株のツツジが植えられている。見頃の5月には、＜スーパーひたち＞が同駅を減速して通過する。

❸ 夏井駅（磐越東線）
構内には桜の木があり、例年4月中旬～下旬頃、桜をバックに走る列車を撮影できる。夏井川沿いには、「夏井千本桜」がある。

❹ 川前－江田（磐越東線）
磐越東線最大の絶景ポイントが夏井川渓谷。滝や淵など変化に富んだ景観を楽しんだり、秋には美しい紅葉を満喫できる。

Topics　阿武隈高地

福島県は、浜通り、中通り、会津と3つの地域に分類されます。このうち浜通りと中通りを分ける山地が阿武隈高地で、最高峰は菅谷駅の東方にある標高1192mの大滝根山です。なだらかな山並みが広がる阿武隈高地は石灰石の産地としても知られています。かつては大越駅付近にセメント工場もあり、セメントを輸送する貨物列車が走っていたほか、神俣駅付近には鍾乳洞「あぶくま洞」もあります。また、阿武隈高地を流れる川沿いは、浜通りと中通りをつなぐ交通路として古くから用いられてきました。磐越東線が走る夏井川もそのひとつで、その他にも、常磐線沿いの原ノ町や大野、相馬といった街へ、中通りからの街道が通じています。このように人々の暮らしに根付いた山地、それが阿武隈高地です。

JR磐越西線
JR米坂線

停車駅 ◎快速 ○普通

五泉駅
かつては、この駅から村松へ向かう蒲原鉄道が分岐していた。村松より先、信越本線の加茂まで連絡していた時代もあった。

磐越西線　ばんえつさいせん

km	駅	よみ
0.0	◎郡山	こおりやま
7.9	○喜久田	きくた
11.8	○安子ヶ島	あこがしま
15.4	◎磐梯熱海	ばんだいあたみ
20.8	○中山宿	なかやまじゅく
27.3	○上戸	じょうこ
29.3	◎猪苗代湖畔	いなわしろこはん
31.0	○関都	せきと
33.4	○川桁	かわげた
36.7	◎猪苗代	いなわしろ
41.1	○翁島	おきなしま
51.2	◎磐梯町	ばんだいまち
57.2	○東長原	ひがしながはら
60.0	○広田	ひろた
64.6	◎会津若松	あいづわかまつ
70.1	○堂島	どうじま
73.2	○笈川	おいかわ
75.1	○塩川	しおかわ
77.5	○姥堂	うばどう
79.5	○会津豊川	あいづとよかわ
81.2	◎喜多方	きたかた
91.1	○山都	やまと
97.2	○荻野	おぎの
101.0	○尾登	おのぼり
106.2	○野沢	のざわ
111.3	○上野尻	かみのじり
118.0	○徳沢	とくさわ
121.3	○豊実	とよみ
128.4	○日出谷	ひでや
133.6	○鹿瀬	かのせ
137.0	○津川	つがわ
144.4	○三川	みかわ
148.6	○五十島	いがしま
152.5	○東下条	ひがしげじょう
155.6	○咲花	さきはな
158.4	○馬下	まおろし
161.9	○猿和田	さるわだ
165.7	◎五泉	ごせん
167.5	○北五泉	きたごせん
170.0	○新関	しんせき
172.8	○東新津	ひがしにいつ
175.6	◎新津	にいつ

会津若松駅
磐越西線の列車は、上り下りとも同じ方向に発車。これを利用してSL列車の併走が行われたことも。

廃線
- 日中線（11.6km）
  喜多方－熱塩　1984年廃止
- 日本硫黄沼尻鉄道（15.6km）
  川桁－沼尻　1969年廃止

路線プロフィール

JR磐越西線　郡山－新津　175.6km

郡山－中山宿間が明治31年に開通した。その翌年には若松（現・会津若松）まで、明治37年には喜多方まで、明治43年には山都までと順次延伸され、大正2年には野沢まで開通した。一方、新津側からも、明治43年に新津－馬下間が開通したのち、大正2年には津川まで延伸され、大正3年には、残る野沢－津川間も開通して、全線開通となった。磐越西線は、郡山－喜多方間が電化区間、そのほかが非電化区間となっているため、列車の運転系統は、会津若松、喜多方を境に分離されている。郡山－会津若松、喜多方間は電車による運転で、快速＜あいづライナー＞も走る。会津若松－新津間はディーゼルカーによる運転で、新潟まで直通する列車が多い。快速＜あがの＞も1往復運転されている。

JR米坂線　米沢－坂町　90.7km

大正15年、米沢－今泉間がまず開通し、昭和6年に手ノ子、昭和8年に羽前沼沢と延伸、昭和10年に小国まで到達した。新潟県側からは、昭和6年に、坂町－越後下関間が開通、昭和8年に越後金丸まで延伸された。残る小国－越後金丸間は昭和11年に開通、米沢－坂町間が全線開通した。米坂線の列車は、新潟まで直通する快速列車＜べにばな＞（1往復）を含めすべて各駅に停車する。米沢－坂町間を直通する列車のほか、小国、羽前椿、今泉で折り返す区間列車がある。

米坂線　よねさかせん

km	駅	よみ
0.0	米沢	よねざわ
3.1	南米沢	みなみよねざわ
6.5	西米沢	にしよねざわ
9.6	成島	なるしま
12.5	中郡	ちゅうぐん
16.9	羽前小松	うぜんこまつ
19.4	犬川	いぬかわ
23.0	今泉	いまいずみ
27.3	萩生	はぎゅう
30.1	羽前椿	うぜんつばき
34.7	手ノ子	てのこ
43.9	羽前沼沢	うぜんぬまざわ
50.0	伊佐領	いさりょう
54.7	羽前松岡	うぜんまつおか
58.3	小国	おぐに
67.8	越後金丸	えちごかなまる
73.1	越後片貝	えちごかたかい
79.7	越後下関	えちごしもせき
83.5	越後大島	えちごおおしま
90.7	坂町	さかまち

中山宿駅
かつてはスイッチバック駅として知られていた。平成9年に駅が移転し、スイッチバックは解消された。

おもな列車

SL ばんえつ物語
C57形蒸気機関車。平成11年より復活。＜ばんえつ物語＞号を牽く180号機は、磐越西線ゆかりの車両である

あいづライナー
485系電車。会津地方の赤べこをモチーフにしたキャラクター「あかべぇ」が描かれた車両である

あがの
会津若松－新潟、1日1往復、キハE120形やキハ110形で運転。3両編成

べにばな
米沢－新潟、1日1往復、キハE120形やキハ110形で運転。2両編成

絶景＆撮影ポイント

1 猪苗代－翁島（磐越西線）
磐梯山を間近に望む区間。磐梯山は、磐越西線から望むと穏やかな山容であるが、裏磐梯から望むと荒々しい風景になる。

2 翁島－磐梯町（磐越西線）
磐梯山をバックに列車を撮影できる。翁島駅前から県道を西に1km程進み、左折してさらに約1km南下した線路沿い。

3 山都－荻野（磐越西線）
下り列車で最初に阿賀野川を望める区間。阿賀川、阿賀野川沿いを走り続け、緩やかな流れを望みながらの旅が続く。

4 日出谷－鹿瀬（磐越西線）
レトロな鉄橋をバックに山里を走る列車を撮影できる。午後が順光。日出谷駅から阿賀野川の橋を渡って1kmほど先。

Topics　SL「ばんえつ物語」号

磐越西線の会津若松－新潟間で運転されているSL列車＜ばんえつ物語＞号。この列車を牽くC57 180号機は、新潟機関区、新津機関区で使われた磐越西線ゆかりの機関車でした。昭和44年、磐越西線最後の定期蒸気機関車列車を牽いたC57 180号機は、解体をまぬがれ、新潟市（現・新潟市秋葉区）内の新津第一小学校で保存されることになります。機関区、車両工場があった新津は、鉄道で栄えた街。鉄道を愛する市民によって、C57 180号機も、屋根をかけられ、時折油さしも行われるなど、大切に保存されてきました。JR東日本で最初に復活したD51形蒸気機関車に続く復活蒸気機関車を探していた時、その保存状態のよさから、このC57 180号機が選ばれることになりました。こうして復活したC57 180号機は、平成11年に30年ぶりに火が入り、＜ばんえつ物語＞号の運転がはじまりました。現在も大人気で、会津若松と新潟の間を元気に走り続けています。

JR奥羽本線①（福島〜新庄）
JR左沢線　フラワー長井線

奥羽本線① おううほんせん
km	駅名	よみ
0.0	福島	ふくしま
3.8	笹木野	ささきの
6.9	庭坂	にわさか
14.6	赤岩	あかいわ
21.2	板谷	いたや
24.5	峠	とうげ
28.8	大沢	おおさわ
34.8	関根	せきね
40.1	米沢	よねざわ
45.6	置賜	おいたま
49.9	高畠	たかはた
56.1	赤湯	あかゆ
64.4	中川	なかがわ
68.3	羽前中山	うぜんなかやま
75.0	かみのやま温泉	かみのやまおんせん
77.8	茂吉記念館前	もきちきねんかんまえ
81.8	蔵王	ざおう
87.1	山形	やまがた
89.0	北山形	きたやまがた
91.9	羽前千歳	うぜんちとせ
93.6	南出羽	みなみでわ
94.9	漆山	うるしやま
97.0	高擶	たかたま
100.4	天童	てんどう
103.4	乱川	みだれがわ
106.3	神町	じんまち
108.1	さくらんぼ東根	さくらんぼひがしね
110.6	東根	ひがしね
113.5	村山	むらやま
121.5	袖崎	そでさき
126.9	大石田	おおいしだ
130.8	北大石田	きたおおいしだ
137.7	芦沢	あしざわ
140.3	舟形	ふながた
148.6	新庄	しんじょう

↓奥羽本線② P140へ

左沢線 あてらざわせん
km	駅名	よみ
0.0	北山形	きたやまがた
3.1	東金井	ひがしかない
6.5	羽前山辺	うぜんやまべ
9.5	羽前金沢	うぜんかねざわ
11.0	羽前長崎	うぜんながさき
13.5	南寒河江	みなみさがえ
14.5	寒河江	さがえ
16.4	西寒河江	にしさがえ
19.3	羽前高松	うぜんたかまつ
22.3	柴橋	しばはし
24.3	左沢	あてらざわ

山形鉄道 フラワー長井線 やまがたてつどう ふらわーながいせん
km	駅名	よみ
0.0	赤湯	あかゆ
0.9	南陽市役所	なんようしやくしょ
3.0	宮内	みやうち
4.4	おりはた	おりはた
6.8	梨郷	りんごう
10.3	西大塚	にしおおつか
12.2	今泉	いまいずみ
14.9	時庭	ときにわ
17.3	南長井	みなみながい
18.3	長井	ながい
19.1	あやめ公園	あやめこうえん
21.0	羽前成田	うぜんなりた
23.2	白兎	しろうさぎ
24.6	蚕桑	こぐわ
27.2	鮎貝	あゆかい
28.6	四季の郷	しきのさと
30.5	荒砥	あらと

さくらんぼ東根駅
東根市は、佐藤錦の発祥の地として知られ、さくらんぼ栽培が盛ん。駅名もそれにちなむ。

荒砥駅
かつてはさらに線路を延ばし、左沢線左沢と結ぶ計画もあった。その夢は果て、今も行き止まりのまま線路は途切れている。

米沢駅
牛肉もの駅弁の人気を二分する「松川弁當」と「牛肉どまんなか」の販売駅。

峠駅
雪覆いの中にホームがある。ホームに列車が着くと、駅前の茶屋から名物「峠の力餅」を売りにやってくる。

廃線
- 山形交通高畠線（10.6km）
  高畠－二井宿　1966年休止、1968年廃止
  糠ノ目－高畠　1974年廃止
- 山形交通三山線（11.4km）
  羽前高松－間沢　1974年廃止

路線プロフィール

JR奥羽本線① 福島－新庄　148.6km（全線484.5km）　広軌 単複 電

福島－新庄間では、明治32年、福島－米沢間が最初に開通した。明治34年には山形、楯岡（現・村山）、大石田と順次延伸し、明治35年の大石田－舟形間と、明治36年の舟－新庄間の開通により、福島から新庄まで結ばれた。山形新幹線の乗り入れ工事に伴い、平成3年には福島－山形間を1435mmゲージに改軌、さらに、平成11年には、山形－新庄間も改軌された。板谷峠越えとなる庭坂－米沢間の普通列車は、1日わずか6往復である。

JR左沢線　北山形－左沢　24.3km　狭軌 単

大正10年に、左沢軽便線として、山形－羽前長崎間が開業したのち、寒河江、左沢と延伸され、大正11年に全線が開業した。現在の左沢線の列車は、山形から直通運転され、山形－左沢間のほか、山形－寒河江間、寒河江－左沢間の区間列車もある。全列車がキハ101を使用し、一部を除き、ワンマン運転されている。かつては左沢駅と長井線（現・山形鉄道フラワー長井線）荒砥駅を鉄道で結ぶ計画もあった。

山形鉄道フラワー長井線　赤湯－荒砥　30.5km　狭軌 単

大正2年、長井軽便線として赤湯－梨郷間が開通、大正3年には長井まで延伸された。その後、大正11年に鮎貝まで、翌12年に荒砥まで全通した。廃止対象となった長井線を引き継ぐため、第3セクター山形鉄道が設立され、昭和63年より山形鉄道フラワー長井線となった。かつては、米坂線に乗り入れ、米沢発着となる列車も存在したが、現在は、すべて赤湯－荒砥間の運転となっている。

おもな列車

新幹線 つばさ
E3系。山形新幹線新庄延長用として登場。平成22年までに400系を置き換え予定

普通 奥羽本線
719系。3ドアセミクロスシートの交流電車で、平成3年の奥羽本線改軌時より使われている

普通 奥羽本線
701系5500番台。米沢－新庄間を走る

普通 左沢線
キハ101。さわやかなスカイブルーの塗色が特徴的

普通 山形鉄道
YR880形は、オレンジ、ピンク、緑の3色のライン

絶景＆撮影ポイント

❶ 庭坂－赤岩（奥羽本線）　板谷峠を越えて、大きなカーブを駆け下りてくる山形新幹線＜つばさ＞号を撮影できる。場所は、庭坂駅の北西1km。

❷ 赤岩－板谷（奥羽本線）　日本の背骨、奥羽山脈を越えていく区間。若葉まぶしい春、緑深い夏、紅葉の秋、雪で覆われる冬。四季の車窓を楽しめる。

❸ 羽前長崎－南寒河江（左沢線）　レトロな鉄橋で最上川を渡る列車を撮影できる。鉄橋の背後には月山も収められる。羽前長崎駅北側の最上川のほとり。

❹ 四季の郷－荒砥（山形鉄道）　最上川にかかる鉄橋は、明治20年に当時の東海道本線に架けられたものを、移設したものといわれる歴史ある鉄橋だ。

Topics　難所・板谷越え

奥羽山脈を越える板谷峠では、峠駅を頂点に、最急勾配38‰という急な勾配が連続します。ここは4駅連続でスイッチバック駅が並んでいたほどの険しい峠越え区間。この峠を越えるために投入されたのが、急勾配でも高い粘着力を得るため、動輪を5軸配置した4110形蒸気機関車でした。さらに戦後には、同じ動輪5軸のE10形蒸気機関車も新製投入されます。そして福島－米沢間の直流電化が完成した昭和24年、EF15形電気機関車が配置されました。さらに、ブレーキの摩擦熱により発生する車輪の緩みなどの問題を解決するために、回生ブレーキを取り付けることになりました。これが勾配線用電気機関車EF16形です。その後この区間は、昭和43年に交流電化に改められました。急峻な峠を克服するために、その時持てる技術がすべて板谷峠に投入されたのです。

JR仙山線　JR仙石線　仙台市地下鉄

停車駅　●快速　●普通

仙山線　せんざんせん

km	駅	よみ
0.0	仙台	せんだい
3.2	東照宮	とうしょうぐう
4.8	北仙台	きたせんだい
6.5	北山	きたやま
7.5	東北福祉大前	とうほくふくしだいまえ
8.6	国見	くにみ
10.1	葛岡	くずおか
12.7	陸前落合	りくぜんおちあい
15.2	愛子	あやし
20.6	陸前白沢	りくぜんしらさわ
23.7	熊ヶ根	くまがね
25.3	(臨)西仙台ハイランド	にしせんだいはいらんど
28.7	作並	さくなみ
30.8	(臨)八ツ森	やつもり
33.8	奥新川	おくにっかわ
42.5	面白山高原	おもしろやまこうげん
48.7	山寺	やまでら
52.4	高瀬	たかせ
54.9	楯山	たてやま
58.0	羽前千歳	うぜんちとせ

仙石線　せんせきせん

km	駅	よみ
0.0	あおば通	あおばどおり
0.5	仙台	せんだい
1.3	榴ヶ岡	つつじがおか
2.4	宮城野原	みやぎのはら
3.2	陸前原ノ町	りくぜんはらのまち
4.0	苦竹	にがたけ
5.6	小鶴新田	こづるしんでん
7.7	福田町	ふくだまち
8.6	陸前高砂	りくぜんたかさご
10.3	中野栄	なかのさかえ
12.6	多賀城	たがじょう
14.4	下馬	げば
15.2	西塩釜	にししおがま
16.0	本塩釜	ほんしおがま
17.2	東塩釜	ひがししおがま
20.3	陸前浜田	りくぜんはまだ
23.2	松島海岸	まつしまかいがん
25.5	高城町	たかぎまち
27.3	手樽	てたる
28.6	陸前富山	りくぜんとみやま
30.8	陸前大塚	りくぜんおおつか
32.6	東名	とうな
34.0	野蒜	のびる
37.2	陸前小野	りくぜんおの
38.8	鹿妻	かづま
41.4	矢本	やもと
42.8	東矢本	ひがしやもと
44.3	陸前赤井	りくぜんあかい
47.8	蛇田	へびた
48.8	陸前山下	りくぜんやました
50.2	石巻	いしのまき

山寺駅
東北の駅百選にも選ばれた寺院造りの駅舎を出るとすぐに立石寺。長い階段を上ると、山寺駅が模型のように眼下に望める。

八ツ森駅
2駅仙台寄りの西仙台ハイランド駅とともに、列車が1本も停車しない駅。かつては季節によって停車する臨時駅だったが、今では停車する列車がない。

路線プロフィール

JR仙山線　仙台−羽前千歳　58.0km
狭軌　単　電　△

仙台と山形を結ぶ鉄道として建設が始まり、昭和4年に仙台−愛子間が開通。昭和6年には作並まで延長開業した。一方、山形側からも建設工事は進み、昭和8年、羽前千歳−山寺間が開通。残されたのは山越え区間で、難工事の末昭和12年に開通し、全通した。列車は、仙台−山形間の列車のほか、仙台−愛子間は、都市型鉄道としておおむね20分間隔の運行が確保されている。また、仙台−山形間を直通する列車の一部は、快速列車として運転されている。

JR仙石線　あおば通−石巻　50.2km
狭軌　単複　電

仙石線は、宮城電気鉄道として敷設された。短い駅間距離やカーブの多い路線などにその面影が残る。大正14年、仙台−西塩釜間が開通、翌大正15年には、本塩釜まで延長された。その後も、昭和2年に松島公園（現・松島海岸）、昭和3年には石巻まで全通した。昭和19年には国有化され仙石線に。平成12年、仙台市内の地下化に伴い、あおば通−仙台間が延伸されている。仙石線では、仙台−石巻間の直通列車を基本に、区間列車も多数運転。快速運転もある。

仙台市地下鉄　泉中央−富沢　14.8km
狭軌　複　電

昭和56年に富沢−八乙女間を着工し、昭和62年に開通した。その後、平成4年に、八乙女−泉中央間が延伸された。現在、東西線として、動物公園（仮称）−荒井（仮称）間が建設中である。仙台市営地下鉄の列車は、富沢−泉中央間の運転で、平日の朝夕は3〜4分間隔で、平日の日中と土曜休日は7分間隔で運転されている。

おもな列車

仙山線
719系。3ドアセミクロスシート

仙山線
701系。3ドアロングシートのステンレス製

仙山線
E721系。バリアフリー仕様の交流電車。平成19年から

仙石線
205系。一部はロングとクロスを使い分けられる「2wayシート」車

仙台市地下鉄
1000系。ワンマン運転しやすい工夫がなされている

仙台市地下鉄　せんだいしちかてつ

km	駅	よみ
0.0	泉中央	いずみちゅうおう
1.2	八乙女	やおとめ
2.5	黒松	くろまつ
3.3	旭ヶ丘	あさひがおか
4.3	台原	だいのはら
5.6	北仙台	きたせんだい
6.6	北四番丁	きたよばんちょう
7.3	勾当台公園	こうとうだいこうえん
7.9	広瀬通	ひろせどおり
8.5	仙台	せんだい
9.4	五橋	いつつばし
10.0	愛宕橋	あたごばし
10.9	河原町	かわらまち
11.7	長町一丁目	ながまちいっちょうめ
12.4	長町	ながまち
13.3	長町南	ながまちみなみ
14.8	富沢	とみざわ

石巻駅
石巻には「石ノ森萬画館」があり、石巻駅でもマンガに登場するキャラクターが出迎えてくれる。

廃線
● 仙台市電（15.8km）　1969〜1976年廃止

絶景＆撮影ポイント

① 西仙台ハイランド−作並（仙山線）
特徴的な形の山をバックにした列車写真を撮影できるポイント。場所は、作並駅から約1.5km仙台寄りの国道48号線沿い。

② 面白山高原−山寺（仙山線）
仙山線の下り列車が、分水嶺の仙山トンネルを抜け、山形盆地へと一路駆け下りていく。深山の風景を望むことができる貴重な区間。

③ 陸前富山−東名（仙石線）
右手（下り）に日本三景・松島の美しい島影を望むことができる。この付近の静かな海もまた、松島の魅力のひとつ。

④ 黒松−八乙女（地下鉄）
公園の中を行く仙台市営地下鉄を撮影できる場所。真美沢堤の水辺を行く地下鉄電車は、都市鉄道とは思えないほど自然豊か。

Topics　交流電化発祥の地・仙山線

急な勾配が続き、仙山トンネルという長いトンネルを抱える作並−山寺間は、開業した当時から電化されていました。この時の電化方式は当時標準の直流電化でしたが、昭和30年、陸前白沢−熊ヶ根間の電化は、交流電化が行われました。これは、この区間で交流電化方式の試験を行うためのもの。当時の仙山線は、列車本数も少なく、適度な勾配もあることから、試験線区として最適とされたのです。昭和32年には、仙台−作並間に試験区間が延長され、作並駅では直流と交流の切り替え試験も行われました。こうして確立された交流電化方式は、東北本線や北陸本線、九州地区など全国の電化に生かされていくことになります。現在、作並駅のホームには、交流電化発祥地の碑が残されています。

JR陸羽西線　JR陸羽東線　JR石巻線

鳴子温泉駅
待合室が劇場のような円形のスペース。駅前には温泉街の駅らしく足湯もあるので、散策途中の休憩にもいい。

停車駅　○快速　・普通

石巻線　いしのまきせん

km	駅名	よみ
0.0	○小牛田	こごた
3.5	○上涌谷	かみわくや
6.2	○涌谷	わくや
12.8	○前谷地	まえやち
17.1	○佳景山	かけやま
21.2	○鹿又	かのまた
23.7	○曽波神	そばのかみ
27.9	○石巻	いしのまき
30.9	○陸前稲井	りくぜんいない
35.9	○渡波	わたのは
37.0	○万石浦	まんごくうら
38.3	○沢田	さわだ
42.4	○浦宿	うらしゅく
44.9	○女川	おながわ

陸羽東線　りくとうせん

km	駅名	よみ
0.0	○小牛田	こごた
4.5	○北浦	きたうら
6.6	○陸前谷地	りくぜんやち
9.4	○古川	ふるかわ
12.1	○塚目	つかのめ
15.9	○西古川	にしふるかわ
19.1	○東大崎	ひがしおおさき
21.9	○西大崎	にしおおさき
24.8	○岩出山	いわでやま
25.8	○有備館	ゆうびかん
28.6	○上野目	かみのめ
32.4	○池月	いけづき
37.6	○川渡温泉	かわたびおんせん
42.7	○鳴子御殿湯	なるこごてんゆ
44.9	○鳴子温泉	なるこおんせん
50.0	○中山平温泉	なかやまだいらおんせん
55.3	○堺田	さかいだ
61.1	○赤倉温泉	あかくらおんせん
62.8	○立小路	たちこうじ
65.6	○最上	もがみ
69.5	○大堀	おおほり
71.5	○鵜杉	うすぎ
75.0	○瀬見温泉	せみおんせん
81.0	○東長沢	ひがしながさわ
82.8	○長沢	ながさわ
89.2	○南新庄	みなみしんじょう
94.1	○新庄	しんじょう

陸羽西線　りくうさいせん

km	駅名	よみ
0.0	○新庄	しんじょう
7.5	○升形	ますかた
10.6	○羽前前波	うぜんぜんなみ
12.9	○津谷	つや
17.0	○古口	ふるくち
24.8	○高屋	たかや
31.1	○清川	きよかわ
34.9	○狩川	かりかわ
38.9	○南野	みなみの
43.0	○余目	あまるめ

路線プロフィール

JR陸羽東線　小牛田－新庄　94.1km　狭軌　単

大正2年、小牛田－岩出山間が開通、翌年川渡（現・川渡温泉）まで、大正4年に鳴子（現・鳴子温泉）まで開通している。同年には、新庄－瀬見間も開通、大正5年に、瀬見－羽前向町（現・最上）間が開通したのち、大正6年に残された鳴子（現・鳴子温泉）－羽前向町間が開通、全通した。陸羽東線の列車は、全線を通して運転される列車は少なく、鳴子温泉で乗り換えとなる場合が多い。

JR陸羽西線　新庄－余目　43.0km　狭軌　単

大正2年、酒線として新庄－古口間が開業し、陸羽西線の歴史が始まる。大正3年には、清川、狩川、余目と小刻みに延伸を繰り返し、新庄－余目間が全通した。陸羽東線の列車は、一部の列車が余目で折り返すほか、羽越本線に乗り入れ、新庄－酒田間で運転されている。うち1往復は、快速＜最上川＞。最上川沿いに走り、車窓からその流れの風景をゆったりと楽しめる。

JR石巻線　小牛田－女川　44.9km　狭軌　単

仙北軽便鉄道として、大正元年に小牛田－石巻間が開通した。大正8年に国有化され、翌年には1067mmゲージへ改軌されている。昭和14年には、石巻－女川間が延伸され、全通した。石巻線は、小牛田－女川間の直通列車ほか、石巻、前谷地で折り返す区間列車もある。また、前谷地で気仙沼線に乗り入れる列車も運転されている。気仙沼線直通列車のうち2往復は仙台からの快速＜南三陸＞である。

おもな列車

快速 リゾートみのり

仙台・小牛田ー新庄、特定日のみ運転。キハ48形を改造。大きな窓に、ゆったりとしたシートが配置され、車窓の眺めが存分に楽しめる展望スペースも設けられている

陸羽東線・陸羽西線

キハ110系。両線の車両は専用の塗装が施され、一部の車両はシートを窓側に向けた眺望車となっている

石巻線

キハ40、48形。白いボディに裾部にグリーンの帯が入る塗装が施されている。ワンマン仕様

有備館駅
駅名の有備館とは、旧仙台藩の学問所。駅のすぐ近くにあり、茅葺の建物が残されている。

女川駅
駅の隣、本線と切り離された線路にたたずむ赤いディーゼルカー。これは、駅に隣接する温泉施設の休息室だ。

廃線
● 仙台鉄道（44.1km）
通町ー加美中新田 1951年休止1956年廃止
加美中新田ー西古川 1960年廃止

1:750,000

絶景＆撮影ポイント

① 古口ー高屋（陸羽西線）
車窓から最上川の川下りを楽しむ舟が見られることもあり、列車と舟とでお互いに手を振り合う光景も。乗船場は、古口と高屋にある。

② 池月ー川渡温泉（陸羽東線）
築堤を行く列車が気軽に撮影できる。赤茶色のボディが美しい快速リゾート〈みのり〉が狙い目。

③ 鳴子温泉ー中山平温泉（陸羽東線）
鳴子峡を渡る鉄橋を行く。トンネルの間に一瞬広がる渓谷の絶景が、列車の乗客を魅了する。紅葉の季節はとくに美しい。

④ 佳景山ー鹿又（石巻線）
広々とした水田地帯を走る列車を俯瞰できる。DE10形ディーゼル機関車の牽く貨物列車も走り、絶好の被写体に。佳景山駅南側の丘陵地帯から。

⑤ 万石浦ー浦宿（石巻線）
鏡のように広がる波静かな万石浦のほとりを列車はのんびりと進んでいく。朝日や夕暮れ時に黄金色に染まる海は見事な風景。

Topics 奥の細道をたどる

あまりの絶景に句を残さなかったと伝えられる松島を立ち、松尾芭蕉は、平泉へ、そして現在の山形県に入り、山寺の立石寺から大石田へと旅を続けます。大石田では、最上川を詠んだ有名な『五月雨をあつめて早し最上川』の句を残し、出羽三山や鶴岡、酒田へ向かいました。この芭蕉の足跡に近いルートをたどるのが、陸羽東線や陸羽西線。この二つの路線は、それぞれ『奥の細道湯けむりライン』『奥の細道最上川ライン』と愛称が付けられています。陸羽西線の車窓からは、芭蕉の時代さながらの、ゆったりとした最上川の流れを楽しむことができます。新庄、鶴岡も、歴史の香りが色濃く漂う情緒あふれる街。東北の鉄道は、歴史の足跡をたどる旅にもおすすめです。

JR羽越本線
由利高原鉄道

1:1,200,000
0 10 20 30km

停車駅 ◎特急 ○普通

矢島駅
秋田杉を使った木のぬくもりあふれる駅舎は東北の駅100選にも選ばれている。旧駅舎は現在の駅舎の隣に残されている。

鼠ヶ関駅
駅自体は、山形県に位置しているが、駅周辺の集落の中に、山形県と新潟県の県境が通っている。史跡『近世念珠関址』にも近い。

村上駅
村上ー間島間で電源が直流から交流に切り替わる。そのため普通列車は、この駅で双方に折り返す。

由利高原鉄道 ゆりこうげんてつどう

km	駅	よみ
0.0	羽後本荘	うごほんじょう
2.2	薬師堂	やくしどう
4.5	子吉	こよし
7.4	鮎川	あゆかわ
9.5	黒沢	くろさわ
10.3	曲沢	まがりさわ
11.7	前郷	まえごう
13.6	久保田	くぼた
15.7	西滝沢	にしたきざわ
17.1	吉沢	よしざわ
20.1	川辺	かわべ
23.0	矢島	やしま

廃線

● 赤谷線（18.9km）
　新発田ー東赤谷　1984年廃止
● 庄内交通湯野浜線（12.2km）
　鶴岡ー湯野浜温泉　1975年廃止

羽越本線 うえつほんせん

km	駅	よみ
0.0	新津	にいつ
6.1	京ヶ瀬	きょうがせ
10.2	水原	すいばら
13.9	神山	かみやま
17.8	月岡	つきおか
21.5	中浦	なかうら
26.0	新発田	しばた
30.3	加治	かじ
35.3	金塚	かなづか
39.1	中条	なかじょう
44.7	平木田	ひらきだ
48.0	坂町	さかまち
51.6	平林	ひらばやし
55.2	岩船町	いわふねまち
59.4	村上	むらかみ
66.5	間島	まじま
71.4	越後早川	えちごはやかわ
78.3	桑川	くわがわ
82.6	今川	いまがわ
87.5	越後寒川	えちごかんがわ
92.8	勝木	がつぎ
95.9	府屋	ふや
101.0	鼠ヶ関	ねずがせき
105.4	小岩川	こいわがわ
109.8	あつみ温泉	あつみおんせん
115.7	五十川	いらがわ
120.1	小波渡	こばと
123.2	三瀬	さんぜ
128.9	羽前水沢	うぜんみずさわ
133.4	羽前大山	うぜんおおやま
139.4	鶴岡	つるおか
146.0	藤島	ふじしま
151.1	西袋	にしぶくろ
154.7	余目	あまるめ
157.4	北余目	きたあまるめ
160.4	砂越	さごし
163.7	東酒田	ひがしさかた
166.9	酒田	さかた
173.3	本楯	もとたて
175.9	南鳥海	みなみちょうかい
179.1	遊佐	ゆざ
186.1	吹浦	ふくら
189.7	女鹿	めが
194.8	小砂川	こさがわ
198.5	上浜	かみはま
203.4	象潟	きさかた
209.2	金浦	このうら
214.7	仁賀保	にかほ
223.1	西目	にしめ
228.9	羽後本荘	うごほんじょう
236.0	羽後岩谷	うごいわや
240.7	折渡	おりわたり
243.7	羽後亀田	うごかめだ
250.2	岩城みなと	いわきみなと
251.8	道川	みちかわ
258.4	下浜	しもはま
261.7	桂根	かつらね
265.7	新屋	あらや
269.0	羽後牛島	うごうしじま
271.7	秋田	あきた

路線プロフィール

JR羽越本線 新津―秋田 271.7km　狭軌 単複 電 △

大正元年に新津―新発田間が開業。大正3年には村上まで延伸された。一方、同年には、余目―酒田間、大正7年には余目―鶴岡間が開通した。酒田、鶴岡から南北に延伸を繰り返すほか、秋田県内からも建設は進み、大正9年には、秋田―羽後亀田間が開通、大正13年には、残る羽後岩谷―羽後亀田間、村上―鼠ヶ関間も開通し、村上―秋田間が結ばれた。現在の羽越本線には、特急<いなほ>が白新線新潟―酒田・秋田・青森間で運転されているほか、寝台特急も通過している。普通列車は、おおむね新津―新発田、新発田―村上、村上―酒田、酒田―秋田の各区間に分かれて運転されている。このうち、新津―新発田、村上―酒田間の列車は、電化区間にもかかわらずディーゼルカーが主力だ。

由利高原鉄道 羽後本荘―矢島 23.0km　狭軌 単

大正11年、横手と羽後本荘を結ぶ目的で設立された横荘鉄道の一部として、羽後本荘―前郷間が開通。横荘鉄道は、昭和12年に国有化されて矢島線となったのち、前郷―西滝沢間が開業。昭和13年には、羽後矢島（現・矢島）まで開業した。しかし、当初の計画だった横手への延伸は行われず工事は完成せず、ついに横手と結ばれることはなかった。昭和60年、第3セクターで運営する由利高原鉄道鳥海山ろく線となる。列車はすべて普通列車で、全列車が羽後本荘―矢島間の運転となっている。

おもな列車

寝台 トワイライトエクスプレス
大阪―札幌、週4往復運行。寝台客車は北斗星と同じ24系25型を使用。JR東日本<カシオペア>と並ぶ豪華列車として人気が続いている

寝台 日本海
大阪―青森を15時間かけてゆっくりと旅する、1日1往復運行の夜行寝台特急。24系寝台客車を使用。開放型A寝台車が連結されている

寝台 あけぼの
上野―青森（上越線・信越本線経由）、1日1往復の夜行寝台特急。24系寝台客車を使用。A寝台個室「シングルデラックス」、B寝台個室「ソロ」を連結

特急 いなほ
485系。3電源対応の交直流特急型の電車。特急<いなほ>には、機器や室内を改良したリニューアル車両も使われている

快速 きらきらうえつ
485系。パステルカラーの車体が印象的なリゾート車両。2号車はラウンジ車両になっていて、売店では地元の駅弁や地ビールも販売している

普 羽越線
キハE120形。両側に運転台を持つワンマン仕様車

普 由利高原鉄道
YR-2000形。平成12年より投入された18m級の車両

絶景＆撮影ポイント

① 村上―間島（羽越本線）　三面川を渡る鉄橋で、すっきりとした列車写真を撮影できる。特急<いなほ>や、ディーゼルカーで運転される普通列車を狙える。

② 今川―越後寒川（羽越本線）　名勝・笹川流れの海岸線には、眼鏡岩、びょうぶ岩など奇岩が並び、沖合いには粟島が浮かぶ（車窓左）。夕景がいい。

③ 本楯―南鳥海（羽越本線）　鳥海山をバックに走る列車を撮影できる場所である。特急<いなほ>や、貨物列車が主な被写体となる。南鳥海駅からおよそ1.5km南側。

④ 前郷―西滝沢（由利高原鉄道）　鳥海山ろく線の路線名の通り、霊峰、鳥海山の美しい姿を望める区間。下り列車の前方右寄りに鳥海山がそびえている。

Topics 日本海の表情を堪能できる旅

羽越本線沿線随一の景勝地『笹川流れ』を代表として、羽越本線には日本海を望める区間が長く続きます。夏は海水浴客でにぎわう穏やかな海も、冬には一変。荒々しく波が打ち寄せる荒涼とした風景が旅人の目を奪います。そんな日本海の車窓を楽しめる列車が、快速<きらきらうえつ>。通常の車両よりも大きな窓から、雄大な日本海をいっぱいに眺めることができます。ラウンジカーでは、沿線の駅弁や地ビールが販売されていて、地域の味覚も堪能できる魅力的な列車です。

JR東北本線③（仙台〜盛岡）

停車駅 ○快速 ●普通

1:900,000
0　10　20　30km

東北本線③ とうほくほんせん
↓東北本線② P114から

km	駅名	よみ
351.8	仙台	せんだい
355.8	東仙台	ひがしせんだい
359.9	岩切	いわきり
362.2	陸前山王	りくぜんさんのう
363.5	国府多賀城	こくふたがじょう
365.2	塩釜	しおがま
375.2	松島	まつしま
377.2	愛宕	あたご
381.6	品井沼	しないぬま
386.6	鹿島台	かしまだい
391.5	松山町	まつやままち
395.0	小牛田	こごた
401.1	田尻	たじり
407.8	瀬峰	せみね
411.5	梅ヶ沢	うめがさわ
416.2	新田	にった
423.5	石越	いしこし
427.0	油島	ゆしま
431.2	花泉	はないずみ
434.4	清水原	しみずはら
437.8	有壁	ありかべ
445.1	一ノ関	いちのせき
448.0	山ノ目	やまのめ
452.3	平泉	ひらいずみ
459.9	前沢	まえさわ
465.1	陸中折居	りくちゅうおりい
470.1	水沢	みずさわ
477.7	金ヶ崎	かねがさき
481.1	六原	ろくはら
487.5	北上	きたかみ
492.2	村崎野	むらさきの
500.0	花巻	はなまき
505.7	花巻空港	はなまきくうこう
511.4	石鳥谷	いしどりや
516.8	日詰	ひづめ
518.6	紫波中央	しわちゅうおう
521.5	古館	ふるだて
525.1	矢幅	やはば
529.6	岩手飯岡	いわていいおか
533.5	仙北町	せんぼくちょう
535.3	盛岡	もりおか

km	駅名	よみ
0.0	（岩切）	
2.5	新利府	しんりふ
4.2	利府	りふ

新利府駅
新幹線の車両基地通勤のために造られた駅で、駅のすぐ目の前が、東北新幹線の車両基地になっている。

花巻駅
東北本線で東京駅を起点にして500kmの駅。宮沢賢治の童話『シグナルとシグナレス』はこの駅がモチーフ。

小牛田駅
鉄道の要衝として栄えた小牛田は、いまも石巻線と陸羽東線が分岐する重要な駅。石巻線への貨物列車も見られる。

廃線
- 仙北鉄道築館（12.5km）瀬峰－築館　1950年廃止
- 仙北鉄道登米線（28.6km）瀬峰－登米　1968年廃止
- くりはら田園鉄道（25.7km）石越－細倉マインパーク前　2007年廃止

路線プロフィール

JR東北本線　仙台－盛岡　183.5km／岩切－利府　4.2km／187.7km（全線631.3km）　狭軌 単複 電 ⚠

仙台以北の東北本線は、塩竈（後の塩釜埠頭駅）へ向かっていた路線から分岐する形で、明治23年4月、岩切－一ノ関間が開通した。同年11月には、一ノ関－盛岡間も開業し、仙台－盛岡間が結ばれることになる。当時のルートは、岩切－品井沼間を利府経由で結ぶものであった。この区間は勾配が連続し、輸送力増強の妨げとなることから、昭和19年、当時の塩竈線の陸前山王駅から品井沼駅の間を海岸よりの新ルートで開通させ、塩竈線岩切－陸前山王間も東北線とした。これ以降、岩切－品井沼間は2つのルートで運転されていたが、昭和37年、山側ルートの利府－品井沼間は廃止された。現在の東北本線仙台－盛岡間の列車は、一ノ関を境に系統が分かれている。一ノ関以南では、仙台－一ノ関間のほか、仙台－小牛田間、仙台－松島間、小牛田－一ノ関間などで区間列車が運転されている。一ノ関以北では、一ノ関－盛岡間のほか、北上－盛岡間などの区間列車がある。また、仙台－小牛田間で快速<**南三陸**>が、花巻－盛岡間で快速<**はまゆり**>が乗り入れてくる。

おもな列車

快速 南三陸

仙台－小牛田の東北本線を通り、気仙沼線の気仙沼へ。東北本線内では仙台、小牛田以外には停車しない。キハ110系

快速 はまゆり

盛岡－釜石を結ぶ快速列車で、盛岡－花巻間は東北本線を通る。東北本線内では矢幅に停車。キハ110系

普通 東北本線

E721系電車。平成19年に登場した仙台都市圏輸送用の交流電車である。従来の車両に比べて床の高さが低くなり、乗降口のステップが廃止されている

普通 東北本線

719系電車。平成元年登場の、仙台地区の東北本線などで使われている交流電車で、車内のクロスシートの配置が独特である

普通 東北本線

701系電車。3ドアロングシートの通勤使用の交流電車で、仙台地区では2両編成のほか、4両編成のものも使われている

絶景＆撮影ポイント

❶ 塩釜－松島（東北本線）MAP　海側を走る仙石線ともつれ合うように走る。東北本線の車窓から、松島の海岸を望める貴重な区間でもある。

❷ 品井沼－鹿島台（東北本線）MAP　上下線の線路が離れていて、単線区間のような写真が撮影できる。吉田川の土手の上で、品井沼駅からは北に約1.5km。

❸ 平泉－前沢（東北本線）MAP　北上川のほとりの水田の中を、奥州藤原氏の栄華を今に伝える史跡を遠望しながら走り抜けていく区間。

❹ 金ヶ崎－六原（東北本線）MAP　長い直線区間を快走する列車を撮影できる。EH500が牽く長編成の貨物列車も、すっきりと収められる。両駅の中間付近。

Topics　北上川水運から鉄道へ

古くから米の一大生産地であった現在の岩手、宮城県地方からは、江戸時代にも多くの年貢米が江戸へと送られていきました。当初は、奥州街道を陸路で送られていましたが、やがて、北上川を使った舟による輸送に変わります。傾斜が緩く流れが穏やかな北上川は舟運に適していたため、川沿いには、中継点としてたくさんの河岸が設けられました。黒沢尻町（現・北上市）なども、舟運で発展した街でした。しかし明治23年、日本鉄道が盛岡まで開通すると、この地方の輸送体系は一変します。川舟よりも大量に、しかも早く輸送できる鉄道に、舟運は取って代わられることになりました。こうして、栄華を極めた北上川の舟運も、歴史の彼方へと消えていったのです。

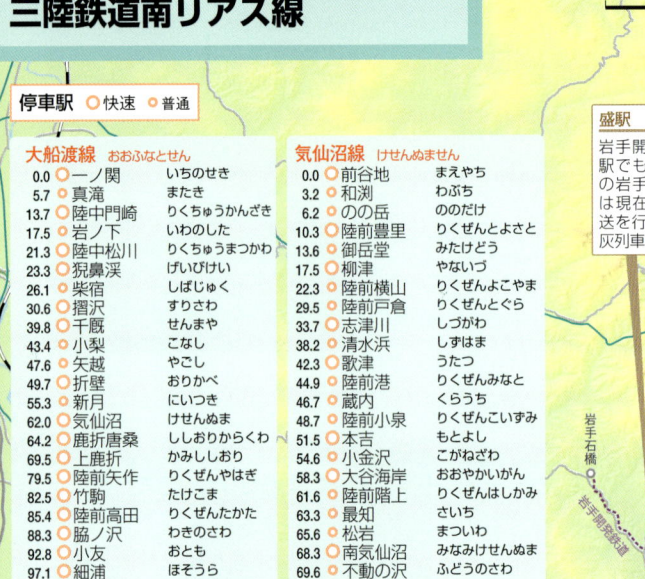

JR大船渡線　JR気仙沼線
三陸鉄道南リアス線

縮尺 1:600,000

停車駅 ○快速　●普通

大船渡線　おおふなとせん

km	駅名	よみ
0.0	一ノ関	いちのせき
5.7	真滝	またき
13.7	陸中門崎	りくちゅうかんざき
17.5	岩ノ下	いわのした
21.3	陸中松川	りくちゅうまつかわ
23.3	猊鼻渓	げいびけい
26.1	柴宿	しばじゅく
30.6	摺沢	すりさわ
39.8	千厩	せんまや
43.4	小梨	こなし
47.6	矢越	やごし
49.7	折壁	おりかべ
55.3	新月	にいつき
62.0	気仙沼	けせんぬま
64.2	鹿折唐桑	ししおりからくわ
69.5	上鹿折	かみししおり
79.5	陸前矢作	りくぜんやはぎ
82.5	竹駒	たけこま
85.4	陸前高田	りくぜんたかた
88.3	脇ノ沢	わきのさわ
92.8	小友	おとも
97.1	細浦	ほそうら
100.2	下船渡	しもふなと
103.1	大船渡	おおふなと
105.7	盛	さかり

気仙沼線　けせんぬません

km	駅名	よみ
0.0	前谷地	まえやち
3.2	和渕	わぶち
6.2	のの岳	ののだけ
10.3	陸前豊里	りくぜんとよさと
13.6	御岳堂	みたけどう
17.5	柳津	やないづ
22.3	陸前横山	りくぜんよこやま
29.5	陸前戸倉	りくぜんとぐら
33.7	志津川	しづがわ
38.2	清水浜	しずはま
42.3	歌津	うたつ
44.9	陸前港	りくぜんみなと
46.7	蔵内	くらうち
48.7	陸前小泉	りくぜんこいずみ
51.5	本吉	もとよし
54.6	小金沢	こがねざわ
58.3	大谷海岸	おおやかいがん
61.6	陸前階上	りくぜんはしかみ
63.3	最知	さいち
65.6	松岩	まついわ
68.3	南気仙沼	みなみけせんぬま
69.6	不動の沢	ふどうのさわ
72.8	気仙沼	けせんぬま

三陸鉄道南リアス線　さんりくてつどうみなみりあすせん

km	駅名	よみ
0.0	盛	さかり
3.7	陸前赤崎	りくぜんあかさき
9.1	綾里	りょうり
12.0	恋し浜	こいしはま
14.3	甫嶺	ほれい
17.0	三陸	さんりく
21.6	吉浜	よしはま
27.7	唐丹	とうに
33.1	平田	へいた
36.6	釜石	かまいし

盛駅
岩手開発鉄道の駅でもある。その岩手開発鉄道は現在も貨物輸送を行っていて長編成の石灰列車が行き来している。

猊鼻渓駅
砂鉄川両岸の切り立った崖の間をスリリングな船下りで楽しめる。乗船場は、猊鼻渓駅から歩いて5分。

細浦駅
"日本の渚百選"にも選ばれた美しい海岸、碁石海岸へは、この駅からバスが連絡。

廃線
● 岩手開発鉄道（9.5km）※貨物は存続
盛─岩手石橋　1992年旅客営業廃止

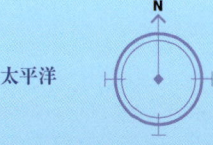

路線プロフィール

JR気仙沼線　前谷地－気仙沼　72.8km　狭軌 単

昭和32年、南気仙沼－本吉間が開通するとともに、既存の気仙沼－南気仙沼間の貨物線を編入し、気仙沼－本吉間が気仙沼線となる。一方、昭和43年には、柳津線として、前谷地－柳津間が開業した。昭和52年、柳津－本吉間も開通、前谷地－気仙沼間が気仙沼線となり、現在の姿になる。普通列車は、ほとんどが石巻線直通となっていて、小牛田－気仙沼間の運転が主力である。このほか、仙台まで直通する列車や、本吉－気仙沼間の区間列車もある。

JR大船渡線　一ノ関－盛　105.7km　狭軌 単

大正14年、一ノ関－摺沢間が開通。昭和2年に千厩、昭和3年には折壁と延伸され、昭和4年に気仙沼まで開通した。気仙沼以遠も工事が進められ、上鹿折、陸前矢作、細浦、大船渡と小刻みに延伸を繰り返したのち、昭和10年に、一ノ関－盛間の全線が開通した。大船渡線では、全線を直通する列車のほか、一ノ関－気仙沼、気仙沼－盛の区間列車が運転されている。

三陸鉄道南リアス線　盛－釜石　36.6km　狭軌 単

国鉄盛線として昭和45年に盛－綾里間が開通。昭和48年には吉浜まで延伸された。吉浜から先、釜石までの建設も進められていたが、第1次特定地方交通線への指定に伴って工事が凍結された。その後、建設中の区間を含めて第3セクターの三陸鉄道として引き継ぐことになり、昭和59年、吉浜－釜石間が開通、盛－釜石間が三陸鉄道南リアス線となる。普通列車のみでほとんどが盛－釜石間の折り返し運転だが、1往復のみ盛から山田線を経由して北リアス線の久慈まで直通する。

おもな列車

南三陸
仙台－気仙沼。キハ110系。＜南三陸2・3号＞に連結されている指定席は、リクライニングシート

大船渡線
キハ100系。大船渡線の全列車に使われている。一部列車ではワンマン運転を実施

三陸鉄道南リアス線
36形の「36」は「さんりく」の語呂合わせ。近年、車両のリニューアルが行われた

絶景＆撮影ポイント

1. **和渕－のの岳**（気仙沼線）　江合川の鉄橋を渡る列車を撮影できる。和渕駅から約400m北へ向かった川の土手。午後の快速＜南三陸4号＞が最大の被写体。
2. **小金沢－大谷海岸**（気仙沼線）　波穏やかな入り江の砂浜に沿って列車が走る。トンネルの多い気仙沼線の中で、ゆっくりと海を眺められる貴重な区間。
3. **真滝－陸中門崎**（大船渡線）　春になると一面に菜の花が咲き誇り、車窓からも楽しめるほか、その中を行く列車も撮影できる。真滝－陸中門崎間の中間付近。
4. **細浦－下船渡**（大船渡線）　大船渡湾に沿って走る区間。複雑な入り江が連続するリアス式海岸ならではの風景を、車窓いっぱいに望むことができる。

Topics　ドラゴンレールの由来

大船渡線は、当初の計画では、陸中門崎駅から現在の国道284号線沿いにまっすぐ千厩へと進むルートを採用することになっていました。しかし、このルートに対しては、摺沢の地元関係者から、摺沢を通る経路に変更する要請があり、大船渡線は、陸中門崎駅から摺沢へと北上するルートに改められます。この新しい計画は、摺沢から先で千厩を経由せず、現在の国道343号線沿いに直接大船渡へと抜けるルートになりました。ところが、その後今度は千厩の地元関係者から、大船渡線を千厩経由にルート変更するよう要請があり、大船渡線は再び計画を変更し、摺沢から千厩へと南下することになったといいます。こうして出来上がった大船渡線は、北へ南へと曲がりくねったルート。かつては鍋弦線とも呼ばれたこのルートを、体をよじらせるドラゴンに見立てて名付けられたのが、「ドラゴンレール大船渡線」という愛称の由来です。

JR釜石線　JR山田線

停車駅　○快速　●普通

1:600,000
0　　10　　20km

秋田県
奥羽山脈

岩手県

十和田八幡平国立公園
IGRいわて銀河鉄道P138

大志田駅
1日に3本しか列車が止まらない駅。降りることすら困難な"秘境駅"だ。

遠野駅
民話の里・遠野の玄関口は、石造りの重厚な建物。駅の2階はホテル。

北上高地

釜石線　かまいしせん

km	駅	よみ
0.0	花巻	はなまき
3.5	似内	にたない
6.4	新花巻	しんはなまき
8.3	小山田	おやまだ
12.7	土沢	つちざわ
15.9	晴山	はるやま
21.7	岩根橋	いわねばし
25.1	宮守	みやもり
31.2	柏木平	かしわぎだいら
33.6	鱒沢	ますざわ
36.4	荒谷前	あらやまえ
39.3	岩手二日町	いわてふつかまち
41.1	綾織	あやおり
46.0	遠野	とおの
50.3	青笹	あおざさ
53.8	岩手上郷	いわてかみごう
56.6	平倉	ひらくら
61.2	足ヶ瀬	あしがせ
65.4	上有住	かみありす
73.7	陸中大橋	りくちゅうおおはし
79.6	洞泉	どうせん
83.2	松倉	まつくら
86.5	小佐野	こさの
90.2	釜石	かまいし

廃線
● 花巻電鉄鉛線（18.0km）
　中央花巻－西花巻　1965年廃止
　西花巻－西鉛温泉　1969年廃止
● 花巻電鉄花巻温泉線（8.2km）
　西花巻－花巻　1969年廃止
　花巻－花巻温泉　1972年廃止

路線プロフィール

JR釜石線　花巻－釜石　90.2km

狭軌　単

大正2年、岩手軽便鉄道として、花巻－土沢間が開通。その後、晴山、岩根橋と延伸。遠野側からも工事が進められ、大正3年には、遠野－仙人峠（現・廃駅）間、鱒沢－遠野間が開通した。翌4年7月に柏木平－鱒沢間、11月には岩根橋－柏木平間も開通し、岩手軽便鉄道は全通。昭和11年に国有化された後、昭和18年・24年には改軌も実施。一方、釜石側から釜石東線として、昭和19年陸中大橋－釜石間が開通。昭和25年、足ヶ瀬－陸中大橋間開通、遠野－足ヶ瀬間の改軌により、花巻－釜石間が1067mmゲージに統一され、釜石線となった。現在、ほぼすべての列車が、花巻－釜石間の運転で、一部列車は、盛岡、宮古まで直通している。

JR山田線　盛岡－釜石　157.5km

狭軌　単

山田線は、盛岡と陸中山田を結ぶ路線として建設が始まり、大正12年に、最初の区間として、盛岡－上米内間が開通した。区界、松草、平津戸、陸中川井と延伸が進み、昭和9年には、宮古まで到達している。引き続き工事は進められ、昭和10年には、宮古－陸中山田間が開通、その後も延伸を進め、昭和14年の大槌－釜石間の開通をもって、全線が開通した。山田線の列車は、盛岡－宮古間と、宮古－釜石間のふたつの区間に分かれて運転。盛岡－宮古間では、快速＜リアス＞も運転されているが、列車の本数は極めて少ない。一方、宮古－釜石間では、釜石線や三陸鉄道への直通列車もあり、1～2時間間隔で列車が運転されている。

山田線 やまだせん

km	駅	よみ
0.0	盛岡	もりおか
2.8	上盛岡	かみもりおか
4.9	山岸	やまぎし
9.9	上米内	かみよない
19.2	大志田	おおしだ
27.6	浅岸	あさぎし
35.6	区界	くざかい
43.6	松草	まつくさ
52.2	平津戸	ひらつと
61.5	川内	かわうち
65.7	箱石	はこいし
73.5	陸中川井	りくちゅうかわい
82.6	腹帯	はらたい
87.0	茂市	もいち
91.5	蟇目	ひきめ
94.2	花原市	けばらいち
98.8	千徳	せんとく
102.1	宮古	みやこ
104.1	磯鶏	そけい
111.3	津軽石	つがるいし
117.5	豊間根	とよまね
128.6	陸中山田	りくちゅうやまだ
130.8	織笠	おりかさ
133.6	岩手船越	いわてふなこし
140.0	浪板海岸	なみいたかいがん
141.8	吉里吉里	きりきり
145.2	大槌	おおつち
149.2	鵜住居	うのすまい
151.4	両石	りょういし
157.5	釜石	かまいし

おもな列車

快速 はまゆり
キハ110系。盛岡から釜石線を経由し釜石まで運行。指定席車にはリクライニングシートの車両が、自由席車にはセミクロスシートの車両が使われている

普通 釜石線・山田線
キハ100系。16mと短いボディのローカル線用気動車で、釜石線全線と山田線宮古－釜石間の普通列車に使われている

普通 山田線
キハ110系。平成19年より、山田線の盛岡－宮古間で使われている。無線の届きにくい山中を走るため、業務連絡用に衛星電話が設置されている

釜石駅 名物・橋上市場は姿を消したが、駅近くにサンフィッシュ釜石として生まれ変わった。

絶景＆撮影ポイント

① MAP 宮守－柏木平（釜石線） 風情ある石橋を走る姿が撮影できる。シーズンにはライトアップもされ、闇に浮かぶ石橋を行く列車は、まさに『銀河鉄道の夜』を彷彿とさせる。

② MAP 上有住－陸中大橋（釜石線） 足ヶ瀬駅から陸中大橋駅に向かう下り列車が、谷の底に吸い込まれるように滑り下りていく、ジェットコースターのような車窓が楽しめる区間。

③ MAP 山岸－上米内（山田線） のどかな山村を走る列車を撮影できる。山田線は、列車本数が極めて少ないが、盛岡近郊のこの区間では、若干本数も多くなりチャンスも増える。

④ MAP 大志田－浅岸（山田線） 車窓に広がるのは深い森ばかり。この付近は、連続して急勾配が続く山中を行く。山をかき分け北上高地を越えていく。

Topics 陸中大橋のオメガループ

釜石線の上有住－陸中大橋間を地図で見ると、Ωの形に線路が敷かれていることが見てとれます。全通前の釜石線は、花巻から仙人峠間は釜石東線として、陸中大橋－釜石間は釜石西線として運行されていて、鉄道未開通の仙人峠－陸中大橋間は、貨物は索道で運び、旅客は約6kmの峠道を徒歩連絡していました。この区間を結ぶ鉄道も計画されていましたが、高低差は約400mにも及び建設が困難なため、別ルートを採用することになります。これが、上有住駅を経由しΩ型のルートで距離を稼ぎつつ、陸中大橋へと下る現在の経路です。地図上に特異な形を残すΩ型の線路。それは、峠を克服する知恵の結晶なのです。

JR八戸線　JR岩泉線　三陸鉄道北リアス線

1：600,000

プレイピア白浜駅
近くの遊園地が閉園したため1本も列車が停車しない臨時駅。

田野畑駅
駅の愛称は"カンパネルラ"。宮沢賢治の童話から名付けられた。

押角駅
山の中に伸びるレールに、ホームがひとつ。孤独感が味わえる。

青森県
岩手県
太平洋

八戸線　はちのへせん

km	駅	よみ
0.0	八戸	はちのへ
3.4	長苗代	ながなわしろ
5.5	本八戸	ほんはちのへ
7.3	小中野	こなかの
9.0	陸奥湊	むつみなと
10.3	白銀	しろがね
11.8	鮫	さめ
16.2	プレイピア白浜(臨)	ぷれいぴあしらはま
17.5	陸奥白浜	むつしらはま
19.6	種差海岸	たねさしかいがん
21.8	大久喜	おおくき
24.3	金浜	かねはま
25.8	大蛇	おおじゃ
27.5	階上	はしかみ
29.5	角の浜	かどのはま
32.1	平内	ひらない
34.2	種市	たねいち
38.1	玉川	たまがわ
40.0	宿戸	しゅくのへ
43.1	陸中八木	りくちゅうやぎ
45.8	有家	うげ
48.4	陸中中野	りくちゅうなかの
54.4	侍浜	さむらいはま
61.7	陸中夏井	りくちゅうなつい
64.9	久慈	くじ

三陸鉄道北リアス線　さんりくてつどうきたりあすせん

km	駅	よみ
0.0	宮古	みやこ
6.2	一の渡	いちのわたり
9.1	佐羽根	さばね
12.7	田老	たろう
21.5	摂待	せったい
25.1	小本	おもと
33.4	島越	しまのこし
35.6	田野畑	たのはた
44.9	普代	ふだい
48.3	白井海岸	しらいかいがん
51.4	堀内	ほりない
55.9	野田玉川	のだたまがわ
59.9	陸中野田	りくちゅうのだ
63.3	陸中宇部	りくちゅううべ
71.0	久慈	くじ

岩泉線　いわいずみせん

km	駅	よみ
0.0	茂市	もいち
4.3	岩手刈屋	いわてかりや
7.2	中里	なかさと
10.0	岩手和井内	いわてわいない
15.8	押角	おしかど
25.3	岩手大川	いわておおかわ
31.0	浅内	あさない
33.8	二升石	にしょういし
38.4	岩泉	いわいずみ

路線プロフィール

三陸鉄道北リアス線　宮古－久慈　71.0km
狭軌　単

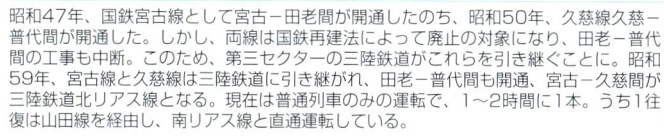

昭和47年、国鉄宮古線として宮古－田老間が開通したのち、昭和50年、久慈線久慈－普代間が開通した。しかし、両線は国鉄再建法によって廃止の対象になり、田老－普代間の工事も中断。このため、第三セクターの三陸鉄道がこれらを引き継ぐことに。昭和59年、宮古線と久慈線は三陸鉄道に引き継がれ、田老－普代間も開通、宮古－久慈間が三陸鉄道北リアス線となる。現在は普通列車のみの運転で、1～2時間に1本。うち1往復は山田線を経由し、南リアス線と直通運転している。

JR八戸線　八戸－久慈　64.9km
狭軌　単

日本鉄道により、明治27年尻内（現・八戸）－八ノ戸（現・本八戸）間が開業したのがはじまりである。その後、大正13年に八戸（現・本八戸）－種市間、大正14年には種市－陸中八木間と、順次延伸し、昭和5年、陸中八木－久慈間の開通に伴い、尻内－久慈間が全通した。八戸線の列車は、八戸市近郊の八戸－鮫間を中心に運転されている。八戸－鮫間の列車は1時間に1本程度だが、そのうち久慈まで運転される列車は半分程度。

JR岩泉線　茂市－岩泉　38.4km
狭軌　単

山田線茂市駅から岩泉を経由し小本まで結ぶ小本線として計画され、昭和17年に茂市－岩手和井内間が開通した。昭和19年押角まで、昭和22年には、宇津野駅付近の鉱山から銅鉱石を輸送するため宇津野（押角－岩手大川間、廃線）まで開通した。その後、昭和32年浅内まで延伸ののち、昭和47年岩泉まで開通。残る岩泉－小本間の工事は中断されたまま現在にいたる。茂市から岩泉間が1日3往復、このほかに茂市から岩手和井内までの区間運転が1日1往復と極めて少なく、究極のローカル線といえる存在である。

おもな列車

普通 八戸線
キハ40、48形。八戸線の普通列車のすべてで使用されている。＜うみねこ＞号は、車内がリクライニングシートになっている

普通 岩泉線
キハ110系。JR東日本標準の一般型気動車で、それまで使用されていたキハ52型に変わり、平成19年から岩泉線で使用されている

普通 三陸鉄道
36形。三陸鉄道で使われている気動車で、車内をリクライニングシートに変えたものや、レトロ調車両、お座敷仕様車などもある

絶景＆撮影ポイント

❶ 八戸－長苗代（八戸線） MAP　八戸線の列車だけでなく、並行して走る八戸臨海鉄道の貨物列車も撮影できるお得な撮影ポイント。八戸線には人気のタラコ色の車両も走る。

❷ 鮫－陸奥白浜（八戸線） MAP　ウミネコの繁殖地で名高い蕪島を望む。運がよければ、青い海と空をバックに群れをなして飛び交うウミネコの姿を、車内からも見ることができる。

❸ 堀内－野田玉川（三陸鉄道） MAP　太平洋を望む眺望は素晴らしい三陸鉄道屈指の絶景ポイントで、列車によっては、橋の上で徐行運転や、一旦停車をしてくれる。

❹ 押角－岩手大川（岩泉線） MAP　深い谷の底をカーブしながら走る―そんな秘境ムード満点の写真を撮影できる。国道340号線の押角峠付近だが、悪路なので注意が必要。

Topics　リアス式海岸を行く

三陸鉄道北リアス線の列車は、駅を出ると長いトンネル、トンネルを抜けると高い橋で谷を越え、またトンネルという区間が続きます。これは、急峻な山がそのまま海に落ち込み海岸線が複雑に入り組む、リアス式海岸に沿って敷設されているためです。昭和30年代以前までは、このような場所に線路を敷く場合、地形に忠実にカーブと勾配を組み合わせることで越えていきましたが、建設技術の向上により、トンネルと橋を使い、一直線に山と谷を越えることができるようになりました。山を串刺しにするように走り、トンネルと橋が目まぐるしく連続する三陸鉄道の車窓は、近代鉄道建築の象徴です。

JR東北本線④ (八戸～青森) JR大湊線 青い森鉄道
IGRいわて銀河鉄道 十和田観光電鉄

青森駅
かつての青函連絡船「八甲田丸」は駅近くの岸壁に係留され公開。

奥中山高原駅
名誉駅長は犬のマロン。勤務時は制服・制帽で出迎えてくれる。

好摩駅
石川啄木が故郷を発ち、東京へと向かった駅。駅構内には句碑がある。

停車駅 ◎特急 ○普通

IGRいわて銀河鉄道
あいじーあーるいわてぎんがてつどう

km	駅	よみ
0.0	◎盛岡	もりおか
3.2	○青山	あおやま
5.6	○厨川	くりやがわ
10.2	○巣子	すこ
12.2	○滝沢	たきざわ
16.6	○渋民	しぶたみ
21.3	○好摩	こうま
26.9	○岩手川口	いわてかわぐち
32.0	◎いわて沼宮内	いわてぬまくない
37.3	○御堂	みどう
44.4	◎奥中山高原	おくなかやまこうげん
52.2	○小繋	こつなぎ
59.8	○小鳥谷	こずや
64.5	◎一戸	いちのへ
70.8	◎二戸	にのへ
73.7	○斗米	とまい
78.4	○金田一温泉	きんたいちおんせん
82.0	○目時	めとき

青い森鉄道
あおいもりてつどう

km	駅	よみ
0.0	○目時	めとき
5.5	◎三戸	さんのへ
9.5	○諏訪ノ平	すわのたいら
14.8	◎剣吉	けんよし
18.2	○苫米地	とまべち
21.0	○北高岩	きたたかいわ
25.9	◎八戸	はちのへ

東北本線④
とうほくほんせん

km	駅	よみ
0.0	◎八戸	はちのへ
6.9	○陸奥市川	むついちかわ
11.1	○下田	しもだ
16.3	○向山	むかいやま
21.0	◎三沢	みさわ
27.6	○小川原	こがわら
31.5	○上北町	かみきたちょう
38.4	○乙供	おっとも
45.0	○千曳	ちびき
51.4	◎野辺地	のへじ
57.9	○狩場沢	かりばさわ
62.6	○清水川	しみずがわ
68.6	○小湊	こみなと
72.4	○西平内	にしひらない
78.8	◎浅虫温泉	あさむしおんせん
83.7	○野内	のない
86.8	○矢田前	やだまえ
88.8	○小柳	こやなぎ
90.2	◎東青森	ひがしあおもり
96.0	◎青森	あおもり

大湊線
おおみなとせん

km	駅	よみ
0.0	○野辺地	のへじ
2.8	○北野辺地	きたのへじ
9.6	○有戸	ありと
23.0	○吹越	ふっこし
30.1	○陸奥横浜	むつよこはま
36.0	○有畑	ありはた
42.7	○近川	ちかがわ
47.7	○金谷沢	かなやさわ
53.2	○赤川	あかがわ
55.5	○下北	しもきた
58.4	○大湊	おおみなと

十和田観光電鉄
とわだかんこうでんてつ

km	駅	よみ
0.0	○三沢	みさわ
2.7	○大曲	おおまがり
5.1	○柳沢	やなぎざわ
6.4	○七百	しちひゃく
8.4	○古里	ふるさと
9.9	○三農校前	さんのうこうまえ
10.6	○高清水	たかしみず
12.7	○北里大学前	きたとだいがくまえ
13.3	○工業高校前	こうぎょうこうこうまえ
13.7	○ひがし野団地	ひがしのだんち
14.7	○十和田市	とわだし

廃線
- 南部縦貫鉄道 (20.9km)
  野辺地－七戸 1997年休止・2002年廃止
- 下北交通大畑線 (18.0km)
  下北－大畑 2001年廃止

138

路線プロフィール

JR東北本線④　八戸－青森　96.0km（全631.3km）　狭軌 複 電

東北本線の盛岡－青森間は日本鉄道により明治24年に開通した。その後、明治39年に国有化されている。昭和43年には複線化に伴い、野内－青森間および乙供－野辺地間の移設が行われ、現在の姿になる。普通列車は、八戸－青森間の列車のほか、八戸－三沢間、浅虫温泉－青森間の区間列車も運転されている。

青い森鉄道　目時－八戸　25.9km　狭軌 複 電

目時－八戸間は日本鉄道が明治24年に開通させた区間。その後国有化され東北本線となったが、東北新幹線盛岡－八戸間の開業に伴い、並行在来線の目時－八戸間は、平成14年より青い森鉄道が引き継ぐことになった。IGRいわて銀河鉄道と一体で運転されており、目時駅を始発終着とする列車はない。

JR大湊線　野辺地－大湊　58.4km　狭軌 単

大湊軽便線として、大正10年3月に野辺地－陸奥横浜間が開通したのち、同年9月に大湊まで全線開通した。普通列車のほか、快速＜しもきた＞が運転され、一部の列車は、青森、八戸から直通運転されている。また、多客期には、リゾートトレイン＜きらきらみちのく＞が、八戸－大湊間に1往復運転されている。

IGRいわて銀河鉄道　盛岡－目時　82.0km　狭軌 複 電

盛岡－目時間は明治24年、日本鉄道により開通。平成14年、東北新幹線八戸延伸に伴う並行在来線の経営移管により、IGRいわて銀河鉄道となる。青い森鉄道、JR花輪線と直通運転しており、盛岡－八戸・大館間を主体に運転されている。一部列車はJR東北本線とも直通している。

十和田観光電鉄　三沢－十和田市　14.7km　狭軌 単 電

十和田観光電鉄は、軽便鉄道規格の十和田鉄道として、大正11年、古間木（現・三沢）－三本木（現・十和田市）間の全線が開通した。昭和26年には1,067mmへ改軌および電化が行われ、十和田観光電鉄に社名を変えている。すべて各駅停車で三沢－十和田市間の普通列車である。

おもな列車

特急 つがる 
E751系電車。老朽化した485系の代替用として、平成11年から製造された車両。白いボディにオレンジ色が鮮やかな塗装をまとう。6両編成

特急 白鳥 
485系は、座席などに改良を加えたリニューアル車両が使われている。基本は6両編成だが、多客期には8両編成に増結されることもある

特急 スーパー白鳥 
789系。JR北海道所属の特急型電車で、東北本線には、青森から八戸まで乗り入れてくる。車両によって特急＜白鳥＞と区別されている

快速 きらきらみちのく 
キハ48系。観光シーズンなどに八戸－大湊間で運転

快速 しもきた 
キハ100系。青森－大湊を1日3往復、八戸－大湊を1日1往復など

電車 十和田観光電鉄 
7700形電車。かつて東急で活躍した車両で、地方の鉄道では珍しいVVVF制御

絶景＆撮影ポイント

① 狩場沢－清水川（東北本線）　陸奥湾沿いを走る区間。この付近はホタテ貝の一大産地として知られ、海岸にはホタテを養殖する筏が一面に広がる。

② 有戸－吹越（大湊線）　陸奥湾をバックに列車を撮影できる。荒涼とした海岸は北国ムード満点。臨時列車＜きらきらみちのく＞が、絶好の被写体となる。

③ 剣吉－苫米地（青い森鉄道）　苫米地のカーブとして親しまれた撮影ポイント。昼間の特急は走らなくなったが、長編成の貨物列車は健在。

④ 奥中山高原－小繋（IGRいわて銀河鉄道）　SL時代から親しまれた十三本木峠の撮影地。EH500レッドサンダーが牽く貨物列車が、新たな魅力を提供してくれる。

Topics　鉄道防雪林

冬の東北地方には、北西の季節風が強く吹き付けます。その強い風により、線路に雪の吹きだまりができることもありますが、これは、列車の運行の妨げになるばかりか、列車転覆の原因にもなります。そこで、列車の安全な運行を守るため、線路沿いに植林したものが鉄道防雪林です。日本で初めて鉄道防雪林が植林された場所は、東北本線の野辺地駅周辺で、明治26年に、ドイツから帰国した林学者、本多静六が、当時の日本鉄道に助言したことがきっかけで、明治26年に造られました。その林の距離は、およそ2kmにも及びます。この鉄道防雪林は、現在でも野辺地駅のホームから望むことができます。長い歴史を刻むこの立派な林によって、100年以上を経た今もなお、東北本線の線路は守られています。

JR奥羽本線② (新庄～秋田)
JR田沢湖線　JR北上線

角館駅
武家屋敷で知られる歴史の街らしい落ち着いた駅舎。

ほっとゆだ駅
駅に日帰り温泉がある。湯船には信号機があり、列車の到着を知らせてくれる。

院内駅
東北の駅百選。駅舎の一部は、院内銀山異人館として公開。

奥羽本線② おううほんせん
↓奥羽本線① P122から

km	駅	よみ
148.6	新庄	しんじょう
154.2	泉田	いずみた
161.3	羽前豊里	うぜんとよさと
164.0	真室川	まむろがわ
173.2	釜淵	かまぶち
180.3	大滝	おおたき
185.8	及位	のぞき
194.4	院内	いんない
198.4	横堀	よこぼり
204.4	三関	みつせき
207.1	上湯沢	かみゆざわ
211.0	湯沢	ゆざわ
214.5	下湯沢	しもゆざわ
217.8	十文字	じゅうもんじ
221.2	醍醐	だいご
224.4	柳田	やなぎた
228.3	横手	よこて
234.7	後三年	ごさんねん
239.8	飯詰	いいづめ
247.0	大曲	おおまがり
253.0	神宮寺	じんぐうじ
260.6	刈和野	かりわの
265.4	峰吉川	みねよしかわ
271.9	羽後境	うごさかい
280.0	大張野	おおばりの
285.4	和田	わだ
292.3	四ツ小屋	よつごや
298.7	秋田	あきた

↓奥羽本線③ P144へ

田沢湖線 たざわこせん

km	駅	よみ
0.0	盛岡	もりおか
6.0	大釜	おおかま
10.5	小岩井	こいわい
16.0	雫石	しずくいし
18.7	春木場	はるきば
22.0	赤渕	あかぶち
40.1	田沢湖	たざわこ
44.4	刺巻	さしまき
52.8	神代	じんだい
55.3	生田	しょうでん
58.8	角館	かくのだて
61.6	鶯野	うぐいすの
64.6	羽後長野	うごながの
67.9	鑓見内	やりみない
70.2	羽後四ツ屋	うごよつや
72.0	北大曲	きたおおまがり
75.6	大曲	おおまがり

北上線 きたかみせん

km	駅	よみ
0.0	北上	きたかみ
2.1	柳原	やなぎはら
5.2	江釣子	えづりこ
8.4	藤根	ふじね
12.1	立川目	たてかわめ
14.3	横川目	よこかわめ
18.1	岩沢	いわさわ
20.3	和賀仙人	わがせんにん
28.8	ゆだ錦秋湖	ゆだきんしゅうこ
35.2	ほっとゆだ	ほっとゆだ
39.1	ゆだ高原	ゆだこうげん
44.3	黒沢	くろさわ
49.6	小松川	こまつかわ
51.6	平石	ひらいし
53.4	相野々	あいのの
56.6	矢美津	やびつ
61.1	横手	よこて

廃線
- 羽後交通横荘線（38.2km）
  - 二井山―老方　1953年廃止
  - 館合―二井山　1965年休止1966年廃止
  - 沼館―館合　1969年廃止
  - 横手―沼館　1971年廃止
- 羽後交通雄勝線（11.7km）
  - 西馬音内―梺　1967年廃止
  - 湯沢―西馬音内　1973年廃止

路線プロフィール

JR田沢湖線　盛岡－大曲　75.6km　　単　電

大正10年、盛岡から雫石まで開通、同年、大曲－神代も開通した。大正12年には生保内（現・田沢湖）まで開通したのち、昭和39年に雫石－赤渕、昭和41年に赤渕－田沢湖が開業し、現在の田沢湖線となる。秋田新幹線乗り入れに伴う改軌工事により、1年間の工事期間を経て平成9年、1,435mmゲージへの改軌が完成。秋田新幹線＜こまち＞が1時間に1本程度乗り入れるほか、普通列車が運転されている。田沢湖・赤渕間の普通列車は、1日4往復と極めて少ない。

JR奥羽本線②　新庄－秋田　150.1km（全線484.5km）　　狭広　単複　電

奥羽本線は青森側から建設が進められ、明治36年には秋田－和田が開業し、その後、明治38年には横手まで開通した。一方、福島方からも建設は進み、明治37年、新庄から院内間が開業、明治38年には残された院内から横手間も開通し、奥羽本線全線が開業した。かつては、奥羽本線を北上してきた特急列車が行き交ったこの区間も、山形、秋田両新幹線の開通に伴い、新庄－大曲間は普通列車が中心になっている。

JR北上線　北上－横手　61.1km　　狭軌　単

横手－相野々間が大正9年に開通したのがはじまり。大正11年までに陸中川尻（現・ほっとゆだ）まで延伸された。北上側からも大正10年の黒沢尻（現・北上）－横川目間の開通を皮切りに、大正13年10月までに大荒沢（廃駅）まで開業している。残る大荒沢－陸中川尻間は同年11月に開通。昭和37年には、湯田ダム建設に伴い、岩沢・陸中川尻間で、線路の付け替えが行われた。現在は普通列車のみ運転。

おもな列車

新幹線 こまち
E3系新幹線。新幹線内では最高時速275km、在来線では最高時速130kmで走る。登場時は5両編成だったが、平成10年より6両編成になった

普通 奥羽本線
701系。一般的な701系の車両だが、田沢湖線用の車両は、車体は同じでも台車が1435mm対応の車両が使われている

普通 北上線
キハ100系。平成2年に登場したローカル線用気動車。車体長が16mと短いことが特徴。北上線の全列車に使われている

絶景＆撮影ポイント

① 赤渕－田沢湖（田沢湖線）　太平洋側と日本海側を分ける分水嶺の険しい地形が感じられる貴重な区間。盛岡までの快調な走りとは対照的にゆっくり進む。

② 角館－鶯野（田沢湖線）　近代的なデザインのコンクリート橋を走る＜こまち＞号が魅力的な撮影ポイント。撮影地は、角館駅の南西約1kmの玉川に架かる橋。

③ 大張野－羽後境（奥羽本線）　在来線との並走区間で＜こまち＞を狙うポイント。カーブを曲がってくる迫力ある写真が撮影できる。在来列車との並走風景も。

④ 和賀仙人－ゆだ錦秋湖（北上線）　湯田ダムの建設に伴い線路が付け替えられた区間で、錦秋湖のほとりを列車が走る。新緑や紅葉の季節は、特に美しい。

Topics　大曲駅の駅内スイッチバック

日本の列車の座席は、進行方向に向いているのが基本ですが、秋田駅から出発する東京行の秋田新幹線＜こまち＞号の座席の向きは、なぜか進行方向と逆向きにセットされています。この謎は、30分後の大曲駅で解けます。大曲駅で＜こまち＞号は、進行方向を変え、今まで一番後ろだった車両を先頭に、東京へと向かいます。＜こまち＞号が走る田沢湖線は、大曲駅に秋田方面から進入するように建設されました。それは秋田新幹線が走るようになった現在でも変わらず、大曲駅の秋田新幹線ホームは行き止まりになっていて、＜こまち＞号がスイッチバックして発車していく姿を見ることができます。

秋田内陸縦貫鉄道 JR花輪線

湯瀬温泉駅
山間のいで湯、湯瀬温泉の最寄り駅。渓谷沿いには、風情ある温泉宿が並ぶ。

阿仁マタギ駅
駅の近くに、マタギの暮らしを紹介する資料館がある。

停車駅 ◎急行もりよし ○普通

秋田内陸縦貫鉄道
あきたないりく じゅんかいてつどう

km	駅
0.0	◎鷹巣
1.3	○西鷹巣
3.7	○小ヶ田
6.1	◎大野台
9.7	◎合川
12.1	○上杉
15.0	◎米内沢
20.5	◎桂瀬
25.2	◎阿仁前田
27.1	○前田南
29.1	○小渕
33.0	◎阿仁合
35.4	○荒瀬
38.1	○萱草
40.9	○笑内
43.3	○岩野目
46.0	◎比立内
49.7	◎奥阿仁
52.5	◎阿仁マタギ
61.2	○戸沢
65.9	○上桧木内
67.7	◎左通
71.7	◎羽後中里
75.0	◎松葉
77.9	○羽後長戸呂
82.9	○八津
86.9	◎西明寺
89.9	◎羽後太田
94.2	◎角館

たかのす / にしたかのす / おがた / おおのだい / あいかわ / かみすぎ / よないざわ / かつらせ / あにまえだ / まえだみなみ / こぶち / あにあい / あらせ / かやくさ / おかしない / いわのめ / ひたちない / おくあに / あにまたぎ / とざわ / かみひのきない / さどおり / うごなかざと / まつば / うごながとろ / やつ / さいみょうじ / うごおおた / かくのだて

路線プロフィール

JR花輪線 好摩－大館 106.9km
狭軌 単

大正3年に秋田鉄道が大館－扇田間を開通させたあと、延伸を繰り返し、大正12年には、陸中花輪（現・鹿角花輪）まで開通した。一方、岩手県側からは、花輪線として、大正11年好摩－平館間が開通後、赤坂田、荒屋新町、田山と順次延伸され、昭和6年陸中花輪まで開通し、秋田鉄道につながる。秋田鉄道は、昭和9年国有化され、好摩－大館間が花輪線となった。現在、花輪線の列車は、一部の区間列車を除き、IGRいわて銀河鉄道に乗り入れ、盛岡－大館間で直通運転されている。普通列車のほか、快速〈八幡平〉が1往復運転されている。

秋田内陸縦貫鉄道 鷹巣－角館 94.2km
狭軌 単

昭和9年、国鉄阿仁合線として鷹ノ巣（現・鷹巣）－米内沢間が開業。昭和10年に阿仁前田まで、昭和11年に阿仁合までと順次延伸された。昭和38年には、阿仁合－比立内間も開通し、阿仁合線全通。角館側からは、角館線として昭和46年角館－松葉間が開業した。比立内－松葉間の工事も進められていたが、国鉄再建法の施行により凍結、既存の阿仁合線、角館線も廃止対象に指定された。そのため、これらを第三セクター秋田内陸縦貫鉄道として引き受けることになり、昭和61年阿仁合線、角館線は秋田内陸縦貫鉄道に転換。平成元年比立内－松葉間も開業し、鷹巣－角館間が全通した。秋田内陸縦貫鉄道には、普通列車のほか、急行「もりよし」が下り2本、上り1本運転されている。

十和田南駅

山間部ではないが、スイッチバック。これは、毛馬内の街に駅を近付けるため。

おもな列車

花輪線

キハ110系。ワンマン運転装置を持ち、車内はロングシートと2人掛け、4人掛けのボックスシート。花輪線では平成19年から使用されている

もりよし

AN8900形。秋田内陸縦貫鉄道の急行＜もりよし＞用として、平成元年に登場した。大きな窓と、車両中央のソファタイプのシートが特徴になっている

秋田内陸縦貫鉄道

AN8800形。赤と白のツートンカラーであったが、リニューアルに伴い、赤、青、黄色などの一色に改められている

花輪線　はなわせん

km	駅	よみ
0.0	好摩	こうま
4.9	東大更	ひがしおおぶけ
9.0	大更	おおぶけ
13.7	平館	たいらだて
15.6	北森	きたもり
17.8	松尾八幡平	まつおはちまんたい
25.0	安比高原	あっぴこうげん
30.0	赤坂田	あかさかた
33.6	小屋の畑	こやのはた
37.6	荒屋新町	あらやしんまち
40.3	横間	よこま
49.1	田山	たやま
55.8	兄畑	あにはた
59.9	湯瀬温泉	ゆぜおんせん
64.2	八幡平	はちまんたい
66.1	陸中大里	りくちゅうおおさと
69.7	鹿角花輪	かづのはなわ
74.4	柴平	しばひら
77.7	十和田南	とわだみなみ
82.2	末広	すえひろ
84.6	土深井	どぶかい
86.6	沢尻	さわじり
89.6	十二所	じゅうにしょ
92.1	大滝温泉	おおたきおんせん
98.6	扇田	おうぎだ
103.3	東大館	ひがしおおだて
106.9	大館	おおだて

廃線

● 松尾鉱業鉄道（12.2km）
東八幡平ー大更　1972年廃止

絶景＆撮影ポイント

① 好摩ー東大更（花輪線）
岩手山をバックに、気軽に撮影できる好ポイント。田んぼの向こう側にそびえる岩手山と列車を画面に納めることができる。

② 松尾八幡平ー安比高原（花輪線）
松尾八幡平を出ると33‰という急勾配を登っていく。左後ろの車窓には、岩手富士とも呼ばれる岩手山の秀麗な姿も望める。

③ 萱草ー笑内（秋田内陸縦貫鉄道）
大又川橋梁を渡る列車を撮影できる。深緑の杉木立に赤い鉄橋がよいアクセントになっている。萱草駅の南側1kmの道路橋から。

④ 奥阿仁ー阿仁マタギ（秋田内陸縦貫鉄道）
森吉山の麓、山深い原生林を抜けていく。この付近は、伝統的なマタギの暮らしが営まれていた。

Topics　難所・龍ヶ森（安比高原）

花輪線の松尾八幡平駅と赤坂田駅の間では、安比高原駅をピークにそれぞれの駅から33‰という急な上り勾配が続きます。線路の規格が低く、重量級機関車が入線できなかった花輪線では、大正時代に製造されたハチロクこと8620型蒸気機関車を3両繋げて、この峠越えに挑んでいました。この迫力のハチロク3重連をカメラに収めようと、多くの鉄道ファンが集結したのです。とくに、龍ヶ森（現・安比高原）の前森山バックのポイントは人気でした。人々を魅了したハチロクも、昭和46年を最後に引退。現在では、近代的なディーゼルカーが軽々と、この峠を越えていきます。しかし、ハチロクとともにたくさんの写真に納まった、龍ヶ森のシンボル、前森山の姿だけは、当時のまま変わりません。

JR奥羽本線③（秋田～青森）　JR男鹿線
弘南鉄道大鰐線・弘南線

奥羽本線③　おううほんせん
↓奥羽本線② P140から

km	駅	よみ
298.7	秋田	あきた
305.8	土崎	つちざき
308.3	上飯島	かみいいじま
311.7	追分	おいわけ
318.9	大久保	おおくぼ
322.0	羽後飯塚	うごいいづか
323.6	井川さくら	いかわさくら
327.5	八郎潟	はちろうがた
333.0	鯉川	こいかわ
338.4	鹿渡	かど
345.1	森岳	もりたけ
349.4	北金岡	きたかなおか
355.4	東能代	ひがしのしろ
360.3	鶴形	つるがた
365.5	富根	とみね
372.2	二ツ井	ふたつい
379.5	前山	まえやま
384.9	鷹ノ巣	たかのす
388.1	糠沢	ぬかざわ
393.5	早口	はやぐち
397.7	下川沿	しもかわぞい
402.9	大館	おおだて
409.4	白沢	しらさわ
416.5	陣場	じんば
422.3	津軽湯の沢	つがるゆのさわ
427.2	碇ケ関	いかりがせき
432.0	長峰	ながみね
435.3	大鰐温泉	おおわにおんせん
440.7	石川	いしかわ
447.1	弘前	ひろさき
449.8	撫牛子	ないじょうし
453.4	川部	かわべ
456.6	北常盤	きたときわ
462.1	浪岡	なみおか
467.2	大釈迦	だいしゃか
473.0	鶴ケ坂	つるがさか
478.8	津軽新城	つがるしんじょう
480.6	新青森	しんあおもり
484.5	青森	あおもり

男鹿線　おがせん

km	駅	よみ
0.0	追分	おいわけ
5.1	出戸浜	でとはま
8.3	上二田	かみふただ
10.4	二田	ふただ
13.2	天王	てんのう
14.9	船越	ふなこし
18.9	脇本	わきもと
23.7	羽立	はだち
26.6	男鹿	おが

弘南鉄道大鰐線　こうなんてつどうおおわにせん

km	駅	よみ
0.0	大鰐	おおわに
0.7	宿川原	しゅくがわら
2.2	鯖石	さばいし
3.0	石川プール前	いしかわぷーるまえ
4.4	石川	いしかわ
5.7	義塾高校前	ぎじゅくこうこうまえ
6.7	津軽大沢	つがるおおさわ
8.4	松木平	まつきたい
9.3	小栗山	こぐりやま
10.0	千年	ちとせ
11.3	聖愛中高前	せいあいちゅうこうまえ
12.0	弘前学院大前	ひろさきがくいんだいまえ
13.1	弘高下	ひろたかした
13.9	中央弘前	ちゅうおうひろさき

弘南鉄道弘南線　こうなんてつどうこうなんせん

km	駅	よみ
0.0	弘前	ひろさき
0.9	弘前東高前	ひろさきひがしこうまえ
2.1	運動公園前	うんどうこうえんまえ
3.6	新里	にさと
5.2	館田	たちた
7.5	平賀	ひらか
9.5	柏農高校前	はくのうこうこうまえ
11.1	津軽尾上	つがるおのえ
12.5	尾上高校前	おのえこうこうまえ
13.8	田舎館	いなかだて
15.3	境松	さかいまつ
16.8	黒石	くろいし

廃線

- 弘南鉄道黒石線（6.2km）
  川部－黒石　1998年廃止
- 小坂精錬小坂鉄道（22.3km）
  大館－小坂　2009年廃止
- 同和鉱業花岡線（4.8km）
  大館－花岡　1985年廃止
- 秋田中央交通（3.8km）
  八郎潟－五城目　1969年廃止
- 秋田市交通局（市電）（7.3km）
  秋田駅前－土崎　1966年廃止

新青森駅
まもなく開業を迎える東北新幹線の駅が設けられ、北海道方面への乗り換え拠点に。

大館駅
この駅の「鶏めし」は古くから愛されている有名駅弁。

黒石駅
"こみせ"と呼ばれる長い庇を道に張り出した建物が並ぶ街並みが美しい。

停車駅　●特急　●普通

路線プロフィール

JR奥羽本線③　秋田－青森　185.8km（全484.5km）　狭軌 単複 電

秋田－青森間の建設は青森方面から進み、明治27年、弘前－青森間が開通。その後、碇ヶ関、白沢、大館、鷹ノ巣、能代（現・東能代）、五城目（現・八郎潟）と、小刻みに延伸を繰り返し、明治35年に秋田まで開通した。現在、秋田－青森間では、特急＜かもしか＞が1日3往復運転されるほか、上野と青森を結ぶ寝台特急＜あけぼの＞と、大阪と青森を結ぶ寝台特急＜日本海＞が運転されている。豪華寝台特急＜トワイライトエクスプレス＞も深夜に通過している。

JR男鹿線　追分－男鹿　26.6km　狭軌 単

大正2年、船川軽便線として、追分－二田間が最初に開通。大正3年に脇本、大正4年に羽立まで開通したのち、大正5年に羽立－船川（現・男鹿）間開通、全線が開通した。路線名は、大正11年に船川線、昭和43年に男鹿線と改められているが、現在は「男鹿なまはげライン」という愛称も付けられている。普通列車のみで、およそ1時間に1本程度運転されている。全列車が、秋田－男鹿間を運転。

弘南鉄道弘南線／大鰐線　弘前－黒石　16.8km／大鰐－中央弘前　13.9km　狭軌 単 電

昭和2年、弘南鉄道が弘前－津軽尾上間を開通させたのち、昭和25年弘南黒石（現・黒石）まで延長され、全線開通した。一方、大鰐線は弘前電気鉄道により、昭和27年、中央弘前－大鰐間が一気に開通している。弘前電気鉄道は、昭和45年弘南鉄道に譲渡され、弘南鉄道大鰐線となる。現在、弘南線は終日およそ30分毎に、大鰐線は、朝のみ30分間隔、日中以降は1時間間隔で運転されている。

おもな列車

[特急] かもしか
485系。3電源対応の特急型電車で、使われている車両は、3両のコンパクトな編成である。1号車の前寄りはグリーン席

[寝台] あけぼの
上野－青森（上越線・羽越本線経由）、1日1往復の夜行寝台特急。24系を使用。A寝台個室「シングルデラックス」、B寝台個室「ソロ」を連結

[普通] 奥羽本線
701系の0番台と100番台を使用

[寝台] トワイライトエクスプレス
大阪－札幌、週4往復運行。寝台客車は北斗星と同じ24系25型を使用。JR東日本＜カシオペア＞と並ぶ豪華列車として人気が続いている

[寝台] 日本海
大阪－青森を15時間かけてゆっくりと旅する、1日1往復運行の夜行寝台特急。24系を使用。開放型A寝台車が連結されている

[普通] 男鹿線
キハ40系。緑のストライプが男鹿線の車体カラー

[普通] 弘南鉄道
7000系。かつては東急で使われていた

絶景＆撮影ポイント

① 鯉川－鹿渡（奥羽本線）　日本一の干拓地・八郎潟に沿って進む区間。青森方面に向かう列車の車窓左手には、どこまでも平らな水田が広がる。

② 白沢－陣場（奥羽本線）　寝台列車を収められる区間。杉林をバックにトンネルを抜けコンクリート橋を走る列車を俯瞰できる。陣場駅から南へ1kmほど。

③ 天王－船越（男鹿線）　八郎潟から日本海に出る唯一の水路・船越水道を渡る。この鉄橋は、かつては、船舶の通航時一部の橋げたが上昇する可動橋だった。

④ 小栗山－千年（弘南鉄道大鰐線）　リンゴ畑の中を弘南鉄道が走る、ローカル鉄道らしいのどかな風景を写真に収めることができる。撮影地は小栗山駅のすぐ近く。

Topics　秋田の森林鉄道

奥羽山脈を擁する秋田県は、全国に名高い秋田杉を産出するなど、林業が主要な産業の一つでした。森の奥深くから切り出された材木は、筏を組んで川を下るか、人力で運び出されていましたが、輸送の効率化を図るため、鉄道が敷設されるようになります。これが森林鉄道と呼ばれるもので、多くは762mmや610mmの軌間を採用していました。とくに白神山地や、現在の秋田内陸縦貫鉄道沿線では多くの森林鉄道が敷かれ、奥羽本線や五能線、当時の阿仁合線（現・秋田内陸縦貫鉄道）の駅へ向けて材木が輸送されてきました。しかし、自動車の発達とともに、森林鉄道はトラックへとその役目を譲ることになります。昭和40年代までに次々と廃止され、その姿は歴史の中へ消えていきました。

JR五能線　津軽鉄道

1:600,000　0　10　20km

轟木駅
全国有数の難読駅。「轟木」と書いて「とどろき」。駅のすぐ前には日本海が！

金木駅
太宰治の生まれた町、金木の玄関口。かつて旅館だった生家「斜陽館」は、現在資料館に。

千畳敷駅
江戸時代の地震により出現した広大な岩場・千畳敷は駅の目の前。津軽の殿様がここに畳を千畳並べ、宴を開いたと伝えられている。

五能線　ごのうせん

km	駅	よみ
0.0	東能代	ひがしのしろ
3.9	能代	のしろ
6.1	向能代	むかいのしろ
9.3	北能代	きたのしろ
11.2	鳥形	とりがた
14.1	沢目	さわめ
18.0	東八森	ひがしはちもり
22.7	八森	はちもり
24.5	滝ノ間	たきのま
26.1	あきた白神	あきたしらかみ
29.1	岩館	いわだて
39.9	大間越	おおまごし
42.3	白神岳登山口	しらかみだけとざんぐち
44.7	松神	まつかみ
46.6	十二湖	じゅうにこ
50.9	陸奥岩崎	むついわさき
53.6	陸奥沢辺	むつさわべ
56.0	ウェスパ椿山	うぇすぱつばきやま
57.9	艫作	へなし
61.4	横磯	よこいそ
66.9	深浦	ふかうら
70.8	広戸	ひろと
72.9	追良瀬	おいらせ
76.0	轟木	とどろき
79.0	風合瀬	かそせ
83.9	大戸瀬	おおどせ
86.0	千畳敷	せんじょうじき
90.6	北金ヶ沢	きたかねがさわ
93.3	陸奥柳田	むつやなぎた
97.4	陸奥赤石	むつあかいし
103.8	鰺ヶ沢	あじがさわ
108.3	鳴沢	なるさわ
111.0	越水	こしみず
114.5	陸奥森田	むつもりた
116.9	中田	なかた
119.5	木造	きづくり
125.7	五所川原	ごしょがわら
131.7	陸奥鶴田	むつつるだ
134.1	鶴泊	つるどまり
138.9	板柳	いたやなぎ
141.9	林崎	はやしざき
144.7	藤崎	ふじさき
147.2	川部	かわべ

津軽鉄道　つがるてつどう

km	駅	よみ
0.0	津軽五所川原	つがるごしょがわら
1.3	十川	とがわ
3.2	五農校前	ごのうこうまえ
4.2	津軽飯詰	つがるいいづめ
7.4	毘沙門	びしゃもん
10.1	嘉瀬	かせ
12.8	金木	かなぎ
14.3	芦野公園	あしのこうえん
16.0	川倉	かわくら
17.7	大沢内	おおざわない
19.0	深郷田	ふこうだ
20.7	津軽中里	つがるなかさと

青森県　秋田県　日本海　白神山地

146

路線プロフィール

JR五能線　東能代－川部　147.2km　狭軌　単

明治41年の能代（現・東能代）－能代町（現・能代）間の開通から五能線の歴史が始まる。その後順次延伸され、昭和7年までに、陸奥岩崎まで開通している。一方、大正7年には、川部－五所川原間が、陸奥鉄道の手により開通。大正13年には、五所川原－陸奥森田間が五所川原線として開通した。五所川原線も延伸を繰り返し、昭和9年に深浦まで開通した。昭和11年に、残された陸奥岩崎－深浦間が開通し、五能線全通となった。五能線の列車は、東能代－能代間、鰺ヶ沢－川部間の運転本数は多いが、それ以外の区間では非常に少ない。普通列車のほか、リゾート列車として＜リゾートしらかみ＞が最大1日3往復運転されている。

津軽鉄道　津軽五所川原－津軽中里　20.7km　狭軌　単

昭和5年7月に、津軽鉄道の最初の区間として、五所川原（現・津軽五所川原）－金木間が開通。その後、同年10月、大沢内まで、同年11月には、中里（現・津軽中里）まで開通し、津軽鉄道全線が開通した。津軽鉄道の列車は、現在津軽五所川原－津軽中里間に13往復、金木－津軽中里間に2往復（休日は1往復）運転されている。朝の下り3本と夜間の上り3本は、一部駅を通過する準急列車として運転されている。また、冬季にはストーブ列車が、夏には風鈴列車や鈴虫列車が運転され、人気を集めている。

おもな列車

リゾートしらかみ

秋田－青森、特定日運行。キハ48形を＜リゾートしらかみ＞用に改造。リクライニングシートのほか、グループ客用のボックス席もある。青池（上）、橅（中）、くまげら（下）の3編成

ストーブ列車

オハフ33、オハ46形。国鉄から譲り受けたもので、車内にダルマストーブが置かれている。津軽鉄道の名物になっている

五能線

キハ40、48形。白い車体にブルーのライン

津軽鉄道

津軽21形。寒冷地を走るため窓はすべて固定

絶景＆撮影ポイント

❶ 深浦－広戸 （五能線）　青い海と赤茶けた岩場の海岸をバックに走る列車を撮影できる有名なポイント。撮影地は、深浦駅から北へ2kmほど進んだ線路を見下ろす高台。

❷ 風合瀬－大戸瀬 （五能線）　荒々しい日本海を間近に望める区間（車window左）。波が高い日には、線路にも波しぶきが降りかかる中を列車が走り抜けていく。

❸ 鶴泊－板柳 （五能線）　リンゴ畑の向こうに岩木山と、津軽地方を象徴する風景を車窓に望める区間。とくに、リンゴの実るころ、雪をかぶった岩木山の姿は絶景。

❹ 芦野公園駅付近 （津軽鉄道）　芦野公園は桜の名所で、大勢の花見客が訪れる。駅のホームを包み込むように咲く桜の中を、津軽鉄道の列車が駅に滑り込んでくる。

Topics　五能線のみどころ

八森駅から鰺ヶ沢駅まで、五能線の列車は日本海沿いを走り続け、車窓には荒々しい波模様が広がります。列車が津軽平野に入ると、今度は、リンゴ畑と岩木山が車窓で出迎えてくれます。車窓の風景に誘われて、途中下車して足を延ばせば、神秘的なブルーの水をたたえる十二湖や、世界遺産白神山地のハイキングも楽しめます。旅の疲れをいやしてくれる温泉も、沿線には点在しています。このように五能線は、旅人を飽きさせない日本有数の魅力的な列車旅を楽しめる路線です。そんな五能線を余すところなく体験できるのが、クルージング列車＜リゾートしらかみ号＞。ゆったりしたシートに大きな窓を備えた車内から、美しい風景を堪能できます。イベントスペースでは、津軽三味線の生演奏や津軽弁による昔話の語り部も登場し、旅を楽しく彩ってくれます。

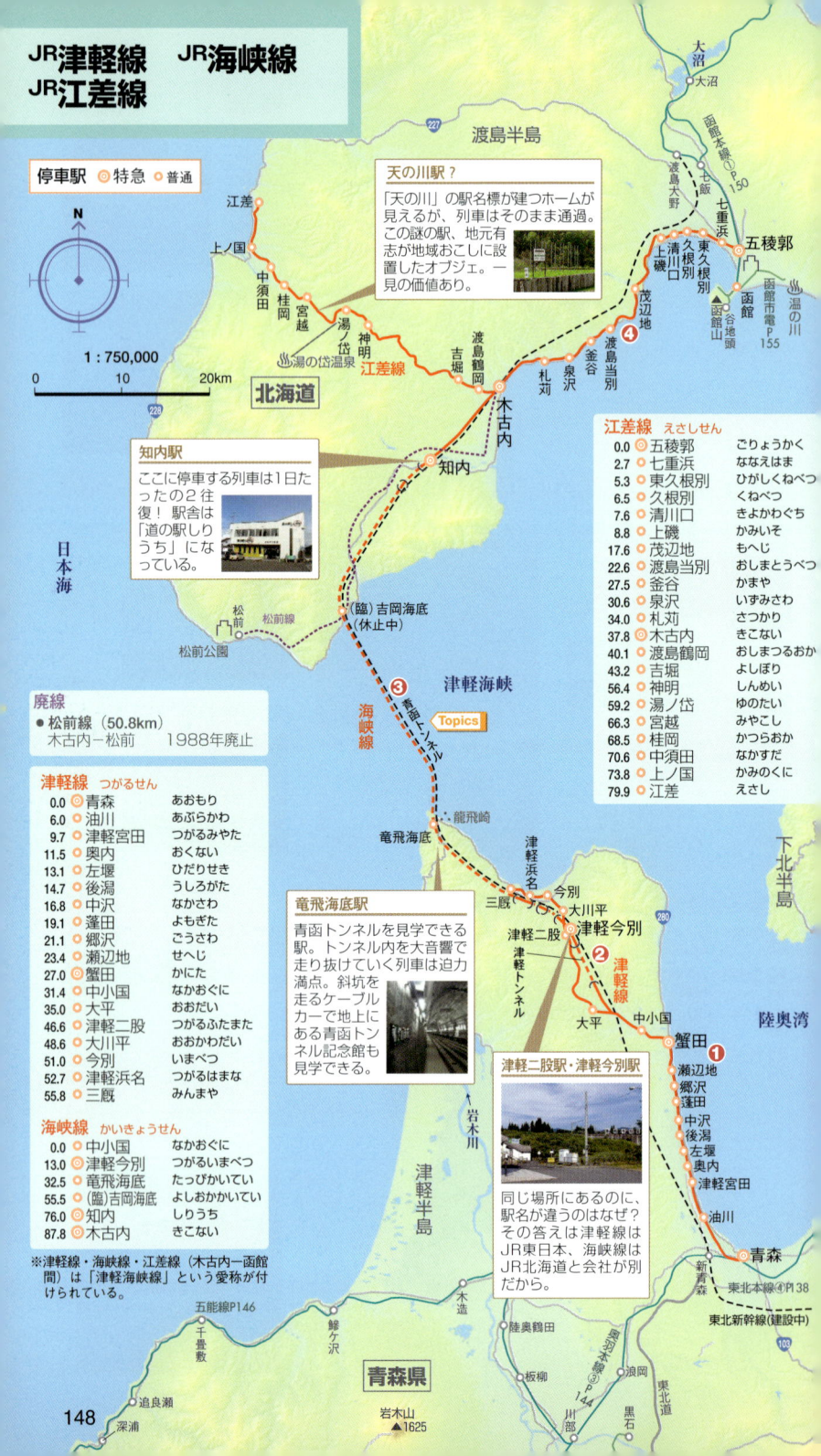

JR津軽線　JR海峡線
JR江差線

停車駅 ●特急 ●普通

縮尺 1:750,000

天の川駅？
「天の川」の駅名標が建つホームが見えるが、列車はそのまま通過。この謎の駅、地元有志が地域おこしに設置したオブジェ。一見の価値あり。

知内駅
ここに停車する列車は1日たったの2往復！駅舎は「道の駅しりうち」になっている。

竜飛海底駅
青函トンネルを見学できる駅。トンネル内を大音響で走り抜けていく列車は迫力満点。斜坑を走るケーブルカーで地上にある青函トンネル記念館も見学できる。

津軽二股駅・津軽今別駅
同じ場所にあるのに、駅名が違うのはなぜ？その答えは津軽線はJR東日本、海峡線はJR北海道と会社が別だから。

廃線
● 松前線（50.8km）
木古内―松前　1988年廃止

江差線　えさしせん
km	駅	よみ
0.0	五稜郭	ごりょうかく
2.7	七重浜	ななえはま
5.3	東久根別	ひがしくねべつ
6.5	久根別	くねべつ
7.6	清川口	きよかわぐち
8.8	上磯	かみいそ
17.6	茂辺地	もへじ
22.6	渡島当別	おしまとうべつ
27.5	釜谷	かまや
30.6	泉沢	いずみさわ
34.0	札苅	さつかり
37.8	木古内	きこない
40.1	渡島鶴岡	おしまつるおか
43.2	吉堀	よしぼり
56.4	神明	しんめい
59.2	湯ノ岱	ゆのたい
66.3	宮越	みやこし
68.5	桂岡	かつらおか
70.6	中須田	なかすだ
73.8	上ノ国	かみのくに
79.9	江差	えさし

津軽線　つがるせん
km	駅	よみ
0.0	青森	あおもり
6.0	油川	あぶらかわ
9.7	津軽宮田	つがるみやた
11.5	奥内	おくない
13.1	左堰	ひだりせき
14.7	後潟	うしろがた
16.8	中沢	なかさわ
19.1	蓬田	よもぎた
21.1	郷沢	ごうさわ
23.4	瀬辺地	せへじ
27.0	蟹田	かにた
31.4	中小国	なかおぐに
35.0	大平	おおだい
46.6	津軽二股	つがるふたまた
48.6	大川平	おおかわだい
51.0	今別	いまべつ
52.7	津軽浜名	つがるはまな
55.8	三厩	みんまや

海峡線　かいきょうせん
km	駅	よみ
0.0	中小国	なかおぐに
13.0	津軽今別	つがるいまべつ
32.5	竜飛海底	たっぴかいてい
55.5	(臨)吉岡海底	よしおかかいてい
76.0	知内	しりうち
87.8	木古内	きこない

※津軽線・海峡線・江差線（木古内―函館間）は「津軽海峡線」という愛称が付けられている。

148

路線プロフィール

JR津軽線 青森―三厩 55.8km
狭軌 単 部電

昭和26年12月青森―蟹田間が開業したのち、昭和33年10月に三厩まで延長され全線開通した。津軽半島を走る非電化のローカル線だったが、青函トンネル開業に伴い本州側のアプローチとして津軽線を活用することになり、青森から新中小国信号場まで、電化と軌道の強化など改良工事が行われた。同区間は北海道に直通する寝台列車や特急列車、貨物列車が多数運転されているが、新中小国信号場から三厩までは1日5往復の普通列車だけが走るローカル線のままである。

JR海峡線 中小国―木古内 87.8km
狭軌 単複 電

昭和63年3月に開業した青函トンネルを経由して本州と北海道を結ぶ。青函トンネルは全長53.9kmで、当初から新幹線規格で造られている。トンネル内に2つの海底駅が設けられているが、どちらもトンネルの見学以外で下車できない（吉岡海底駅は北海道新幹線工事のため、2006年夏以降見学不可）。海峡線を走る列車は、寝台列車と、特急、貨物列車のみであり、普通列車は全くない特殊な路線である。

JR江差線 五稜郭―江差 79.9km
狭軌 単 電

大正2年に上磯軽便線として五稜郭―上磯間が開業。木古内、湯ノ岱と順次延伸されたのち、昭和11年に江差まで全線開通した。昭和63年3月の青函トンネル開業に伴い北海道側のアクセス線として整備され、五稜郭―木古内間37.8kmの電化と改良が行われた。江差線の起点は五稜郭駅だが、旅客列車は＜トワイライトエクスプレス＞を除き、函館駅まで運転されている。

おもな列車

寝台 カシオペア 
上野―札幌。E26系。客室はすべて2階建ての2人用A寝台個室になっていて、ラウンジカーやダイニングカーも連結した豪華列車

寝台 北斗星 
上野―札幌。24系25型を使用。個室やロビー室を設けるなどグレードアップが行われており、貴重な存在になった食堂車も連結している

寝台 トワイライトエクスプレス 
大阪―札幌、週4往復程度。寝台車は24系を大幅リニューアルしたもの。日本を代表する豪華列車のひとつとして人気が高い

急行 はまなす 
青森―札幌、1日1往復、夜行列車として運転。寝台車やリクライニングシート座席車のほか、横になって休める指定席車のカーペットカーもある

特急 スーパー白鳥 
八戸―函館、1日6往復。789系。＜スーパー白鳥＞用に、JR北海道が開発した特急型交流電車。青函トンネル内では最高時速140kmで運転

特急 白鳥 
青森・八戸―函館、1日4往復。485系。海峡線では、座席や内装などをリニューアルしたJR東日本所属の車両が、特急＜白鳥＞に使われている

絶景＆撮影ポイント

❶ 蟹田―瀬辺地（津軽線）
蟹田駅の約500m南にある丘の上から、陸奥湾をバックに撮影できる。特急＜スーパー白鳥＞＜白鳥＞のほか、長編成の貨物列車が頻繁に行き交う。

❷ 津軽今別―竜飛海底（海峡線）
青函トンネルをくぐり抜け、本州に飛び出してきた列車を撮れるポイント。その名も「青函トンネル入口公園」という、小さな公園。

❸ 竜飛海底―吉岡海底（海峡線）
暗闇が続く青函トンネルの中に突然浮かび上がる青と緑の光。これはトンネル中間点を教えてくれるイルミネーション。トンネルでも窓の外に注目。

❹ 釜谷―茂辺地（江差線）
津軽海峡を望む高台を列車が走りぬける。本州から来ると、海岸の先に見える函館山に北海道に来たと実感させられる。晴れていると、本州の姿も。

Topics 青函トンネル

連絡船に頼っていた本州と北海道との間を、トンネルで結ぶ構想は戦前からありました。しかし、技術上、財政上の課題は容易に解決できず、なかなか具体化しませんでした。青函トンネル計画が大きく動き出すきっかけとなったのは、1155人の犠牲者を出した昭和29年の青函連絡船洞爺丸事故です。悪天候でも安全に移動できるトンネルを求める機運が高まり、昭和39年に吉岡斜坑の掘削から着工。その後21年の歳月を費やし、昭和60年に本坑が貫通。昭和63年3月13日、ついに、青函トンネルを経由する海峡線が開業し、本州と北海道がレールで結ばれることになりました。現在は在来線が走る青函トンネルですが、建設が進められている北海道新幹線が完成すると、新幹線が走り抜けることになります。

JR 函館本線① (函館〜小樽)

停車駅 ●特急 ○普通

1:1,000,000

函館本線① はこだてほんせん

km	駅	よみ
0.0	函館	はこだて
3.4	五稜郭	ごりょうかく
8.3	桔梗	ききょう
10.4	大中山	おおなかやま
13.8	七飯	ななえ
17.9	渡島大野	おしまおおの
21.2	仁山	にやま
27.0	大沼	おおぬま
28.0	大沼公園	おおぬまこうえん
31.7	赤井川	あかいがわ
36.5	駒ヶ岳	こまがたけ
40.1	東山	ひがしやま
44.2	姫川	ひめかわ
49.5	森	もり
52.2	桂川	かつらがわ
56.1	石谷	いしや
60.0	本石倉	ほんいしくら
62.1	石倉	いしくら
66.1	落部	おとしべ
71.4	野田生	のだおい
76.0	山越	やまこし
81.1	八雲	やくも
84.2	鷲ノ巣	わしのす
88.3	山崎	やまさき
94.4	黒岩	くろいわ
98.2	北豊津	きたとよつ
102.8	国縫	くんぬい
107.7	中ノ沢	なかのさわ
112.3	長万部	おしゃまんべ

↓函館本線② P156へ

北海道

km	駅	よみ
120.9	二股	ふたまた
126.9	蕨岱	わらびたい
132.3	黒松内	くろまつない
140.4	熱郛	ねっぷ
155.8	目名	めな
163.4	蘭越	らんこし
170.3	昆布	こんぶ
179.6	ニセコ	にせこ
186.6	比羅夫	ひらふ
193.3	倶知安	くっちゃん
203.6	小沢	こざわ
213.4	銀山	ぎんざん
224.1	然別	しかりべつ
228.2	仁木	にき
232.6	余市	よいち
237.9	蘭島	らんしま
244.8	塩谷	しおや
252.5	小樽	おたる

km	駅	よみ
27.0	(大沼)	
30.4	池田園	いけだえん
32.6	流山温泉	ながれやまおんせん
33.8	銚子口	ちょうしぐち
41.6	鹿部	しかべ
47.0	渡島沼尻	おしまぬまじり
52.3	渡島砂原	おしまさわら
56.0	掛澗	かかりま
58.9	尾白内	おしろない
60.5	東森	ひがしもり
	(森)	

↓函館本線② P176へ

比羅夫駅
かつての駅舎が民宿に変身。夏にはホームでバーベキューも楽しめる。

仁山駅
大沼駅へと続く長い勾配の途中にある駅。かつては坂を登る下り列車がここでスイッチバックしていた。

渡島大野駅
北海道新幹線の新函館駅（仮称）駅予定地。現在は普通列車しか停まらない駅だが、将来は新幹線接続駅になる。

廃線
- 岩内線 (14.9km) 小沢－岩内　1985年廃止
- 寿都鉄道 (16.5km) 黒松内－寿都　1972年廃止
- 瀬棚線 (48.4km) 国縫－瀬棚　1987年廃止
- 大沼電鉄 (11.3km) 新銚子ロ－鹿部　1952年廃止

路線プロフィール

JR函館本線① 函館－小樽 252.5km／大沼－森 62.3km（全線458.4km） 狭軌 単複 部電

明治35年、函館－本郷（現・渡島大野）間が北海道鉄道により開通。当時の函館駅は現在とは違う場所にあったが、明治37年に移転した。同年、小樽中央（現・小樽）まで延長。北海道鉄道は明治40年に国有化され、函館本線となる。大沼－渡島砂原－森間は昭和20年に、七飯－大沼間の別線は昭和41年にそれぞれ開通した。現在の函館本線は、函館－長万部、長万部－小樽で運転系統が分かれている。函館－長万部間は、特急「スーパー北斗」「北斗」をはじめ、本州方面からの夜行列車などが運転されている。長万部－小樽は定期列車では普通列車のみ運転されているが、峠越え区間の熱郛－蘭越間の運転本数は少ない。

おもな列車

特急 スーパー北斗
函館－札幌、1日7往復。キハ281系。振り子式のため、カーブも高速で通過でき、最高速度は時速130km。キハ283系もある

特急 北斗
函館－札幌、1日4往復。キハ183系で、昭和61年以降に登場した改良型。眺望のよいハイデッカー車両をグリーン車に連結している

急行 はまなす
青森－札幌、1日1往復、夜行列車として運転。寝台車やリクライニングシート座席車のほか、横になって休める指定席車のカーペットカーもある

寝台 カシオペア
上野－札幌。E26系。豪華な寝台列車として人気が高い。この区間では函館、森、八雲、長万部の各駅に停車し、長万部から室蘭線へと進んでいく

寝台 北斗星
上野－札幌。24系25型を使用。カシオペアと同様に、この区間では函館、森、八雲、長万部の各駅に停車する。長万部からは室蘭本線へ

寝台 トワイライトエクスプレス
大阪－札幌、週4往復程度。個室寝台を設けた24系客車を使用。五稜郭－長万部を通るが停車駅はない。長万部からは室蘭線を経由する

絶景＆撮影ポイント

① MAP 七飯－大沼 小沼をバックにした風光明媚な風景の中で撮影できる。日の出の早い季節なら、早朝北海道入りした寝台列車も撮影できる。

② MAP 大沼公園－駒ヶ岳 札幌方面に向かう列車が大沼公園駅を出ると、右側の車窓に雄大な駒ヶ岳が広がる。北海道らしいダイナミックな自然を堪能できる絶景ポイント。

③ MAP 鷲ノ巣－山崎 波の音が聞こえてきそうなくらい、噴火湾の海岸近くを列車が走る。本州からやってきた寝台特急は、季節によっては、この付近で日の出を迎える。

④ MAP 倶知安－小沢 蝦夷富士と称される優美な羊蹄山を望める区間。長万部で普通列車に乗り換えても、見る価値がある風景だ。

⑤ MAP 小沢駅 SL時代には全国から鉄道ファンが集結した有名撮影ポイント。構内を望む跨線橋から、不定期運転の＜SLニセコ号＞の出発シーンが撮れる。

Topics 駒ヶ岳回り・砂原回り－2つのルート

函館本線は、大沼駅付近で2つのルートに分かれています。函館－長万部間は比較的平坦な区間が続きますが、駒ヶ岳の麓を抜ける大沼駅付近は急な勾配が連続しています。蒸気機関車時代は、この区間だけのために機関車を増やしたり、編成を短くしたりしなくてはならず、輸送上の大きな障害となっていました。そこで輸送力増強のため、平坦な海沿いの渡島砂原駅経由の通称「砂原線」と、七飯－大沼間で勾配を緩やかにした通称藤城線という別ルートが、それぞれ建設されました。車両の性能がよくなった現在でも、上り貨物列車は森から大沼間を砂原線経由で、下りの特急、貨物列車が藤城線経由で運転されています。

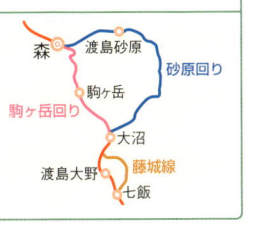

JR室蘭本線
JR千歳線

室蘭本線　むろらんほんせん

km	駅名
0.0	長万部 おしゃまんべ
10.6	静狩 しずかり
17.5	小幌 こぼろ
23.6	礼文 れぶん
27.7	大岸 おおきし
36.1	豊浦 とようら
41.5	洞爺 とうや
46.6	有珠 うす
51.5	長和 ながわ
54.5	伊達紋別 だてもんべつ
57.4	北舟岡 きたふなおか
60.6	稀府 まれっぷ
65.1	黄金 こがね
67.3	崎守 さきもり
72.7	本輪西 もとわにし
77.2	東室蘭 ひがしむろらん
79.1	鷲別 わしべつ
86.8	幌別 ほろべつ
92.3	富浦 とみうら
94.7	登別 のぼりべつ
98.1	虎杖浜 こじょうはま
102.9	竹浦 たけうら
105.7	北吉原 きたよしはら
107.8	萩野 はぎの
113.6	白老 しらおい
119.1	社台 しゃだい
125.4	錦岡 にしきおか
130.6	糸井 いとい
132.8	青葉 あおば
135.2	苫小牧 とまこまい
144.0	沼ノ端 ぬまのはた
152.9	遠浅 とおあさ
158.3	早来 はやきた
164.0	安平 あびら
170.8	追分 おいわけ
178.8	三川 みかわ
182.2	古山 ふるさん
186.4	由仁 ゆに
191.5	栗山 くりやま
195.7	栗丘 くりおか
199.6	栗沢 くりさわ
203.9	志文 しぶん
211.0	岩見沢 いわみざわ
0.0	(東室蘭)
2.3	輪西 わにし
4.2	御崎 みさき
5.9	母恋 ぼこい
7.0	室蘭 むろらん

停車駅 ●特急　○快速　○普通

小幌駅
駅の片側は急な斜面、その反対側は海岸へ続く斜面。駅を出る道すらないこの駅は究極の"秘境駅"として有名。

昭和新山鉄橋遺構公園
1943〜1945年にかけておこった昭和新山の隆起によって持ち上げられた国鉄胆振線の橋脚、橋台が残されている。

室蘭駅
石炭の積み出し港として栄えたかつての室蘭の面影を伝える重厚な旧駅舎は現在の室蘭駅の西1km。国の登録有形文化財に指定。

廃線
- 胆振線（90.5km）
  京極－脇方　1970年廃止
  伊達紋別－倶知安　1986年廃止
- 千歳線（旧線）（22.0km）
  北広島－苗穂　1973年廃止
- 早来鉄道（18.6km）
  早来－幌内　1948・1951年廃止
- 夕張鉄道（53.2km）
  鹿ノ谷－夕張本町　1971年廃止
  栗山－鹿ノ谷　1971年旅客営業廃止
  野幌－栗山　1974年旅客営業廃止
- 万字線（23.8km）
  志文－万字炭山　1985年廃止

路線プロフィール

JR室蘭本線　長万部－岩見沢　211.0km／東室蘭－室蘭　7.0km

狭軌　単複　一部電

明治25年、北海道炭礦鉄道により、室蘭（現・東室蘭付近）－岩見沢間が開通。明治30年には、室蘭－輪西（現・東室蘭）間が延長された。明治39年に国有化され、室蘭本線になる。一方、長万部－東室蘭間は、長輪線として大正12年に長万部－静狩間が開業したのが始まりで、昭和3年に長万部－東室蘭間が全通。昭和6年に、長輪線は室蘭本線に統合され、現在の姿になった。現在、札幌と本州を結ぶ寝台列車のほか、札幌と函館・室蘭などの道内主要都市間をつなぐ特急が走る。すべての特急・急行列車は、苫小牧からは千歳線を経由して札幌へ向かうため、岩見沢方面へ直通する列車はほとんどない。普通列車は、おおむね長万部－東室蘭、室蘭－苫小牧、苫小牧－岩見沢の3区間に分かれて運転している。

JR千歳線　沼ノ端－白石　56.6km／南千歳－新千歳空港　2.6km

狭軌　単複　電

大正15年、北海道鉱業鉄道が苗穂－沼ノ端間を開通。当時の苗穂－北広島間は現在のルートとは異なっていたが、複線化に伴い、昭和48年に函館本線の白石駅から北広島駅間の新ルートが開通。平成4年には、新千歳空港開業により、南千歳－新千歳空港間が開業した。千歳線では、函館、本州方面、帯広、釧路方面からの特急列車が多数乗り入れ、札幌－新千歳空港間の空港アクセス快速〈エアポート〉が15分毎に運転されているほか、札幌への通勤・通学利用も多く、普通列車も頻繁に運転。貨物列車の本数も多く、北海道屈指の多頻度運転区間であり、JR北海道随一のドル箱路線でもある。

おもな列車

特急 スーパー北斗
函館ー札幌、1日7往復。キハ281系、283系気動車。函館、室蘭、苫小牧、札幌などの都市間輸送を担う道内を代表する特急列車

特急 北斗
函館ー札幌、1日4往復。キハ183系で、昭和61年以降に登場した改良型。長万部、洞爺、伊達紋別、東室蘭、登別、苫小牧、南千歳、新札幌などに停車

特急 すずらん
札幌ー室蘭、1日5往復。1990年に登場した785系特急型電車を使用。2005年以降、車内のリニューアルが行われている

快速 エアポート
札幌方面（札幌・手稲・ほしみ・小樽）ー新千歳空港、1時間に最高4本。JR北海道が開発した3扉転換クロスシートの721系のほか785系、789系も使用

追分駅
かつてここに置かれていた追分機関区が国鉄蒸気機関車終焉の地。昭和51年、国鉄最後の蒸気機関車がここで火を落とした。

千歳線 ちとせせん

km	駅	km	駅	km	駅
0.0	沼ノ端 ぬまのはた	34.1	島松 しままつ		
6.4	植苗 うえなえ	40.6	北広島 きたひろしま		
13.9	美々 びび	48.6	上野幌 かみのっぽろ		
18.4	南千歳 みなみちとせ	51.3	新札幌 しんさっぽろ		
21.4	千歳 ちとせ	54.4	平和 へいわ		
24.9	長都 おさつ	56.6	白石 しろいし		
27.1	サッポロビール庭園 サッポロビールていえん	0.0	(南千歳)		
29.4	恵庭 えにわ	2.6	新千歳空港 しんちとせくうこう		
31.9	恵み野 めぐみの				

絶景＆撮影ポイント

① 礼文ー大岸（室蘭本線） 札幌へ向かう寝台特急を良好な光線で撮影できる。礼文駅から小幌方面に約2kmの国道上から大きくカーブする線路を俯瞰できる。

② 長和ー伊達紋別（室蘭本線） 札幌方面行の車窓左手に有珠山や昭和新山を、右手には内浦湾を望む。平成12年の有珠山噴火では、室蘭本線も被害を受けた。

③ 白老ー社台（室蘭本線） この付近には、競走馬を飼育する牧場が集まっている。サラブレッドがのんびりと草を食む姿を、列車の中からも眺められる。

④ 上野幌ー北広島（千歳線） 気軽に列車撮影を楽しめる場所。特急列車や貨物列車が頻繁に行きかい、退屈しない。場所は西の里小学校の南にある踏切。

Topics 日本一の直線区間、運炭鉄道

地図で室蘭本線を見ると、白老から沼ノ端まで一直線に伸びていることがわかります。ここは、日本の鉄道で一番長い直線区間。その長さは実に約29kmにも及び、北海道の広い大地を実感できる区間です。室蘭本線は、空知地方で産出される石炭を、積み出し港の室蘭に運ぶために建設されましたが、建設当時の室蘭本線予定地は平坦で未利用の原野。そのため、何の障害物もない大地の中を、真っ直ぐに線路を敷くことができたのです。石炭輸送が盛んなころは、その平坦な地形を生かして、道内各地から集められた石炭を一度に2800トンも運ぶ大量輸送が行われていました。

札幌市営地下鉄・札幌市電 函館市電

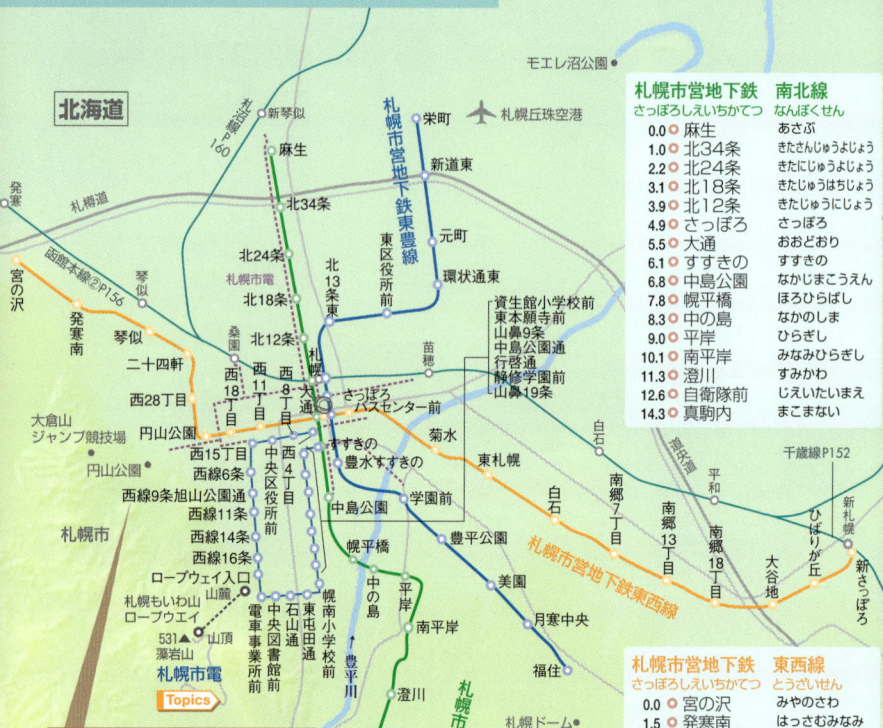

1:150,000　←石狩川
0　　　　5km

北海道

モエレ沼公園
札幌丘珠空港

札幌市営地下鉄　南北線
さっぽろしえいちかてつ　なんぼくせん

km	駅名	よみ
0.0	麻生	あさぶ
1.0	北34条	きたさんじゅうよじょう
2.2	北24条	きたにじゅうよじょう
3.1	北18条	きたじゅうはちじょう
3.9	北12条	きたじゅうにじょう
4.9	さっぽろ	さっぽろ
5.5	大通	おおどおり
6.1	すすきの	すすきの
6.8	中島公園	なかじまこうえん
7.8	幌平橋	ほろひらばし
8.3	中の島	なかのしま
9.0	平岸	ひらぎし
10.1	南平岸	みなみひらぎし
11.3	澄川	すみかわ
12.6	自衛隊前	じえいたいまえ
14.3	真駒内	まこまない

千歳線 P152

Topics

西線九条旭山公園通駅
ひらがなにすると20文字にもなる駅名で、かつては日本一長い駅名だった。路面電車の電停としては現在も1番長い。

真駒内駅
札幌オリンピックのメイン会場にもなった真駒内公園付近はいまや高級住宅街となっている。

廃線
● 札幌市電（18.3km）
　1948〜1973年廃止

札幌市営地下鉄　東西線
さっぽろしえいちかてつ　とうざいせん

km	駅名	よみ
0.0	宮の沢	みやのさわ
1.5	発寒南	はっさむみなみ
2.8	琴似	ことに
3.7	二十四軒	にじゅうよんけん
4.9	西28丁目	にしにじゅうはっちょうめ
5.7	円山公園	まるやまこうえん
6.6	西18丁目	にしじゅうはっちょうめ
7.5	西11丁目	にしじゅういっちょうめ
8.5	大通	おおどおり
9.3	バスセンター前	ばすせんたーまえ
10.4	菊水	きくすい
11.6	東札幌	ひがしさっぽろ
12.7	白石	しろいし
14.1	南郷7丁目	なんごうななちょうめ
15.2	南郷13丁目	なんごうじゅうさんちょうめ
16.4	南郷18丁目	なんごうじゅうはっちょうめ
17.9	大谷地	おおやち
18.9	ひばりが丘	ひばりがおか
20.1	新さっぽろ	しんさっぽろ

札幌市営地下鉄　東豊線
さっぽろしえいちかてつ　とうほうせん

km	駅名	よみ
0.0	栄町	さかえまち
0.9	新道東	しんどうひがし
2.1	元町	もとまち
3.5	環状通東	かんじょうどおりひがし
4.5	東区役所前	ひがしくやくしょまえ
5.4	北13条東	きたじゅうさんじょうひがし
6.7	さっぽろ	さっぽろ
7.3	大通	おおどおり
8.1	豊水すすきの	ほうすいすすきの
9.5	学園前	がくえんまえ
10.4	豊平公園	とよひらこうえん
11.4	美園	みその
12.6	月寒中央	つきさむちゅうおう
13.6	福住	ふくずみ

札幌市電

km	駅名	よみ
0.0	西4丁目	にしよんちょうめ
0.4	西8丁目	にしはっちょうめ
0.9	中央区役所前	ちゅうおうくやくしょまえ
1.4	西15丁目	にしじゅうごちょうめ
1.9	西線6条	にしせんろくじょう
2.3	西線9条旭山公園通	にしせんくじょうあさひやまこうえんどおり
2.7	西線11条	にしせんじゅういちじょう
3.1	西線14条	にしせんじゅうよじょう
3.5	西線16条	にしせんじゅうろくじょう
3.9	ロープウェイ入口	ろーぷうぇいいりぐち
4.2	電車事業所前	でんしゃじぎょうしょまえ
4.5	中央図書館前	ちゅうおうとしょかんまえ
4.8	石山通	いしやまどおり
5.1	東屯田通	ひがしとんでんどおり
5.6	幌南小学校前	こうなんしょうがっこうまえ
5.8	山鼻19条	やまはなじゅうくじょう
6.2	静修学園前	せいしゅうがくえんまえ
6.6	行啓通	ぎょうけいどおり
7.0	中島公園通	なかじまこうえんどおり
7.4	山鼻9条	やまはなくじょう
7.7	東本願寺前	ひがしほんがんじまえ
8.1	資生館小学校前	しせいかんしょうがっこうまえ
8.4	すすきの	すすきの

函館市電（本線・大森線・湯の川線）

km	駅名	よみ
0.0	函館どつく前	はこだてどつくまえ
0.5	大町	おおまち
0.9	末広町	すえひろちょう
1.5	十字街	じゅうじがい
2.0	魚市場通	うおいちばどおり
2.5	市役所前	しやくしょまえ
2.8	函館駅前	はこだてえきまえ
3.3	松風町	まつかぜちょう
3.7	新川町	しんかわちょう
4.0	千歳町	ちとせちょう
4.3	昭和橋	しょうわばし
4.6	堀川町	ほりかわちょう
5.2	千代台	ちよがだい
5.5	中央病院前	ちゅうおうびょういんまえ
5.8	五稜郭公園前	ごりょうかくこうえんまえ
6.4	杉並町	すぎなみちょう
7.0	柏木町	かしわぎちょう
7.5	深堀町	ふかぼりちょう
8.0	競馬場前	けいばじょうまえ
8.3	駒場車庫前	こまばしゃこまえ
8.5	市民会館前	しみんかいかんまえ
8.8	湯の川温泉	ゆのかわおんせん
9.3	湯の川	ゆのかわ

十字街
市電の分岐点となる電停で、昭和14年に建てられた操車塔も保存されている。

函館市電（宝来・谷地頭線）

km	駅名	よみ
0.0	（十字街）	
0.4	宝来町	ほうらいちょう
1.0	青柳町	あおやぎちょう
1.4	谷地頭	やちがしら

廃線
● 函館市電（3.7km）
1978〜1993年廃止

1:150,000

路線プロフィール

札幌市営地下鉄　他 複 電 ic

南北線・東西線・東豊線の3路線があり、全線を走る車両すべてがゴムタイヤを使用している。そのため、札幌方式と呼ばれる中央案内軌条をゴムタイヤが挟み込むように走る。すべての路線が大通駅を経由する。

南北線　麻生ー真駒内　14.3km

札幌オリンピックをきっかけとして、昭和46年に北24条と真駒内間で開業。その後延伸され現在は麻生ー真駒内間を運行。開業当初から自動改札が導入されており、平成20年からは女性とこどもの安心車両が運行されている。

東西線　宮の沢ー新さっぽろ　20.1km

昭和51年に琴似ー白石間が開業。昭和57年に新さっぽろまで、平成11年に宮の沢まで延伸、現在は宮の沢ー新さっぽろ間を運行。平成21年には全駅にホーム柵が設置され、ワンマン運転がスタートした。

東豊線　栄町ー福住　13.6km

昭和63年に栄町ー豊水すすきの間で開業。現在は栄町ー福住間を運行。マンションの建設ラッシュや、沿線に札幌ドームが誕生し、日本ハムファイターズが移転してきたことから利用客が年々伸びている。

札幌市電　西4丁目ーすすきの　8.465km　狭軌 複 電

石材輸送用の馬車軌道が起源。昭和2年に市営化された。昭和39年の最盛期には7系統あったが現在は1系統のみ。路線名は一条線・山鼻西線・山鼻線の3路線に分かれているが、つながっている。平日日中はおおむね6〜7分間隔で運行している。

函館市電　函館どつく前ー湯の川　9.3km　馬軌 複 電

明治30年に弁天（現・函館どつく前）と東川町で馬車鉄道として開業し、大正2年に路面電車化。現在は十字街で谷地頭方面に向かう2系統、函館どつく前方面に向かう5系統が運行。日中はそれぞれの系統が約10分間隔で運行されている。

Topics　日本最北の市電は発展するか？

北海道遺産にも選定されている札幌市電と函館市電。土地が広い北海道は、鉄道よりも自動車交通が便利ですが、札幌市電も函館市電も元気いっぱいです。その理由は「雪」にあります。冬が長い北国では、雪が積もると交通渋滞が引き起こり、自動車交通がマヒしてしまいます。通勤や通学といった時間通りに目的地に到着したい人にとって、雪に強い路面電車は非常にありがたい存在だと言えるのです。現在、札幌市電はすすきのと西4丁目とを結ぶ環状線構想や札幌駅まで路面電車を延伸する構想が検討されています。一方、函館市電は北海道新幹線の駅となる新函館方面や函館空港へのアクセスを担う路面電車の必要性が行政・市民間でも議論になっています。函館市電は平成16年に実験的に終電の時間を繰り下げましたが、これが好評を得てそれまで21時台だった終電を23時台に設定し利用客獲得に努めているのです。一時は全線の廃止も検討された両都市の市電ですが、その必要性は高まってきており、今後の発展が期待されています。

JR函館本線②（小樽～旭川）
JR留萌本線

留萌本線 るもいほんせん

km	駅名	よみ
0.0	深川	ふかがわ
3.8	北一已	きたいちやん
8.8	秩父別	ちっぷべつ
11.2	北秩父別	きたちっぷべつ
14.4	石狩沼田	いしかりぬまた
17.8	真布	まっぷ
20.7	恵比島	えびしま
28.3	峠下	とうげした
34.5	幌糠	ほろぬか
40.0	藤山	ふじやま
44.2	大和田	おおわだ
50.1	留萌	るもい
52.2	瀬越	せごし
56.2	礼受	れうけ
57.5	阿分	あふん
60.2	信砂	のぶしゃ
61.0	舎熊	しゃぐま
62.7	朱文別	しゅもんべつ
64.0	箸別	はしべつ
66.8	増毛	ましけ

増毛駅
駅の名前から「毛が増える」と入場券が大人気。無人駅のため留萌駅で発売。

札幌駅
北海道の中心札幌。その街並みを一望できるのが駅ビルのJRタワー。38階の展望台からの眺めは圧巻。

小樽駅
風情のある駅舎が観光客を迎えてくれる。4番線ホームに石原裕次郎のパネルがあり、「裕次郎ホーム」と名付けられている。

停車駅 ● 特急 ● 快速 ● 普通

路線プロフィール

JR函館本線② 小樽－旭川 170.6km（全線458.4km） 狭軌 複 電

明治13年、手宮（廃止）－札幌間が開通。明治15年には岩見沢まで、明治24年に砂川までと順次延伸され、明治31年に旭川まで開通した。昭和43年には、小樽－滝川間が北海道最初の電化区間に。小樽－岩見沢間は札幌近郊路線として快速列車、普通列車が頻繁に運転されており、手稲－岩見沢方面はとくに高頻度で運転されている。札幌－旭川間は、特急＜スーパーカムイ＞が30分毎に運転されているほか、特急＜スーパー宗谷＞＜サロベツ＞＜オホーツク＞が乗り入れている。納内－伊納間は、石狩平野と上川盆地の間にある石狩川の狭隘部。特にアイヌの聖地といわれる神居古潭周辺は輸送上のネックだったが、昭和44年に現在のルートに変更され、旧線跡はサイクリングロードとして活用された。しかし現在は、施設の傷みが激しく、一部は通行止めになっている。

JR留萌本線 深川－増毛 66.8km 狭軌 単

明治43年、深川－留萌間が開通したのち、大正10年に増毛まで延伸され、留萌本線の全線が開通した。なお、当初は留萠本線、留萠駅と表記していたが、平成9年に留萌本線、留萌駅とそれぞれ改めている。かつては、留萌駅で接続する羽幌線に直通する急行列車なども運転されていたが、現在は利用客の減少などにより、普通列車が運転されるのみである。その本数は全線で10本以下と少なく、編成もキハ54型1両か2両の短いものである。一部、旭川から増毛へ直通する列車もある。

恵比島駅

連続テレビ小説『すずらん』の「明日萠駅」ロケ地はここ。現在も恵比島駅にセットが残り、観光客が訪れる。

宗谷本線P168

函館本線② はこだてほんせん

↓函館本線① P150から

252.5	小樽	おたる
254.1	南小樽	みなみおたる
256.2	小樽築港	おたるちっこう
259.3	朝里	あさり
268.1	銭函	ぜにばこ
271.0	ほしみ	ほしみ
272.6	星置	ほしおき
273.7	稲穂	いなほ
275.7	手稲	ていね
277.0	稲積公園	いなづみこうえん
279.2	発寒	はっさむ
281.0	発寒中央	はっさむちゅうおう
282.5	琴似	ことに
284.7	桑園	そうえん
286.3	札幌	さっぽろ
288.5	苗穂	なえぼ
292.1	白石	しろいし
296.5	厚別	あつべつ
298.5	森林公園	しんりんこうえん
300.8	大麻	おおあさ
304.2	野幌	のっぽろ
305.5	高砂	たかさご
307.3	江別	えべつ
313.5	豊幌	とよほろ
316.7	幌向	ほろむい
322.6	上幌向	かみほろむい
326.9	岩見沢	いわみざわ
335.3	峰延	みねのぶ
339.8	光珠内	こうしゅない
343.7	美唄	びばい
348.1	茶志内	ちゃしない
354.3	奈井江	ないえ
359.0	豊沼	とよぬま
362.2	砂川	すながわ
369.8	滝川	たきかわ
378.2	江部乙	えべおつ
385.7	妹背牛	もせうし
392.9	深川	ふかがわ
400.3	納内	おさむない
413.0	伊納	いのう
419.1	近文	ちかぶみ
423.1	旭川	あさひかわ

廃線

- 歌志内線（14.5km）
  砂川－歌志内　1988年廃止
- 函館本線（10.3km）
  砂川－上砂川　1994年廃止
  美唄－南美唄　1971年旅客営業廃止
- 三菱鉱業美唄鉄道（10.6km）
  美唄－常磐台　1972年廃止
- 幌内線（20.8km）
  岩見沢－幌内、三笠－幾春別
  1987年廃止
- 手宮線（2.8km）
  南小樽－手宮　1962年旅客営業廃止

おもな列車

特急 スーパーカムイ

札幌ー旭川、30分に1本、789系特急電車。海峡線用の特急として使われていた車両を仕様変更したもの。最高時速130km/h で、札幌ー旭川は1時間20分

785系特急電車。平成2年に登場した特急型電車。特急〈スーパーカムイ〉で使われ、一部の列車は快速〈エアポート〉として新千歳空港まで直通している

特急 旭山動物園号

キハ183系気動車。札幌ー旭川間を走る観光客用の特急列車。動物たちが描かれたボディや、動物のぬいぐるみに抱かれて写真を撮れるシート"ハグハグチェア"が、子どもたちに大人気

留萌本線

キハ54系。昭和61年登場の、ステンレスの車体にエンジンを2台搭載した強力気動車。留萌本線の全列車に使用

絶景＆撮影ポイント

1 MAP	朝里－銭函（函館本線）	左の車窓に広がるのは石狩湾。波しぶきがかかりそうな海辺の崖下を走る。夏はビーチパラソルが並び、短い夏を楽しむ姿が見られる。
2 MAP	江別－豊幌（函館本線）	夕張川を渡る列車を撮影できる。特急〈スーパーカムイ〉をはじめ、函館本線の列車を効率よく撮影できる。国道12号の江別大橋の上。
3 MAP	伊納－近文（函館本線）	嵐山トンネルの西側が撮影ポイントで、トンネルから出て列車を狙える。並行するサイクリングロードから撮影するといい。
4 MAP	瀬越－礼受（留萌本線）	留萌駅を出ると荒涼とした北の海を望みながら走る。この区間は海に近く、夏でも人影のまばらな海が列車から眺められる。

Topics 開拓地と鉄道

北海道の鉄道は、石炭産出の歴史と重なります。北海道の開拓を進めた北海道開拓使のおもな役割のひとつには、石炭をはじめとする豊富な北海道の資源の開発がありました。北海道で最初に開通した旧手宮－札幌間も、幌内炭鉱で産出された石炭を小樽港から積み出すことを目的に敷設されていました。その後、開拓が進むにつれて、この区間は北海道の鉄道輸送において、重要な役目を果たしていくことになります。同様に、留萌本線もまた、留萌港への石炭輸送を目的に造られました。留萌本線の距離は約67km。本線という名前を持っていますが、留萌駅から分岐していた支線、羽幌線の半分に満たない、大変短い本線です。

JR石勝線
JR日高本線

夕張駅
炭鉱近くにあったこの駅は石炭産業の衰退とともに移転を繰り返し、徐々に山を降りていった。

日高本線　ひだかほんせん

km	駅名	よみ
0.0	苫小牧	とまこまい
13.1	勇払	ゆうふつ
22.7	浜厚真	はまあつま
27.0	浜田浦	はまたうら
30.5	鵡川	むかわ
34.5	汐見	しおみ
43.6	富川	とみかわ
51.3	日高門別	ひだかもんべつ
56.5	豊郷	とよさと
61.1	清畠	きよはた
65.6	厚賀	あつが
71.1	大狩部	おおかりべ
73.1	節婦	せっぷ
77.2	新冠	にいかっぷ
82.1	静内	しずない
90.9	東静内	ひがししずない
97.0	春立	はるたち
99.4	日高東別	ひだかとうべつ
105.8	日高三石	ひだかみついし
109.8	蓬栄	ほうえい
113.0	本桐	ほんきり
120.2	荻伏	おぎふし
125.1	絵笛	えふえ
130.3	浦河	うらかわ
132.4	東町	ひがしちょう
136.9	日高幌別	ひだかほろべつ
141.1	鵜苫	うとま
143.6	西様似	にしさまに
146.5	様似	さまに

停車駅　●特急　○普通

石勝線　せきしょうせん

km	駅名	よみ
0.0	南千歳	みなみちとせ
17.6	追分	おいわけ
21.6	東追分	ひがしおいわけ
27.0	川端	かわばた
35.8	滝ノ上	たきのうえ
40.2	十三里	とみさと
43.0	新夕張	しんゆうばり
77.3	占冠	しむかっぷ
98.6	トマム	とまむ
132.4	新得	しんとく
0.0	(新夕張)	
2.7	沼ノ沢	ぬまのさわ
6.7	南清水沢	みなみしみずさわ
8.2	清水沢	しみずさわ
14.8	鹿ノ谷	しかのたに
16.1	夕張	ゆうばり

廃線
- 三菱大夕張鉄道（17.2km）
  南大夕張－大夕張炭山　1973年廃止
  清水沢－南大夕張　1987年廃止
- 夕張線（7.6km）
  紅葉山－登川　1981年廃止
- 富内線（82.5km）
  鵡川－日高町　1986年廃止
- 沙流鉄道（13.1km）
  富川－平取　1951年廃止
- 広尾線（84.0km）
  帯広－広尾　1987年廃止

路線プロフィール

JR石勝線　南千歳－新得　132.4km／新夕張－夕張　16.1km
狭軌　単

夕張で産出される石炭の積み出し路線として、明治25年に夕張線として追分－夕張間が開通。明治40年には、紅葉山（現・新夕張）－楓（廃止）間も開通した。これまで道東方面へは、函館本線・滝川駅→根室本線経由を主なルートとしていたが、その所要時間を短縮するために、日高山脈を越えて札幌と十勝地方を短絡する新ルートが注目された。昭和56年、千歳空港（現・南千歳）－追分と新夕張－新得間が開業し、新夕張－夕張間とあわせ、石勝線となる。現在は札幌と帯広、釧路を結ぶメインルートとして、特急＜スーパーおおぞら＞、＜スーパーとかち＞、＜とかち＞（平成21年秋、＜スーパーとかち＞に統一）が走るほか、普通列車が南千歳－夕張間で運転されている。新夕張－新得間は普通列車の運転がない、特殊な区間である。なお、かつての登川駅のほど近い場所に開設され、新夕張との折り返し運転のみを行っていた楓駅は平成16年3月に、旅客営業を廃止し、信号場となった。

JR日高本線　苫小牧－様似　146.5Km
狭軌　単

大正2年、苫小牧軽便鉄道として苫小牧－佐瑠太（現・富川）が開業。大正12年、日高拓殖鉄道が佐瑠太（現・富川）－厚賀間を開通させたのち、大正15年に静内まで延伸。昭和2年にこれらは国有化され日高線となる。昭和6年までに1067mmゲージに改軌される。その後、静内以南へ工事が始まり、昭和8年の静内－日高三石間の開通を皮切りに、昭和12年、様似まで延伸され全通した。日高本線を走る列車は普通列車のみ。本数も全線で片道10本以下である。すべての列車がワンマン運転になっている。

おもな列車

特急 スーパーおおぞら

札幌—釧路、1日7往復運転。キハ281系を改良した振り子式特急型気動車キハ283系気動車を使用。最高速度は130km

特急 スーパーとかち

札幌—帯広、1日5往復運転。特急型気動車キハ261系（上）で運転。振り子式ではないが車体傾斜機能を持つ。一部キハ283系（下）での運転もある

特急 トマムサホロスキーエクスプレス

札幌—新得、冬季に運転されているスキー列車。ノースレインボーエクスプレス車両などで運転

トマム駅

スキー場で名高いトマムリゾートの玄関口。駅からホテルまで連絡通路が伸びている。夜の山あいに煌めく高層ホテルの灯も幻想的。

様似駅

日高本線の終点はここ。車止めで線路が途切れ、行き止まりの駅ならではの郷愁が漂う。襟裳岬へはバスが連絡している。

絶景＆撮影ポイント

1. **南千歳—追分**（石勝線）　林の中を列車が真っ直ぐに走り抜けてくる、北海道らしい光景を撮影できるポイント。南千歳駅の南東約3kmの陸橋上。
2. **占冠—トマム**（石勝線）　北海道の屋根、日高山脈を横断する。人の気配も稀な山間部をトンネルや橋が貫き、列車はダイナミックに駆け抜けていく。
3. **東町—日高幌別**（日高本線）　線路の先はすぐに砂浜。列車の中にも、波の音と潮の香りが流れ込む。夏は干された昆布で、砂浜が黒く覆われる。
4. **節婦—新冠**（日高本線）　判官岩のたもとを列車が走る。海岸線ぎりぎりの崖の下をカーブする列車を、海を手前に配した迫力のある構図で撮影できる。

Topics "黒いダイヤ"で栄えた街の鉄道

北炭夕張炭鉱、北炭真谷地炭鉱、三菱大夕張炭鉱、三菱南大夕張炭鉱と、大規模炭鉱を抱えた夕張の街は、最盛期には10万人もの人口でにぎわいました。"黒いダイヤ"と呼ばれた石炭を運ぶための鉄道も、現在も残る石勝線のほか、夕張鉄道、三菱南大夕張鉄道があり、それぞれの路線で、昼夜をわかたず貨物列車が行き来していました。しかし、産業構造の変化とともに、炭鉱は相次いで閉山に追い込まれます。最後の三菱大夕張炭鉱が閉山したのは、昭和60年のことでした。夕張の街は、炭鉱に代わる産業として観光を模索。観光施設への過大な投資がその後の夕張の苦境の一因になりました。運ぶべき石炭を失った夕張鉄道、三菱大夕張鉄道も次々廃止。夕張の街と同様、夕張の街を走る鉄道も、石炭産業の栄枯盛衰を一身に受け止めてきました。

JR根室本線①（滝川〜新得）
JR札沼線　JR富良野線

根室本線① ねむろほんせん

km	駅名	よみ
0.0	滝川	たきかわ
7.2	東滝川	ひがしたきかわ
13.7	赤平	あかびら
17.2	茂尻	もしり
20.7	平岸	ひらぎし
26.6	芦別	あしべつ
30.5	上芦別	かみあしべつ
35.2	野花南	のかなん
49.1	島ノ下	しまのした
54.6	富良野	ふらの
60.9	布部	ぬのべ
66.7	山部	やまべ
74.7	下金山	しもかなやま
81.6	金山	かなやま
94.8	東鹿越	ひがししかごえ
98.8	幾寅	いくとら
108.2	落合	おちあい
136.3	新得	しんとく

↓根室本線② P162へ

廃線
- 定山渓鉄道（27.2km）
  東札幌－定山渓　1969年廃止

美瑛駅
駅舎には、昭和44年頃まで地元で産出されていた「美瑛軟石」が使用されている。石造りの駅舎は、全国的にも珍しい。

札沼線　さっしょうせん

km	駅名	よみ
1.6	札幌	さっぽろ
0.0	桑園	そうえん
2.2	八軒	はちけん
3.7	新川	しんかわ
5.6	新琴似	しんことに
7.3	太平	たいへい
8.6	百合が原	ゆりがはら
10.2	篠路	しのろ
12.2	拓北	たくほく
13.6	あいの里教育大	あいのさときょういくだい
15.1	あいの里公園	あいのさとこうえん
19.3	石狩太美	いしかりふとみ
25.9	石狩当別	いしかりとうべつ
28.9	北海道医療大学	ほっかいどういりょうだいがく
31.1	石狩金沢	いしかりかなざわ
35.6	本中小屋	もとなかごや
38.8	中小屋	なかごや
41.6	月ヶ岡	つきがおか
44.2	知来乙	ちらいおつ
46.3	石狩月形	いしかりつきがた
51.0	豊ヶ岡	とよがおか
53.5	札比内	さっぴない
58.0	晩生内	おそきない
60.9	札的	さってき
62.7	浦臼	うらうす
66.1	鶴沼	つるぬま
67.9	於札内	おさつない
69.4	南下徳富	みなみしもとっぷ
71.5	下徳富	しもとっぷ
76.5	新十津川	しんとつかわ

路線プロフィール

JR根室本線①　滝川－新得　136.3km（全線443.8km）　狭軌　単

明治33年、下富良野（現・富良野）－鹿越（廃止）間が北海道官設鉄道十勝線の一部として開業。明治34年に鹿越－落合間が開業、明治40年、落合－帯広間開業。大正2年、滝川－下富良野間が開業した。石狩と十勝を分ける狩勝峠は日本三大車窓の一つに数えられる絶景で知られたが、昭和41年に現在のルートに付け替えられた。駅間距離が長い落合－新得間には、上落合・新狩勝・広内・西新得の4つの信号場が設置されている。

JR富良野線　旭川－富良野　54.8km　狭軌　単

明治32年、北海道官設鉄道十勝線（後の釧路線）として旭川－美瑛間開業。明治33年、旭川－下富良野（現・富良野）間の全線が開通。大正2年、富良野線となる。距離は短いが、沿線に美瑛・富良野という道内屈指の観光地を抱え、観光列車も走る。観光シーズンには、西中－中富良野間に臨時駅の「ラベンダー畑」駅が設置される。全線直通の普通・快速列車のほか、旭川－美瑛間の折り返し列車も運転。

JR札沼線（学園都市線）　札幌－新十津川　76.5km　狭軌　単複

昭和6年、札沼北線石狩沼田－中徳富（現・新十津川）間開業。昭和10年に、石狩当別－浦臼間が開業し全通、札沼線となる。新十津川－石狩沼田間は、戦前戦後の休止・復活を経て、昭和47年に廃止。おもに石狩当別を境に運転系統が分かれており、特に浦臼－新十津川間は運行本数が少なく、1日3往復。一方、札幌－あいの里公園間では、1時間に3〜4本の列車が運転される。

富良野線 ふらのせん

km	駅名	よみ
0.0	旭川	あさひかわ
2.4	神楽岡	かぐらおか
4.0	緑が丘	みどりがおか
5.2	西御料	にしごりょう
7.4	西瑞穂	にしみずほ
9.9	西神楽	にしかぐら
12.3	西聖和	にしせいわ
16.6	千代ケ岡	ちよがおか
20.3	北美瑛	きたびえい
23.8	美瑛	びえい
30.6	美馬牛	びばうし
39.7	上富良野	かみふらの
44.2	西中	にしなか
45.8	(臨)ラベンダー畑	らべんだーばたけ
47.3	中富良野	なかふらの
49.7	鹿討	しかうち
52.5	学田	がくでん
54.8	富良野	ふらの

廃線

- 札沼線（34.9km）
  新十津川－石狩沼田　1972年廃止
- 三井芦別鉄道（9.1km）
  芦別－頼城（玉川）　1989年廃止
- 根室本線（旧線）（27.9km）
  落合－新得　1966年廃止
- 旭川電気軌道（22.2km）
  1973年全線廃止
- 旭川市街軌道（14.2km）
  1948～1956年廃止

幾寅駅
映画「鉄道員（ぽっぽや）」に「幌舞駅」として使用された木造駅舎。駅前広場にはロケセットが残り、駅舎内部にも写真などが展示されている。

おもな列車

快速 狩勝
滝川一帯広間および旭川一帯広間（旭川－富良野間は普通列車）を各1日1往復運転。旭川発着のルートは、かつての十勝線（釧路線）の本線ルート

臨時 富良野・美瑛ノロッコ号
510系客車をディーゼル機関車が牽引する季節観光列車。ゆっくりと周辺の風景を楽しめる。旭川－富良野間1日1往復、美瑛－富良野間1日2往復

普通 富良野線
キハ150形。平成5年から登場。大出力のエンジンを持つワンマン車。富良野線用はラベンダーのライン

普通 札沼線（石狩当別－新十津川）
キハ40系。冬季、積雪があっても1両で運転できるようにエンジンをパワーアップしたワンマン車

普通 札沼線
キハ141系。50系51形客車にエンジンを積み、ディーゼルカーに改造。2両編成と3両編成の2タイプがある

絶景＆撮影ポイント

❶ 金山－東鹿越（根室本線）
金山駅を出て空知トンネルを抜けると、「かなやま湖」が現れる。このダム湖の建設に伴い、根室本線も付け替えられた。

❷ 落合－新得（根室本線）
落合から新狩勝トンネルを抜けると、線路はいくつかのヘアピンカーブで向きを変えながら雄大な十勝平野へと一気に下る。

❸ 上富良野－中富良野（富良野線）
水田地帯の向こうに、十勝岳連峰を一望。7～8月頃は、ラベンダー畑駅付近で紫色に染まるラベンダー畑が眺められる。

❹ 豊ヶ岡付近（札沼線）
平地を走る札沼線のなかで、唯一山間のような雰囲気がある。陸橋から林を抜ける気動車が撮影できる。運転本数は少ない。

Topics 狩勝峠旧ルート

根室本線はかつて狩勝峠の直下を、全長954mの狩勝トンネルで抜けていました。峠を石狩側から登りトンネルを抜けたところで一望された十勝平野は、「日本三大車窓」の一つに数えられる絶景でした。しかし蒸気機関車にとっては急勾配の難所で、輸送の障害になることなどから、昭和41年9月30日に現在の新狩勝トンネルを通るルートが開通し、廃線となりました。廃線後その一部は「狩勝実験線」として鉄道技術発展のために大いに貢献、旧線上にあった新内駅には現在でもホーム跡が残り、NPO法人の手により客車も保存されています。

JR根室本線② (新得〜釧路)

根室本線② ねむろほんせん

↓根室本線① P160から

km	駅	よみ
136.3	新得	しんとく
145.4	十勝清水	とかちしみず
152.9	羽帯	はおび
155.9	御影	みかげ
166.5	芽室	めむろ
168.6	大成	たいせい
173.4	西帯広	にしおびひろ
176.6	柏林台	はくりんだい
180.1	帯広	おびひろ
184.9	札内	さつない
188.5	稲士別	いなしべつ
194.3	幕別	まくべつ
200.8	利別	としべつ
204.3	池田	いけだ
212.8	十弗	とおふつ
218.2	豊頃	とよころ
225.3	新吉野	しんよしの
231.7	浦幌	うらほろ
243.5	上厚内	かみあつない
250.1	厚内	あつない
257.3	直別	ちょくべつ
261.3	尺別	しゃくべつ
265.1	音別	おんべつ
274.8	古瀬	ふるせ
281.0	白糠	しらぬか
286.5	西庶路	にししょろ
288.6	庶路	しょろ
299.0	大楽毛	おたのしけ
300.8	新大楽毛	しんおたのしけ
305.7	新富士	しんふじ
308.4	釧路	くしろ

↓根室本線③ P164へ

停車駅 ●特急 ●普通

1:1,000,000

帯広駅
帯広名物「豚丼」の駅弁が駅構内の売店で買える(1100円)。ひもを引くと温かくなる。

十弗駅
「１０＄駅」と書かれたユニークな看板がホームにある。素朴な木造の駅舎もいい。

路線プロフィール

JR根室本線② 新得－釧路　172.1km (全線443.8km)　狭 単

明治34年7月、釧路－白糠間が北海道官設鉄道釧路線として開業。以降順次延伸。明治38年12月に帯広まで開業。明治40年、落合－帯広間開業で全通。路線名称は、明治42年に釧路線、大正2年に釧路本線、大正10年に根室本線と、路線の延伸および、幹線化に従い変遷してきた。現在も、道東エリアの中心となる幹線として機能しているが、同じ根室本線でも滝川－新得方面への直通列車は少なく、石勝線を経由して札幌方面と結ぶ特急列車が中心となっている。国鉄時代にはこの根室本線を起点に何本かの支線があったが、昭和58年の白糠線を皮切りに、士幌線、広尾線などが次々廃線となった。沿線のようすは、狩勝峠を越えて一気に十勝平野へと下ってくると、各駅前には農業倉庫が目立つようになる。帯広から先は、市街地、畑作地帯、樹林と抜けて、厚内の先で太平洋が広がる。さらに湿地帯を曲がりくねりながら走り、製紙工場の煙突が見えてくると釧路。ゆったりと流れる車窓風景に、思わず時間を忘れ、楽しむことができる。

上厚内駅

簡易な駅舎に転換されたものが多いJR北海道では珍しく、歴史を感じる木造の駅舎が残る。厳しい自然に耐えてきた貴重な駅舎だ。

おもな列車

特急 スーパーおおぞら

札幌−釧路、1日7往復運転。キハ281系を改良した振り子式キハ283系を使用。最高速度は130km

特急 スーパーとかち

札幌−帯広、1日3往復運転。キハ261系で運転。一部キハ283系での運転もある

快速 狩勝

滝川−帯広間および旭川−帯広間(旭川−富良野間は普通列車)をそれぞれ1日1往復、キハ40形など

普通 根室本線

キハ40。根室本線のほとんどの普通列車に使用。窓が小さい北海道仕様

廃線

北海道拓殖鉄道（54.3km）
東瓜幕−上士幌　1949年廃止
瓜幕−東瓜幕　1967年廃止
新得−瓜幕　1968年廃止

士幌線（78.3km）
帯広−十勝三股　1987年廃止

十勝鉄道（40.0km）
清水−鹿追　1951年廃止
下幌内−上幌内　1951年廃止
北熊牛−南熊牛　1951年廃止

十勝鉄道戸蔦線（29.9km）
川西−戸蔦　1957年廃止
帯広大通−川西　1959年廃止

十勝鉄道美生線（5.6km）
藤−常盤　1957年廃止

十勝鉄道八千代線（12.1km）
常盤−八千代　1957年廃止

北海道ちほく高原鉄道（140.0km）
池田−北見　2006年廃止

尺別鉄道（10.8km）
尺別−尺別炭山　1970年廃止

白糠線（33.1km）
白糠−北進　1983年廃止

雄別鉄道（44.1km）
釧路−雄別炭山　1970年廃止

鶴居村営軌道（48.0km）
新富士−中雪裡　1967年廃止
下幌呂−新幌呂　1967年廃止

太平洋石炭販売輸送（11.3km）
城山−入舟町　1963年旅客営業廃止

絶景＆撮影ポイント

① 芽室−大成
日高山脈の山々を背景に、雄大な十勝平野を駆け抜ける特急列車や貨物列車を、迫力たっぷりに撮影できる。

② 幕別−利別
だだっ広い十勝平野の畑作地帯。開放感あふれるなかを根室本線の列車が走る――そんな北海道らしい写真が撮れる。

③ 厚内−古瀬
海岸線と湿地帯が交互に現れる区間。厚内駅を出ると、下り列車の車窓右側に太平洋が広がる。特に尺別−音別間は撮影スポットとしても有名。

④ 大楽毛−新富士
車窓風景が一変し、工業地帯となる。ひときわ目立つ煙突は大手製紙工場。釧路は、森林や水が豊富で大きな港湾設備があることから、製紙業が盛ん。

Topics 十勝平野最後の鉄路

広大な十勝平野を貫くただ1本の路線になってしまった根室本線ですが、かつては、多数の鉄道が分岐していました。国鉄線だけでも帯広からの広尾線と士幌線、そして池田からの池北線と3路線もあり、その他十勝鉄道など私鉄も存在していました。これらの路線は、利用客の減少などにより次々と廃止されましたが、遺構は現在でもあちこちに残されています。「愛の国から幸福へ」の乗車券で、全国的に有名になった幸福駅では当時の駅舎がそのまま残り、車両も保存されています。一方、糠平湖に残る旧士幌線のアーチ橋「タウシュベツ橋梁」などは登録有形文化財にも指定されました。

JR釧網本線
JR根室本線③ (釧路～根室)

1:1,200,000

北浜駅
オホーツク海に面した駅。駅舎内には「停車場」という喫茶店があり、海と列車を眺めながら食事ができる。冬は線路際まで流氷が押し寄せる。

川湯温泉駅
昭和11年建築のログハウス風駅舎。内部には、駅事務室などを改装したレストラン「オーチャードグラス」があるほか、無料の足湯も併設している。

東根室駅
北緯43度19分、東経145度36分にある日本最東端の駅。簡素なホームがあるだけで駅舎もない無人駅。

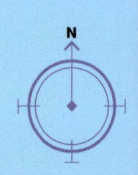

停車駅
○ 快速　○ 普通

廃線
- 標津線 (116.9km)
  標茶－根室標津　1989年廃止
  中標津－厚床　1989年廃止
- 根北線 (12.8km)
  斜里－越川　1970年廃止
- 根室拓殖鉄道 (15.1km)
  根室－歯舞　1959年廃止
- 別海村営軌道 (13.2km)
  奥行臼－上風蓮　1971年廃止
- 浜中町営軌道 (34.2km)
  1972年廃止
- 標茶町営軌道 (30.4km)
  1971年廃止
- 東藻琴村営軌道 (32.7km)
  1961～1965年廃止

根室本線③ ねむろほんせん
↓根室本線② P160から

km	駅	よみ
308.4	釧路	くしろ
311.3	東釧路	ひがしくしろ
312.5	武佐	むさ
317.0	別保	べっぽ
331.7	上尾幌	かみおぼろ
340.9	尾幌	おぼろ
350.1	門静	もんしず
355.0	厚岸	あっけし
365.6	糸魚沢	いといざわ
375.2	茶内	ちゃない
382.2	浜中	はまなか
392.3	姉別	あねべつ
398.9	厚床	あっとこ
406.0	初田牛	はったうし
414.5	別当賀	べっとが
424.8	落石	おちいし
428.8	昆布盛	こんぶもり
433.6	西和田	にしわだ
438.2	花咲	はなさき
442.3	東根室	ひがしねむろ
443.8	根室	ねむろ

釧網本線 せんもうほんせん

km	駅	よみ
0.0	網走	あばしり
1.4	桂台	かつらだい
6.2	鱒浦	ますうら
8.7	藻琴	もこと
11.5	北浜	きたはま
16.9	原生花園(臨)	げんせいかえん
20.1	浜小清水	はまこしみず
25.8	止別	やむべつ
37.3	知床斜里	しれとこしゃり
41.9	中斜里	なかしゃり
44.1	南斜里	みなみしゃり
49.2	清里町	きよさとちょう
57.0	札弦	さっつる
65.3	緑	みどり
79.8	川湯温泉	かわゆおんせん
87.0	美留和	びるわ
95.7	摩周	ましゅう
103.9	南弟子屈	みなみてしかが
110.4	磯分内	いそぶんない
121.0	標茶	しべちゃ
129.5	五十石	ごじっこく
134.9	茅沼	かやぬま
141.9	塘路	とうろ
149.1	細岡	ほそおか
151.5	釧路湿原	くしろしつげん
158.8	遠矢	とおや
166.2	東釧路	ひがしくしろ

路線プロフィール

JR根室本線③（花咲線）　釧路－根室　135.4km（全線443.8km）　狭　単

大正6年、釧路－厚岸間開業。大正9年、厚岸－西和田間開業。大正10年8月、根室まで開業して根室本線443.8kmが全通。同時に、釧路本線を根室本線と改称した。「花咲線」の愛称を持つ釧路－根室間は、根室本線の滝川－新得、新得－釧路間とは運転系統が分離され、快速列車と普通列車のみの運転となっている。全線にローカル線の雰囲気がたっぷりで、小さな気動車が大きな根釧原野のなかをひたすら東へ向かっていく姿は、絵になりファンも多い。終着の根室駅の一駅手前にある東根室駅は、日本最東端の駅として知られる。沿線の人口減が進んでいる。

JR釧網本線　釧路－網走　166.2km　狭　単

昭和2年、釧路－標茶間開業。昭和5年、川湯（現・川湯温泉）まで開業。昭和6年に札鶴（現・札弦）まで開業して釧網線が全通。同時に網走本線網走－札鶴間を編入し、釧網線は東釧路－網走間とする。昭和11年10月に釧網本線と改称。流氷が訪れるオホーツク海や世界遺産に登録された知床、阿寒湖や摩周湖、屈斜路湖を中心とする阿寒国立公園、天然記念物のタンチョウが生息する釧路湿原など、沿線は北海道でも有数の観光ポイントが多く点在し、夏、冬それぞれのシーズンには観光列車が運転される。その一方、沿線人口は少なく、本線とはいっても優等列車の運転はない。特に峠越えの緑－川湯温泉間は列車本数が少なく、臨時列車を除くと1日に4往復の運行にとどまっている。

おもな列車

快速　はなさき・ノサップ
キハ54形。釧路－根室間をそれぞれ1日1往復する。所要時間は、最も停車駅の少ない上り快速〈はなさき〉で2時間2分

快速　釧路湿原ノロッコ号
510系客車をDE10形ディーゼル機関車が牽引する観光列車。夏季は〈釧路湿原ノロッコ号〉として釧路－塘路間を運転。釧路湿原の大自然が身近に

快速　流氷ノロッコ号
釧路湿原ノロッコ号は、冬季になると〈流氷ノロッコ号〉として網走－知床斜里間を運転する。車内から流氷に閉ざされたオホーツク海が眺められる

快速　しれとこ
キハ54形。網走－釧路間を1日1往復する

普通　釧網本線
キハ54形のワンマン車。釧網本線の主流車両

普通　根室本線（花咲線）
キハ54。釧路－根室間の全列車に使用。ワンマン車

絶景＆撮影ポイント

❶ 厚岸－糸魚沢（根室本線） MAP　厚岸湖のそばや別寒辺牛湿原を走る列車が撮影できる。まさに"手付かずの大自然"といった光景が広がる。

❷ 別当賀－昆布盛（根室本線） MAP　下り列車の右側の窓から、時間はわずかだが、草原の向こうに太平洋が望める。鉄道写真などでもよく見る風景。

❸ 知床斜里－桂台（釧網本線） MAP　オホーツク海が望める区間。特に藻琴－北浜間や、止別－知床斜里間は白眉。2月～3月に流氷が押し寄せ、日本の車窓の中でもトップクラスの絶景。

❹ 東釧路－五十石（釧網本線） MAP　釧路湿原に沿って、あるいは湿原内に敷かれた線路を走行する。釧路湿原駅近くの細岡展望台は、湿原を一望するポイント。

Topics　釧路湿原

釧路市街の北側に広がる釧路湿原は、南北約36km、東西約25kmで、194平方キロ（平成8年現在）という日本一広い面積を持つ湿原。しかしながら、中心をなす釧路川流域の開発により、その面積は50年で約20%も減少したといわれます。その最も東側を通っているのが釧網本線で、湿原の中に駅もあります。そのうち、昭和63年に臨時駅として設置された釧路湿原駅は平成8年に正式な駅となり、現在では観光列車も停車します。駅から少し登ったところにある細岡展望台は、特に夕景が美しいことで知られます。

JR石北本線

遠軽駅
平成元年5月に、湧別方面への名寄本線が廃止され、石北本線だけとなった現在でも、スイッチバックの構内配線となっている。

廃線
- 名寄本線（143.0km）
  名寄-遠軽　1989年廃止
  中湧別-湧別　1989年廃止
- 興浜南線（19.9km）
  興部-雄武　1985年廃止
- 渚滑線（34.3km）
  渚滑-北見滝ノ上　1985年廃止
- 湧網線（89.8km）
  中湧別-網走　1987年廃止
- 相生線（36.8km）
  美幌-北見相生　1985年廃止

上白滝駅
古い木造駅舎が建つ。停車する列車は、朝に下り列車が1本、夕方に上り列車が1本のみ。

常紋トンネル
常紋峠にある長さ507mのトンネル。大正3年開通。工事は労働者を非人間的に扱う「タコ部屋労働」によって行われ、リンチや崩落による多数の犠牲者を出した。

停車駅　●特急　○快速　○普通

路線プロフィール

JR石北本線　新旭川-網走　234.0km

狭 単

昭和7年までに開通した石北西線新旭川-中越（現・中越信号場）間と石北東線中越-遠軽間に、大正4年11月までに開業していた湧別線遠軽-野付牛（現・北見）間を編入し石北本線とする。その後の昭和36年に、大正元年までに開業していた網走本線の一部である北見-網走間を統合して石北本線となる。それまでの札幌から網走方面へのメインルートは札幌→（函館本線）→滝川→（根室本線）→池田→（池北線）→北見→（網走本線）→網走という大変大回りのルートで時間もかかったが、石北本線の完成により、時間が短縮された。遠軽駅は先述した路線の成りたちから、この駅を通過するすべての列車がスイッチバックで進行方向を変える。上川-白滝間は極端に運転本数が少ない区間。特別快速＜きたみ＞1往復のほかに普通列車は1往復のみ。途中の上白滝駅に停車する列車は上下1日に各1本という日本屈指の秘境駅でもある。網走-遠軽、旭川-上川間は通勤・通学などの利用客が多い。かつてはこの石北本線から、名寄本線、池北線、相生線、湧網線などの路線が接続していたが、すべて廃止されている。なお、路線の起点は新旭川ではあるが、運行上は旭川駅が起点になっている。

石北本線 せきほくほんせん

km	駅名
0.0	新旭川 しんあさひかわ
2.5	南永山 みなみながやま
5.2	東旭川 ひがしあさひかわ
7.3	北日ノ出 きたひので
10.2	桜岡 さくらおか
13.9	当麻 とうま
17.4	将軍山 しょうぐんさん
19.5	伊香牛 いかうし
25.9	愛別 あいべつ
32.0	中愛別 なかあいべつ
36.0	愛山 あいざん
38.0	安足間 あんたろま
40.4	東雲 とううん
44.9	上川 かみかわ
78.9	上白滝 かみしらたき
82.2	白滝 しらたき
88.3	旧白滝 きゅうしらたき
92.7	下白滝 しもしらたき
101.9	丸瀬布 まるせっぷ
109.7	瀬戸瀬 せとせ
120.8	遠軽 えんがる
128.2	安国 やすくに
132.7	生野 いくの
137.7	生田原 いくたはら
152.7	金華 かねはな
156.2	西留辺蘂 にしるべしべ
158.2	留辺蘂 るべしべ
169.1	相内 あいのない
173.7	東相内 ひがしあいのない
176.3	西北見 にしきたみ
181.0	北見 きたみ
183.7	柏陽 はくよう
185.9	愛し野 いとしの
187.3	端野 たんの
194.6	緋牛内 ひうしない
206.1	美幌 びほろ
213.1	西女満別 にしめまんべつ
218.1	女満別 めまんべつ
225.9	呼人 よびと
234.0	網走 あばしり

おもな列車

特急 オホーツク

キハ183系。札幌－網走間を1日4往復する。遠軽駅でのスイッチバックにより進行方向が変わる。札幌－網走の所要時間は5時間30分ほど

快速 特別快速きたみ

キハ54形。北見－旭川間を1日1往復する。特急列車並みの停車駅と運転時間だが、普通乗車券のみで乗車できるとあって利便性が高い

普通 石北本線

キハ40系。明るい緑と青のライン

絶景＆撮影ポイント

① 上川－上白滝
北見峠の峠越え区間。34.0kmの駅間距離がある。かつて途中駅が4駅あったが、1駅は廃止、3駅は信号場に変更された。

② 旧白滝－下白滝
下白滝駅から徒歩15分ほど。白滝の地名の発祥となった場所でもあり、湧別川沿いに走る列車が撮れる。紅葉時期は特に美しい。

③ 生田原－金華
常紋峠を長さ507mの常紋トンネルで抜ける。トンネル前後に人家はまったくない。北見側出口には常紋信号場がある。

④ 呼人－網走
網走に向かって左車窓に網走湖を望みながら走る。冬には全面結氷し、湖面でワカサギ釣りをする様子なども見られる。

Topics 日本最長の駅間距離－消えた駅

上川－上白滝間は34.0kmあり、日本で最も駅間距離が長い区間。人家もない山中に分け入り、北見峠を全長4329mの石北トンネルで越える。かつてこの区間には、天幕（てんまく）・中越（なかこし）・上越（かみこし）・奥白滝（おくしらたき）という4つの途中駅がありましたが、昭和50年12月に上越駅が信号場に、平成13年7月には天幕駅が廃止、同時に中越駅、奥白滝駅は信号場に変更されました。それぞれの信号場には今も駅舎が残り、往時の様子を偲ぶことができます。

JR宗谷本線

縮尺 1:1,200,000

宗谷本線　そうやほんせん

km	駅	よみ
0.0	旭川	あさひかわ
1.8	旭川四条	あさひかわよじょう
3.7	新旭川	しんあさひかわ
9.3	永山	ながやま
11.4	北永山	きたながやま
14.7	南比布	みなみぴっぷ
17.1	比布	ぴっぷ
20.2	北比布	きたぴっぷ
22.8	蘭留	らんる
28.4	塩狩	しおかり
36.3	和寒	わっさむ
41.4	東六線	ひがしろくせん
45.2	剣淵	けんぶち
50.2	北剣淵	きたけんぶち
53.9	士別	しべつ
58.3	下士別	しもしべつ
61.7	多寄	たよろ
64.5	瑞穂	みずほ
68.1	風連	ふうれん
72.6	東風連	ひがしふうれん
76.2	名寄	なよろ
80.2	日進	にっしん
89.3	北星	ほくせい
91.2	智恵文	ちえぶん
93.3	智北	ちぽく
95.6	南美深	みなみぴふか
98.3	美深	ぴふか
101.9	初野	はつの
105.0	紋穂内	もんぽない
112.1	恩根内	おんねない
117.9	豊清水	とよしみず
121.5	天塩川温泉	てしおがわおんせん
124.7	咲来	さっくる
129.3	音威子府	おといねっぷ
135.6	筬島	おさしま
153.6	佐久	さく
161.9	天塩中川	てしおなかがわ
170.3	歌内	うたない
175.8	問寒別	といかんべつ
178.0	糠南	ぬかなん
183.7	雄信内	おのっぷない
189.7	安牛	やすうし
191.6	南幌延	みなみほろのべ
194.6	上幌延	かみほろのべ
199.4	幌延	ほろのべ
207.2	下沼	しもぬま
215.9	豊富	とよとみ
220.9	徳満	とくみつ
230.9	兜沼	かぶとぬま
236.7	勇知	ゆうち
245.0	抜海	ばっかい
256.7	南稚内	みなみわっかない
259.4	稚内	わっかない

廃線

- 留萌鉄道（17.6km）
  恵比島—昭和 1969年休止、1971年廃止
- 天塩炭礦鉄道（25.4km）
  留萌—達布 1967年廃止
- 羽幌線（141.1km）
  留萌—幌延 1987年廃止
- 羽幌炭礦鉄道（16.6km）
  築別—築別炭礦 1970年廃止
- 士別軌道（21.4km）
  士別—奥士別 1959年廃止
- 美幸線（21.2km）
  美深—仁宇布 1985年廃止
- 天北線（148.9km）
  音威子府—南稚内 1989年廃止
- 興浜北線（30.4km）
  浜頓別—北見枝幸 1985年廃止
- 幌延町営軌道（16.2km）
  1958・1971年廃止
- 歌登町営軌道（16.2km）
  1969・1971年廃止
- 深名線（121.8km）
  深川—名寄 1995年廃止

音威子府駅
平成元年に廃止された天北線が分岐していた駅で、駅舎内には天北線資料室がある。また、太くて黒い麺が特徴の「音威子府そば」でも知られる。

名寄駅
かつては東に名寄本線（平成元年廃止）、西に深名線（平成7年廃止）が分岐する交通の要衝だった。今でも往時を偲ばせる重厚な木造駅舎が健在。

比布駅
昭和50年代に、テレビコマーシャルに登場して一躍その名を全国に知られた駅。地元特産のいちごにちなみ、ピンク色に染められた小さな木造駅舎が印象的。

停車駅　特急　快速　普通

路線プロフィール

JR宗谷本線 旭川－稚内 259.4km

狭軌 単

明治31年、北海道官設鉄道天塩線として旭川－永山間開業。明治36年名寄まで開業。明治38年国有化。大正11年、音威子府－浜頓別－稚内（現・南稚内）の旧天北線ルートで全通。音威子府－幌延－稚内間は、大正15年に天塩線として稚内（現・南稚内）まで開通した。昭和3年、稚内－稚内港（現・稚内）開業。昭和5年4月、現在のルート（天塩線）が宗谷本線となり、音威子府－浜頓別－稚内港間は北見線（後の天北線）に分離された。戦前は、樺太（サハリン）への渡航ルートとしての役割を担っており、稚内港から樺太・大泊までの航路が運行されていた。特急列車は1日3往復。旭川－名寄間には快速列車が運転され、さらに旭川－永山－比布間の区間列車もあるが、名寄以北は運転本数が少ない。日本最北の鉄道であり、稚内駅は日本最北端の駅。国鉄時代、日本一の赤字路線として有名になり昭和60年に廃止になった美幸線は、宗谷本線の美深駅から出発していた。

おもな列車

特急 スーパー宗谷
キハ261系。札幌－稚内間を1日2往復する。最高速度130km/h。カーブに車体を傾ける車体傾斜制御装置」が搭載されている

特急 サロベツ
キハ183系。札幌－稚内間を1日1往復する。スーパー宗谷よりも所要時間は約30分程度長い。グリーン車は連結されない

快速 なよろ
キハ40系・キハ54で運転。旭川－名寄間1日4往復運行し、約76kmを、約1時間30分で結ぶ。停車駅のパターンはそれぞれ異なる

普通 宗谷本線
キハ40系。おもに旭川－名寄間で使用。ワンマン車

普通 宗谷本線
キハ54形。エンジンを2台搭載。ワンマン車

絶景＆撮影ポイント

① MAP 蘭留－塩狩　天塩・石狩の国境、塩狩峠に向かって急勾配を登る。三浦綾子の『塩狩峠』は、ここで発生した鉄道職員殉職事故が題材の小説。

② MAP 士別－下士別　士別駅から幌延付近まで、およそ145kmにわたって天塩川に沿って走る。線路が天塩川を渡るのは、士別－下士別間のたった一度。

③ MAP 徳満－兜沼　残雪の残る雄大な利尻山を背景に撮影できる。宗谷本線と並行する国道40号線付近から。利尻山がきれいに見えるのは午前中。

④ MAP 抜海－南稚内　下り列車の左側にほんのわずかの間視界が開け、海に浮かぶ利尻島の利尻富士が望める。宗谷本線車窓の白眉。

Topics　樺太への道

大正12年、稚内と、当時日本領であった樺太（サハリン）の大泊（コルサコフ）とを結ぶ航路が開設されました。これが稚泊（ちはく）連絡船で、当時の鉄道省が運行した鉄道連絡船です。宗谷本線は、この稚泊連絡船への接続も大きな使命としていました。当初の稚内（現・南稚内）駅は大正11年に開業、その後昭和3年に稚内港駅、昭和13年には稚内桟橋駅も設置されました。終戦直後の昭和20年8月23日、南樺太からの引き揚げ者を満載した大泊発最後に運行は休止、連絡船は事実上の廃止となりました。現在、同航路には国際航路としてフェリーが運航されています。

よくわかる鉄道知識 東日本編

ICカードコレクション …………170	電気設備 …………………178
鉄道とは? ……………………172	鉄道車両の種類と形式 ……180
線路の設備 …………………174	車内の設備 …………………182
信号の設備 …………………176	駅の設備 ……………………185

1 ICカードコレクション

タッチするだけで改札を通過できるICカード乗車券は、今やおなじみの存在。デザインも豊富で見ているだけでも楽しい。
※鉄道のカードのみ収録。バスの利用可能範囲は省略しています。

● SUGOCA
❶ H21.3.1
❷ SUGOCA乗車券、SUGOCA定期券、SUGOCA特急定期券
❸ 福岡地区と佐賀地区のJR九州線（一部除く）
❹ 使用可
❺ Suica[※1]、nimoca[※1]、はやかけん[※1]

● はやかけん
❶ H21.3.7
❷ 無記名式「はやかけん」、記名式「はやかけん」、「はやかけん」定期券
❸ 福岡市地下鉄全線
❹ 平成22年春サービス開始予定
❺ Suica[※1]、nimoca[※1]、SUGOCA[※4]

● nimoca
❶ H20.5.18
❷ nimoca、スターnimoca、クレジットnimoca、JMBnimoca
❸ 西鉄大牟田線、太宰府線、甘木線
❹ 使用可
❺ Suica[※1]、SUGOCA[※1]、はやかけん[※1]

● 長崎スマートカード
❶ H20.3.20（長崎電気軌道での使用開始）
❷ 長崎スマートカード
❸ 長崎電気鉄道全線
❹ なし
❺ なし

● RapiCa
❶ H17.4.1
❷ ICカード乗車券、定期券
❸ 鹿児島市交通局市電全線
❹ なし
❺ いわさきICカード

● PASPY
❶ H20.3.1（広島電鉄軌道線での使用開始）
❷ 無記名PASPY、記名式PASPY、PASPY定期券
❸ 宮島線直通を除く広島電鉄軌道線全線
❹ なし
❺ なし

● ICい～カード
❶ H17.8.23
❷ ICい～カード、記名式ICい～カード、ICい～カード定期券
❸ 伊予鉄道（市内線、郊外線）全線
❹ 使用可
❺ なし

● IruCa
❶ H17.2.2
❷ フリー、IruCa定期券、シニア、スクール、キッズ、グリーン
❸ 高松琴平電鉄全線
❹ 使用可
❺ なし

● ですか
❶ H21.1.25
❷ 無記名式、記名式、定期券
❸ 土佐電気鉄道全線
❹ なし
❺ なし

● Passca
❶ H18.4.29
❷ Passca、Passca定期券、
   シルバーパスカ、競輪専用ICカード
❸ 富山ライトレール全線
❹ なし
❺ なし

● ICa
❶ H17.3.1（定期券タイプ使用開始）
❷ プリペイドタイプ、定期券タイプ
❸ 北陸鉄道浅野川線北鉄金沢－
   内灘*、石川線野町－鶴来*
   *定期券タイプのみ使用可、定期
   券の発行区間はこの2区間のみ
❹ なし
❺ なし

● SAPICA
❶ H21.1.30
❷ 無記名SAPICA、記名式
   SAPICA、SAPICA定期券
❸ 札幌市営地下鉄全線
❹ なし
❺ なし

● せたまる
❶ H14.7.7
❷ せたまる定期券、せたまる回
   数券
❸ 東急世田谷線
❹ なし
❺ なし

● EX-IC
❶ H20.3.29
❷ エクスプレスカード会員用、
   J-WESTカード会員用
❸ 東海道・山陽新幹線
❹ なし
❺ なし

● Kitaca
❶ H21.3.14
❷ 無記名Kitaca、記名式
   Kitaca、Kitaca定期券
❸ 札幌地区のJR北海道線
❹ 使用可
❺ Suica

● Suica
❶ H13.11.18
❷ Suicaカード、My Suica、Suica定期券
❸ 関東地区、新潟地区、仙台地区のJR
   東日本線、りんかい線、東京モノレール
   線、埼玉新都市交通、仙台空港鉄道
❹ 使用可
❺ ICOCA、PASMO、TOICA、Kitaca、
   SUGOCA※1、nimoca※1、はやかけん※1

● ICOCA
❶ H15.11.1
❷ ICOCA、ICOCA定期券、
   SMART ICOCA、
❸ 関西地区、岡山・広島地区
   のJR西日本線
❹ 使用可
❺ Suica、Pitapa、LuLuca※2、
   Hareca※2、PASPY※2、
   TOICA

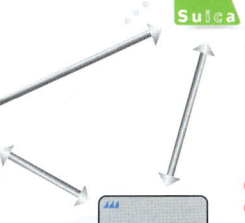

● PASMO
❶ H19.3.18
❷ 無記名PASMO、記名式
   PASMO、PASMO定期券
❸ 関東地区の私鉄、公営地
   下鉄線
❹ 使用可
❺ Suica

● TOICA
❶ H18.11.25
❷ TOICA、TOICA定期券
❸ 静岡・名古屋地区の
   JR東海線
❹ 平成22年春よりサービ
   ス開始予定
❺ Suica、ICOCA

● Pitapa※3
❶ H16.8.1
❷ Pitapaベーシックカード、
   Pitapa提携カード
❸ 関西地区の私鉄、公営地下鉄線、
   静岡鉄道
❹ 使用可
❺ ICOCA、Hareca※4、
   LuLuca※4

● ナイスパス
❶ H16.8.20
❷ ナイスパス、ナイスパス定期券
❸ 遠州鉄道線全線
❹ なし
❺ なし

● Hareca
❶ H18.10.1 
❷ Hareca
❸ 岡山電気軌道全線
❹ なし
❺ なし

● LuLuca
❶ H18.10.28（静岡鉄道線での使用開始）
❷ ルルカサール、ルルカプラス、LuLucaIC定期券
❸ 静岡鉄道線全線
❹ なし
❺ なし

凡 例
❶ サービス開始
❷ カードの種類
❸ 利用範囲
❹ 電子マネー
❺ 相互利用

※1平成22年春相互利用開始予定　※2それぞれのエリア内でのICOCA片利用
※3ポストペイ（後払い）式　※4Hareca・LuLuca エリアでのPitapa片利用

2 鉄道とは？

鉄道は、鉄のレールの上を鉄の車輪で走るものだけではない。ここでは、バラエティに富んだ日本の鉄道の種類について解説する。

■ さまざまな鉄道

- **普通鉄道** 鉄のレールの上を鉄の車輪で走るシステムで、線路が原則として専用の敷地に敷設されているもの。下に紹介する特殊な鉄道を除くすべてが普通鉄道に含まれるため、旅客を乗せて走る鉄道から貨物専用の鉄道、新幹線からローカル線まで、ほとんどの鉄道は普通鉄道に分類される。

  山手線など

- **路面電車** 鉄のレールと車輪を用いるもののうち、おもに道路上を走るものをいう。自動車の普及により道路交通の妨げになるとして廃止が相次いだが、最近は、低床タイプの車両の導入や新路線の構想もあり、都市の中量交通機関として改めて注目されてきている。

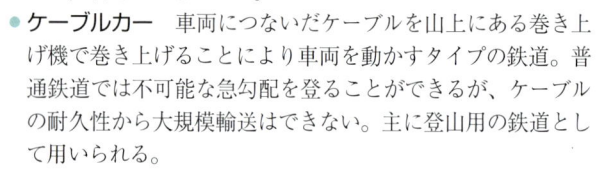

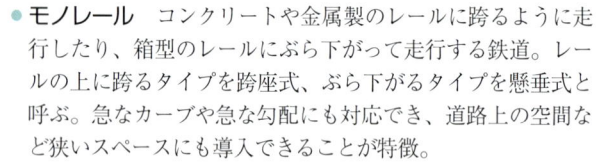

  都電荒川線など

- **ケーブルカー** 車両につないだケーブルを山上にある巻き上げ機で巻き上げることにより車両を動かすタイプの鉄道。普通鉄道では不可能な急勾配を登ることができるが、ケーブルの耐久性から大規模輸送はできない。主に登山用の鉄道として用いられる。

  御岳登山鉄道など

- **モノレール** コンクリートや金属製のレールに跨るように走行したり、箱型のレールにぶら下がって走行する鉄道。レールの上に跨るタイプを跨座式、ぶら下がるタイプを懸垂式と呼ぶ。急なカーブや急な勾配にも対応でき、道路上の空間など狭いスペースにも導入できることが特徴。

  東京モノレールなど

- **ゴムタイヤ式地下鉄** 普通鉄道のレールと車輪を、コンクリート製の軌道とゴムタイヤに置き換えたタイプの地下鉄。札幌市の地下鉄に採用されている。ゴムタイヤで走行するため普通鉄道よりも騒音が小さく、急勾配に対応できることが特徴である。

  札幌市地下鉄

- **新交通システム** コンクリート製の軌道をゴムタイヤで走るタイプの鉄道。車両を誘導する案内軌条が車両の横に設置されているものと、軌道の中央に設置されているものの2種類が存在する。急勾配や急カーブに対応できるほか、車両を小型化し施設を軽量化できる特徴がある。

  日暮里・舎人ライナーなど

- **ガイドウェイバス** バス専用の道路の両脇に設けられたガイドレールによって誘導される交通システム。新交通システムとの違いは、走行する車両がバスをベースにしていることで、一般の道路に普通のバスとして乗り入れることもできる。日本では、名古屋市の「ゆとりーとライン」に導入されている。

  名古屋ガイドウェイバス

- **トロリーバス** 架線からの電気によって走行するバス。かつては、多くの都市でみられたが、現在は立山黒部アルペンルートの2路線のみ。バスで問題となる排気ガスを出さないこと、騒音が小さくなるというメリットがあるが、架線の存在する場所しか走れないというデメリットがある。

関電トロリーバスなど

- **浮上式鉄道** 磁力を使い車体を浮き上がらせて走行する鉄道で、一般的にはリニアモーターカーと呼ばれている。鉄のレールと車輪を使わないため、高速化も可能。現在、日本で実用化されているのは、愛知県のリニモのみ。建設構想があるJR東海のリニアモーターカーも浮上式鉄道。

リニモ

ガイドウェイバスやトロリーバスは、見かけはほとんどバスであるが、鉄道の一部として分類されている。

■ 法律による鉄道の定義

　日本の鉄道事業について定めた法律が『鉄道事業法』である。鉄道事業法では、鉄道を普通鉄道と特殊鉄道に分類している。普通鉄道は、一般的な形態の鉄道である。普通鉄道以外の鉄道を特殊鉄道といい、ケーブルカーやモノレール、新交通システム、ゴムタイヤ式地下鉄、ガイドウェイバス、トロリーバスがある。

　一方、道路上を走る鉄道については、鉄道事業法とは別に定めた『軌道法』という法律がある。軌道法による軌道には、いわゆる路面電車のほか、一部の地下鉄、モノレール、新交通システムも含まれる。

　見た目は鉄道であっても、鉄道事業法、軌道法による鉄道、軌道には含まれないものもある。例として、遊園地内のミニSLや、工場や製鉄所内の専用鉄道、みかん山のモノレール型運搬装置、スロープカー、成田空港や関西空港のシャトルシステムなどがある。

スロープカーの例（飛鳥山） 　　ミニSLの例

■ 事業形態による分類

　鉄道会社は、原則的に、自ら線路を敷設、所有し、自ら運行することになっているが、線路を保有するのみの鉄道会社、あるいは、運行のみを行う鉄道会社もある。鉄道事業法では、このような事業形態の違いにより、鉄道事業を3つに分類している。これらの分類は、会社ごとに行われるのではなく、路線、区間ごとに分類され、一つの会社で複数の鉄道事業を行っている場合も多数ある。

- **第一種鉄道事業** 自ら線路を敷設し、自ら運行する鉄道。第二種鉄道事業者に線路を貸すことも行う。一般的な鉄道事業はこのタイプで、最も数多く存在する。
- **第二種鉄道事業** 第一種鉄道事業者、第三種鉄道事業者が敷設した線路を使用し、運行を行う鉄道。JR貨物は一部の路線を除き第二種鉄道事業である。
- **第三種鉄道事業** 自ら敷設した線路を、他の鉄道事業者に譲渡したり、貸したりする鉄道事業。代表的な例として、成田高速鉄道（JR東日本、京成電鉄に貸与）、関西国際空港（JR西日本、南海電鉄に貸与）などがある。

3 線路の設備

鉄道の線路には、レールだけでなく様々な設備や標識がある。これらはすべて、列車を運転するために必要なものである。

■ レールと枕木

普通鉄道の線路は、2本のレールと枕木および道床（バラストなど）によって構成されている。

● 枕木
線路を支える枕木には木製のものが使われてきたが、近年は耐久性の高いコンクリート製のものが主流になっている。またメンテナンスを減らすため、コンクリート製の基礎に直接レールを固定したスラブ軌道や、梯子型枕木を使ったラダー軌道といった新型軌道も増えてきている。

● レール
レールは1mあたりの重さによって区分されている。新幹線には60kgレールが、在来線幹線には50kgレールが使わる。一般にレールは1本25mだがレールを溶接したロングレールを使うことも多い。

● バラスト
枕木の下には振動を和らげるため、クッション材としてバラストという砂利が敷き詰められている。バラストは列車の振動で角が丸くなりクッションの役割を果たさなくなるので、定期的に交換する必要がある。

■ レールと枕木

● 軌間とは
2本のレールの幅を軌間（ゲージ）といい、レールの頭部の内側間の距離で表す。

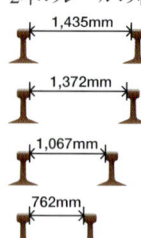

● 様々な軌間
世界的に一般的な軌間は1,435mmでこれを標準軌と呼ぶ。これよりも幅が広い軌間を広軌、幅が狭い軌間を狭軌と呼ぶ。

1,435mm 新幹線と一部の私鉄で使用されている。
1,372mm 京王電鉄京王線、都営地下鉄新宿線、都電荒川線、東急世田谷線、函館市電で採用。東京の馬車鉄道に由来し馬鉄軌間と呼ばれる。
1,067mm JR線と、多くの私鉄で採用。日本で鉄道が開通した当時、技術指導していたイギリス人技師が、イギリスの簡易線規格を採用したためといわれている。
762mm 近鉄内部・八王子線、三岐鉄道北勢線、黒部峡谷鉄道で採用。軽便鉄道規格。

■ ポイント

線路を分岐させる設備がポイントである。ポイントには用途・形態によって様々な種類がある。

● 片開き分岐
直線の線路と曲線の線路に分岐するタイプ。直線側では速度制限がない。

● 両開き分岐
分岐する両方の線路が曲線になるタイプ。どちらに進んでも速度制限が必要。

● 亘り線
2本の線路をふたつのポイントでつなぎ移動できるようにしたもの。

● シーサスクロッシング
亘り線を2組設置し、2つの線路の間を両方向に移動できるようにしたもの。

乗越分岐器 レール上に置いた横取り装置でレールを乗り越え、分岐側へ車両を進ませる装置。本線のレールを分断しないため、乗り心地を損なわない。

踏切

道路と線路が平面で交差する場所で、線路を列車が通過するときには、道路を遮断する必要がある。その設備により踏切には数種類がある。

第1種踏切
機械や人の手により遮断機が動き道路を遮断する踏切。

第3種踏切
警報機は設置されているが遮断機は設置されていない踏切。

第4種踏切
遮断機も警報機もなく踏切の標識だけが設置されている踏切。

※第2種踏切（時間を限って保安係が遮断）は、現在存在しない。

線路まわりの標識

線路の周囲には、列車の運転に必要な様々な標識が建っている。これらの標識の意味を知っていると、列車の旅はさらに楽しくなるだろう。

距離標（キロポスト）
（甲）（乙）（丙）

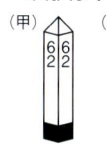

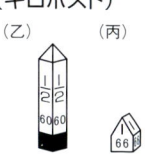

キロポストには、甲、乙、丙の3種類があり、それぞれ、1km、500m、100m単位で設置されている。路線の起点を0kmとし、終点に向け線路の左側に設置

曲線標

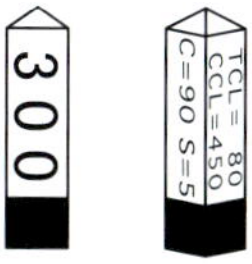

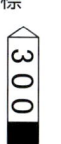

カーブの半径などを示すもの。カーブの始まりと終わりにそれぞれ設置される。表面にはカーブの半径の数値（m）が、裏面には緩和曲線等の数値が示されている

勾配標

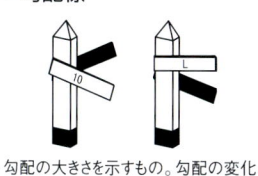

勾配の大きさを示すもの。勾配の変化する場所に設置される。表示されている数値の単位は‰。勾配が終了する場所では、L（レベル）と表記

車止、車止標識

線路の終端に設置される標識で、これより先には線路が存在せず、車両が進入できないことを示す。見落としを防ぐため電照式のものもある

架線終端標識

架線の終端に設置される標識。これより先には架線がなく、電車や電気機関車が進入すると、自力で動くことができなくなることを示す

速度制限標識
（一般用）（速度制限解除）（分岐用）

速度制限が必要な場所に設置される。一般用と分岐用がある。上に書かれている数値は速度制限を、下に書かれている数値は速度制限の距離を示す

臨時信号機
（予告徐行信号機）（徐行信号機）（徐行解除信号機）

臨時に速度制限が必要な場所に設置される信号機。速度制限区間の手前、速度制限開始地点、速度制限終了地点にそれぞれ建てられる

発光信号

異常事態などが発生した場合に、それを知らせるための信号機。踏切や落石の危険がある場所などに設けられている。点滅する光で危険を知らせる

線路限界標識

ポイントの線路が合流する手前に設置されている標識。この標識よりも合流側では隣り合った線路を走行する車両が、接触する危険があることを示すもの

4 信号の設備

列車が衝突せずに走行するためには、信号に従って走ることが大前提である。信号によって、列車の安全は守られている。

■ 信号のしくみ

　列車を安全に運行するため、鉄道では線路を一定の距離でいくつかの区間に分け、1つの区間には1本の列車だけが走れるようにしている。この仕組みを閉塞といい、区分された区間のことを閉塞区間という。鉄道の信号機はその表示内容で、閉塞区間へ進入できるかどうか、進入できる場合は閉塞区間で出すことの可能な速度を知らせるもので、道路信号の原理とは全く異なるシステムである。

● 閉塞のしくみと3灯式鉄道信号の表示

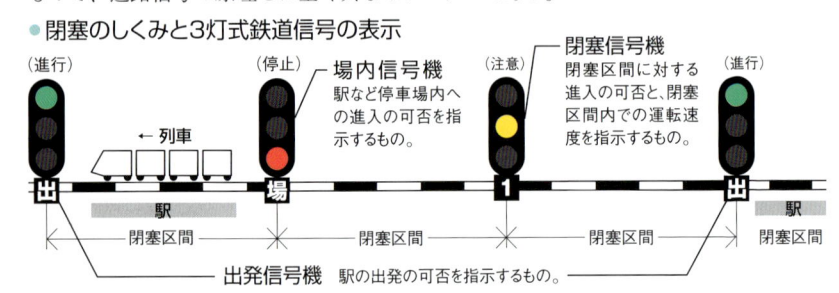

場内信号機　駅など停車場内への進入の可否を指示するもの。

閉塞信号機　閉塞区間に対する進入の可否と、閉塞区間内での運転速度を指示するもの。

出発信号機　駅の出発の可否を指示するもの。

● 5灯式鉄道信号の表示

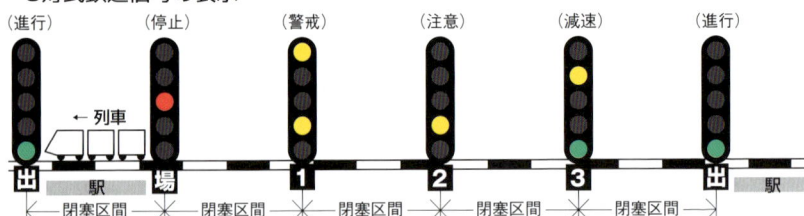

※ここに示した信号の表示は様式化したもので、実際の表示方式は異なる場合もある。

● 中継信号機
(停止)　(警戒、注意、減速)　(進行)
見通しの悪い区間などで、先にある信号機の表示を、前もって知らせるもの。

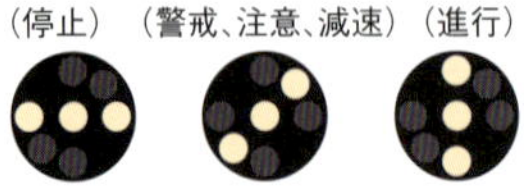

● 入換信号機
(停止)　(進行)
駅の構内などで、車両の入換をするための移動の可否を示すもの

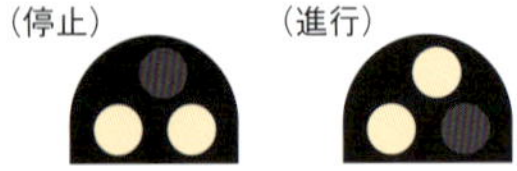

● 誘導信号機
(停止)　(進行)
列車の連結などで、複数の車両を進入させる時に用いられる信号機

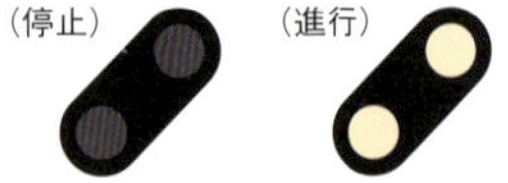

■ 信号関係の標識

● 進路表示機
出発信号機や場内信号機で、どの進路に進入できるかを示すもの

● 信号確認票
運転士に、前方の信号の表示を確認する場所であることを示す標識

■ 閉塞の方式

閉塞区間の列車の存在を検知し、信号を切り替える方法にはいくつかの種類がある。スタフ式と通票式は、列車の存在の確認を人の注意力に依存していて、安全面で問題が残るため、現在ではほとんど自動式に切り替えられている。

- **自動式** 現在、広く使用されている閉塞方式である。軌道回路を使い列車の存在を検知し、自動的に信号の表示を切り替える仕組みになっている。軌道回路とは、レールの間に電流が流れる電線をつないだ装置のことで、軌道回路の上を列車が通過すると電流が流れなくなる。この仕組みを利用して列車の存在を検知している。軌道回路は閉塞区間に連続して設置することが基本だが、単線のローカル線では駅構内のみに設置している場合もある。

- **スタフ式** 軌道回路を使わない非自動式の信号方式のひとつ。一つの閉塞区間にひとつだけスタフと呼ばれる通行手形を用意し、閉塞区間にはそのスタフを持っている列車だけが走行できるように決めることで、列車の安全を確保する方式である。スタフはひとつだけしかないため、スタフが戻ってくるまでは後続の列車は発車できない。このため、単線の路線の末端区間で主に使われている。

- **タブレット式** 閉塞区間の両端の駅に通信機能を持つ特殊な機械を設置し、これを両端の駅が決まった手順で操作することにより、1つの通行手形(タブレット)を取り出せるようにした方法である。スタフ式ではできなかった同一方向への続行運転が可能になる。タブレットは金属製で、中心に4種類の穴が開いている。この穴の形は使用される区間により区別されている。

■ 保安方式

閉塞方式の基本は、信号の表示を守ることを前提に成り立っている。信号の表示に逆らって動いている列車を停止させるため、保安装置が設けられている。

- **自動列車停止装置(ATS)** 信号は運転士の目により確認されているため、見落としや見間違いなどで、進入してはいけない区間への進入、速度の超過が起きる可能性がある。これを防ぐため、信号機付近で列車の存在や速度を検知し、誤った区間に進入したり、速度が超過している列車がある場合は、自動的にブレーキをかける装置がATSである。

- **自動列車制御装置(ATC)** ATSでは、速度を超過しても信号機付近に列車が到達しないと、ブレーキを作動しないという問題点があった。これを解消したシステムがATCである。ATCでは、信号の情報は、列車の運転台にこの先許される運転速度として表示される。運転士はその速度以下を保つように列車を運転する。列車の速度は連続して監視されているため、万が一、速度を超過すると、すみやかにブレーキがかかる仕組みになっている。新幹線や山手線・京浜東北線のほか、地下鉄線や東急東横線・田園都市線などで採用されている。

> **自動列車運転装置(ATO)**
>
> ATOは厳密には保安装置ではないがここで紹介する。ATOは、ATCにより受信した速度情報以下のスピードになるように、列車を自動的にコントロールすることで、運転士の操作なしで列車を運転できるようにした装置である。新交通システムや、地下鉄線の一部、モノレールの一部で採用されている。

5 電気設備

電車に電気を供給するための設備が電気設備である。主に線路上空に電線を張ることで電車に電気を送っている。

■ 電気方式

日本の鉄道の電気方式には、直流と交流の2種類がある。

● 直流

直流電化は、簡略な直流モーターを使用できるため、車両のコストを下げられるメリットがある一方、直流電化では送電時のロスが多く変電所を増やす必要があるため地上設備のコストは高くなる。日本の直流電化の電圧は、1500Vが広く使われているが、第三軌条方式区間や路面電車では、感電を防ぐため600Vや750Vが使われている。

● 交流

送電のロスが少ない高電圧の交流電化は、変電所が少なくて済み地上設備のコストが大幅に下がり、高速走行に必要な大容量の電気を送電することも可能になる一方、高圧機器が必要な車両電気機器のコストは高くなる。日本の交流電化では、基本的に20000Vの電圧で使用されるが、高速走行をする新幹線では25000Vで使用。

600V 750V 路面電車など
1500V 山手線など
20000V つくばエクスプレスなど
25000V 新幹線

> **電気方式による設備の違い**
> 交流電化区間では、電圧が高いため、直流電化区間よりも絶縁を強化する必要がある。そのため、架線を固定する碍子は大きなものを使っている。また、跨線橋など架線上の構造物も直流電化区間よりも高い位置に造られている。

> **周波数とは？ 交流電化の周波数** 日本では2種類の周波数が使われている。電力会社から電気を供給されている鉄道でも、東日本は50Hz、西日本は60Hzになっている。その両方の周波数地域を走る長野新幹線では軽井沢を境に周波数が変わり、車両も両方の周波数に対応するようになっている。

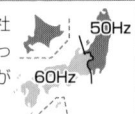

■ 架線の張り方

電車に電気を供給する電線を架線という。架線の張り方にもさまざまな種類がある。

● シンプルカテナリー方式
電流が流れるトロリー線を吊架線と呼ばれるケーブルに吊り下げた形式の架線。一般的に用いられている。

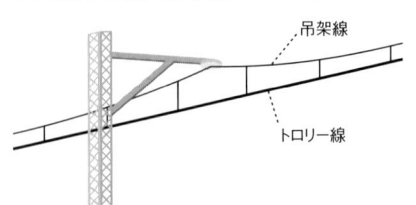

吊架線
トロリー線

● ツインシンプルカテナリー方式
シンプルカテナリー方式を2本並べた架線で、大きな電流を必要とする列車本数の多い区間に使われている。

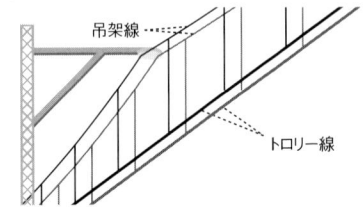

吊架線
トロリー線

● コンパウンドカテナリー方式
吊架線とトロリー線の間に補助吊架線を追加したもの。高速走行路線に用いられる

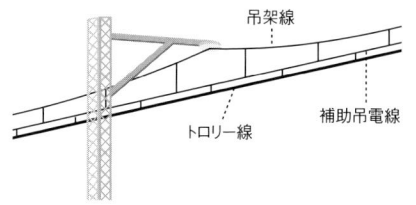

● き電吊架線方式
吊架線と架線に電気を送るき電線を一体化したもの。架線周りの構造をシンプルにできるため、最近普及してきている。

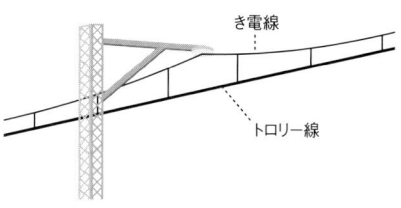

● 直接吊架線方式
架線を支える構造物に直接トロリー線を吊る方式。路面電車で多く採用されている。

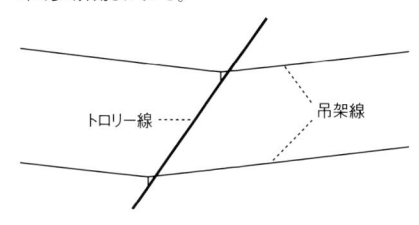

● 鋼体架線方式
架線をレールのような金属に置き換えたもの。電車の屋根上にスペースが少ない地下鉄で多く採用されている。

● テンションバランサ
架線は一定の張力で張らないと、パンタグラフの破損につながる。そのため、架線の両端で一定の張力を保つ設備がテンションバランサである。錘によって張力を調整する重力式と、油圧によって張力を保つ油圧式がある。

重力式テンションバランサ 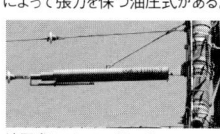　油圧式テンションバランサ

● 第三軌条方式
レールの横に電流を流す金属を設置した方式。古い時期に開業した地下鉄に多い。

■ 架線に関する標識

● 交直セクション
交流、直流と異なる電気方式の区間を接続するために、架線に電気を流さない区間を設置している。これが交直セクションである。列車は交直セクションを通過中に、それぞれの電気方式に対応した回路に切り替える。交直セクションでは、切り替え作業が必要なため、事前に標識が設置してある。

● 交交セクション
交流電化の送電区間の境界では、架線に電気を流さない区間を設け、電気的に分離している。これを交交セクションといい、列車に惰性で走るよう指示する標識がある。

● エアセクション
直流電化の送電区間の境目で電気的に分離するために、2本の架線が張られている区間。ここで長時間停車すると架線切断の原因になるため、標識が設置されている。

エアセクション標識 　JR東日本のセクション内停車禁止標識

6 鉄道車両の種類と形式

鉄道の車両は様々な種類があり固有の形式が付けられている。種類と形式の法則を知れば、鉄道車両をより詳しく知ることができる。

■ 鉄道車両の種類

鉄道の車両には、動力方式や用途によりおおむね次のように分類できる。

- **電車** 電気でモーターを回すことで、旅客や貨物を輸送する車両。電源方式により、直流電車、交流電車、交直流電車がある。最近、貨物を運ぶコンテナ電車も登場した。 
- **気動車（ディーゼルカー）** ディーゼルエンジンを動力にして、旅客を輸送する車両。一般的な気動車のほか、近年では、ディーゼルエンジンで発生したエネルギーに加えブレーキにより得られたエネルギーを利用するハイブリッド気動車も登場している。 
- **客車** 動力は持たず機関車に牽いてもらうことで、旅客を運ぶ車両。機関車と客車の連結などに多くの人手が必要なため、日本では電車や気動車に置き換えられ、数が少なくなっている 
- **貨車** 動力は持たず機関車に牽いてもらうことで、貨物を輸送する車両。かつては、運ぶ物資に応じてたくさんの種類の貨車が見られたが、現在は、コンテナ車やタンク車などに集約されている
- **機関車** 動力を持たない車両を牽くための車両。

  電気機関車 電気でモーターを回転させることにより動力を発生させる機関車。電源方式により直流電気機関車、交流電気機関車、交直流電気機関車がある。

  ディーゼル機関車 ディーゼルエンジンを動力源とする機関車。動力の伝達方式の違いにより、液体式ディーゼル機関車、電気式ディーゼル機関車などがある。

  蒸気機関車 石炭を燃料にボイラーで発生させた蒸気を動力源とする機関車。石炭と水を積み込む必要があるため効率がよくない。イベント用として高い人気があり、全国で復活した蒸気機関車が走っている。

■ JR車両の形式

車両には、形式と番号を表記することが決められている。その中でも、車両数の多いJRの車両の形式の見方について解説する。

- 新幹線の形式

719-27
① ② ③ ④

E311-2001
※ ① ② ③ ④

※ JR東日本の車両を示す
① 系列
② 客室設備
　1：グリーン車
　2：普通車
　4：2階建てグリーン車・普通車合造車
　5：2階建て普通車

③ モーター、運転台の有無
　1・2：モーターあり、運転台あり
　3・4：モーターなし、運転台あり
　5〜7：モーターあり、運転台なし
　8・9：モーターなし、運転台なし

④ 車両固有の番号

- 電車の形式

クモハ115-1511
① ② ③④⑤ ⑥

クロハE750-3
① ② ※ ③④⑤ ⑥

① **モーター、運転台の有無**
　モ:モーター付き、運転台なし
　クモ:モーター付き、運転台あり
　ク:モーターなし、運転台あり
　サ:モーターなし、運転台なし
② **客室設備**
　ハ:普通車
　ロ:グリーン車
　ロハ:普通車、グリーン車合造車
　ハネ:B寝台車
　ロネ:A寝台車
　ロハネ:B寝台車、A寝台車合造車
　シ:食堂車、ビュッフェ車
　ハシ:普通車と食堂車またはビュッフェ車の合造車
　ヤ:事業用車
　ル:配給車
※ **JR東日本の車両を示す**
③ **電源方式**
　1～3:直流電車
　4～6:交直流電車
　7～8:交流電車
　9:試作車
④ **用途**
　0～3:一般型(国鉄時代は、0:通勤型、1～2:近郊型だった)
　5～8:特急型(国鉄時代は、5～7:急行型、8:特急型だった)
⑤ **それぞれのタイプごとに登場順につけられる番号**
⑥ **車両固有の番号**

- 客車の形式

スハネフE26 1
① ② ③ ※ ④ ⑤

① **重量**
　ナ:27.5トン以上
　オ:32.5トン以上
　ス:37.5トン以上
　マ:42.5トン以上
　カ:47.5トン以上
② **設備**
③ **手ブレーキ付き[車掌室付き]**
　(付いている車両のみ)
※ **JR東日本の車両を示す**
④ **形式**
⑤ **車両固有の番号**

- 気動車の形式

キハ40 2088
① ② ③ ④

キハE200-1
① ② ※ ③ ④

① **エンジン、運転台の有無**
　キ:エンジン付き(運転台あり、運転台なしともに含む)
　キク:エンジンなし、運転台あり
　キサ:エンジンなし、運転台なし
② **客室設備**
　電車と同じ
※ **JR東日本の車両を示す**
③ **仕様による形式分類**
　※JR以降製造の車両は、電車のように体系立っていない。現在の形式の概要はおおむね次のようになっている。
　10～49:1エンジン一般型
　(おもに国鉄時代製造、一部JR東海製造)
　50～59:2エンジン急行型
　(国鉄時代製造)
　60～69:大出力急行型
　(国鉄時代製造)
　70～79:大出力一般型
　(JR東海製造)
　80～89:特急型
　(おもに国鉄時代製造、一部JR東海製造)
　90～99:JR東海の事業用
　100～119:JR東日本の一般型
　120～129:JR西日本、JR九州の一般型
　130～139:JR北海道の一般型
　140～149:JR北海道、JR九州の一般型、JR西日本の検測用
　150～169:JR北海道の一般型
　180～189:特急型(国鉄時代製造、JR西日本製造)
　190:事業用車
　200～229:JR北海道、JR東日本、JR九州の一般型
　260～289:JR北海道の特急型
④ **車両固有の番号**

- JR四国の形式
　JR四国では、独自の法則による形式が付けられている。

8001
① ② ③

- 機関車の形式

DF 200 107
① ② ③ ④

EF 65 1118
① ② ③ ④

① **動力源**
　E:電気機関車
　D:ディーゼル機関車
　なし:蒸気機関車
② **動軸(動力が伝わる車軸)の数**
　C:3軸、D:4軸、E:5軸、F:6軸、H:8軸
③ **構造など**
● **電気機関車の場合**
　＜国鉄製造＞
　10～29:
　最高速度85km/h未満の直流機
　30～49:
　最高速度85km/h未満の交直流機
　50～69:
　最高速度85km/h以上の直流機
　70～79:
　最高速度85km/h以上の交流機
　80～89:
　最高速度85km/h以上の交直流機
　＜JR製造＞
　200～:直流機で交流モーター
　500～:交直流機で交流モーター
● **ディーゼル機関車の場合**
　＜国鉄製造＞
　10～49:最高速度85km/h未満
　50～89:最高速度85km/h以上
　＜JR製造＞
　200～:電気式で交流モーター
● **蒸気機関車の場合**
　10～29:タンク式蒸気機関車
　(石炭や水を機関車本体に積む)
　50～69:テンダー式蒸気機関車
　(石炭や水を積む車両を別につなぐ)
④ **車両固有の番号**

① **動力、用途**
　1:一般型気動車
　2:特急型気動車
　5～7:一般型電車
　8:特急型電車
② **形式区分**
③ **車両固有の番号**

7 車内の設備

鉄道の中で乗客が最も利用する場所、車内には用途に応じていろいろな設備が備えられていて、これを知ることも興味深い。

■ 座席配置

車両の客室内の座席は、その車両の用途によって、最も適した配置が選ばれている。

- **ロングシート** 窓に背を向けて座るように、座席が配置されているもの。車内の移動がスムーズになり、立席スペースも多く取れることから、通勤路線に多く用いられている。
- **クロスシート** 窓と直角に座る形の座席。ロングシートに比べひとり分のスペースが明確になるため、比較的長い時間着席する中・長距離列車用の座席に多く採用されている。 
- **セミクロスシート** ロングシートとクロスシートを組み合わせて配置したもの。通勤輸送も長距離輸送も考慮しなくてはならない、中距離の普通列車用車両に用いられている。 
- **デュアルシート** ロングシートとクロスシートを切り替えられる座席。近鉄のデュアルシート、JR仙石線用205系の2wayシート、東武東上線50090系のマルチシートがその例である。 

■ シート

座席本体にも様々な種類があり、車両の用途に応じて適切なものが選択されている。

- **固定クロスシート** 座席の向きが固定されているもの。向かい合わせのシートが代表的な例。普通車用車両に採用例が多い 
- **回転クロスシート** シート自体が回転することにより、座る向きを変えられる構造の座席。優等列車用の車両に多く用いられている 
- **リクライニングシート** シートの背もたれが倒れる座席。優等列車に使われる車両の座席はほとんどがリクライニングシートである 
- **転換クロスシート** シートの背もたれを前後に反転させることで、座る向きを変えられる構造の座席。主に快速用車両の座席に採用 
- **片持ち式シート** 座席を窓側だけで支える構造にしたもの。軽量化できるほか、床面の清掃が簡単になるというメリットもある 
- **バケットシート** 座席にくぼみを設け、座り心地をよくするとともにひとり分のスペースを明確にした座席。最近の通勤電車の主流

バリアフリー設備

バリアフリー法により、新たに製造される車両や大規模な改修を行う車両にはバリアフリー設備を備えることが義務付けられている。

- **案内表示**
視覚による乗客案内として、文字情報で次の駅や列車の行先などを知らせるための装置。LED式のものが主流だったが、より多くの情報を提供できる液晶画面も普及してきている。
- **車いす用設備**
車いすを利用する乗客のためのスペースや、車いすでも利用可能なトイレ、車いすも乗降可能な幅が広いドアなどが、車いす用の設備として備えられている。
- **ドアチャイム、ドアランプ**
視覚や聴覚にハンディを持つ乗客のために、開閉時にチャイムを鳴らしたりランプを点灯させることで、ドアの開閉を知らせるもの。

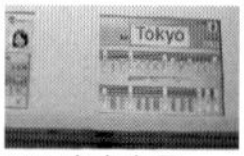

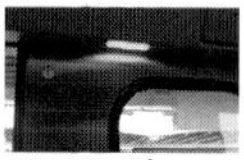

■ ドア

車両には、乗客が乗り降りするためのドアも必要である。

● ドアの数

1ドア 全員が着席することが前提の特急用車両では、なるべく多くの座席を設置するためドアはひとつだけ設置されていることが多い。

2ドア 停車時間の短い新幹線電車や短距離用の特急用車両ではドアが2つになる。また地方路線用の車両もドアは2つ設けられていることが多い。

3ドア 比較的長い距離を走る快速用車両や地方都市近郊輸送用の車両、18〜19mの車体を持つ私鉄の通勤用車両は3つのドアを持つものが多い。

4ドア 短い時間で多くの乗客の乗り降りをさばく大都市の通勤用車両では、一つの車両に4つのドアを持つものが多い。JR東日本のE231系やJR西日本の321系などが代表例

5ドア 京阪5000系や東京メトロ03系、東武20050系はラッシュ対策用に5ドアになっている。これらは、2つのドアを閉め切り3ドア車両にもなる。

6ドア とくに混雑の激しい路線を走る車両の一部は、さらにドアの数を増やし6ドアになっている。JR東日本の205系、209系、231系と、東急の5000系に6ドア車がある。

ドアのない車両 ドアがない車両もある。スーパービュー踊り子号用の251系電車の一部や、食堂車には業務用のドアは付いているが、乗客の乗り降り用のドアはひとつもない。

● ドアの種類

両開きドア	片開きドア	折戸	プラグドア	半自動ドア
2枚の扉が両側に開くタイプ。乗り降りがスムーズになるため大都市の通勤車両に多く採用。	1枚の扉が片側に開くタイプ。快適性を保てるため、特急用車両やローカル線用車両に採用。	ドアが内側に折り曲がって開くタイプ。寝台車やローカル線用気動車に採用例がある。	車体の外側や内側に添って開く構造の扉。新幹線300系や低床式の路面電車に採用例あり	自動でドアが開かずボタンなどで乗客自らドアを開けるもの。ドアが閉まる時は自動である。

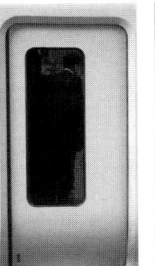

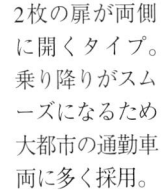

■ いろいろな客室設備

● コンパートメント、セミコンパートメント

コンパートメントは、完全な部屋になっている座席。日本での採用例は少なく、現在は、JR九州787系、『成田エクスプレス』、『スーパービュー踊り子』、東武『スペーシア』、近鉄『伊勢志摩ライナー』など。簡単な仕切りを座席と通路の間に設け個室風にしたものは、セミコンパートメントと呼ばれ、JR西日本『ひかりレールスター』、JR東海373系、JR九州787系、小田急『RSE』、『VSE』などにある。

スペーシアの個室

RSEのセミコンパートメント

● 寝台

夜間を走行する列車には睡眠を確保するため、座席の代わりにベッドを備えた寝台車を連結している。寝台車には、開放式寝台車と個室寝台車の二種類がある。

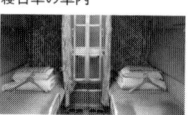

寝台車の車内

開放式寝台車　『かいこ棚』とも呼ばれた、2段ベッドや3段ベッドを備えた寝台車。かつては寝台車といえばほとんどがこの開放式寝台車であったが、プライバシーを確保するため個室寝台車に置き換えられつつある。

2段式B寝台車

個室寝台車　1人用から4人用のベッドを備えた部屋が並ぶ寝台車。開放式寝台車に比べ、定員が少なくなるという欠点があるが、現在では、A寝台車だけでなくB寝台車にも個室が導入されている。

サンライズエクスプレス

● のびのびカーペットカー、ノビノビ座席、ゴロンとシート

これらは座席車扱いだが横になって移動できる車両。急行『はまなす』の『のびのびカーペットカー』、特急『サンライズ瀬戸・出雲』の『ノビノビ座席』、特急『あけぼの』の『ゴロンとシート』がある。

のびのび座席

● お座敷列車

車内に座席はなく、畳が敷きつめられている車両。堀ごたつ風の内装を持つものもある。カラオケ設備もあり、宴会を楽しみながら移動できる団体旅行用車両として根強い人気がある。多客期の臨時列車として使われることもある。

リゾートエクスプレスゆう

● 食堂車、ビュッフェ

本格的な食事を提供するものが食堂車、簡単な食事だけを提供するものがビュッフェ。現在は、寝台特急『北斗星』『カシオペア』『トワイライトエクスプレス』に食堂車が、特急『ゆふいんの森』にビュッフェがあるのみ。

カシオペアの食堂車

● トロッコ車両

窓をなくして、外気に触れながら旅を楽しめる車両。観光列車の目玉として全国に続々登場した。当初は貨車を改造した文字通りのトロッコ車両であったが、現在は、ディーゼルカーや客車をベースにしたトロッコ車両が主力である。

びゅうコースター風っこ

8 駅の設備

駅には、なじみ深い乗客のための設備だけでなく、鉄道を運行するために必要な設備がたくさん備えられている。

■ 停車場と停留場

駅、信号場、操車場のように列車が停車するための場所をすべて停車場という。そのうち場内信号機、出発信号機がない停車場を停留所という。

■ 駅の種類

●駅の取り扱い内容による種類

駅には、乗客を扱わず貨物だけを取り扱う駅もある。また貨物列車が停車するのに貨物の扱いがない駅もある。駅は、取り扱い内容によって次の3種類に分類できる。

一般駅
旅客、貨物ともに取り扱う駅。近年は、それぞれ専門の駅で取り扱うようになり数は減ってきている。

旅客駅
旅客のみを取り扱う駅。貨物を取り扱う駅が集約されたため、日本のほとんどの駅は旅客駅である。

貨物駅
貨物のみを取り扱う駅。街中から外れた所に設けられることが多く、一般にはなじみが薄い。

駅の種類の移り変わり
昭和45年と平成20年の駅の数を種類別に比較すると、一般駅が減り、旅客駅と貨物駅が増えている。これは、線路の高架化や駅の商業施設の新設、貨物輸送の拠点化などのため、旅客と貨物の分離がすすみ、それぞれ専門の駅で取り扱うようにしたため。

●駅の営業形態による分類

直営駅　鉄道会社自ら、駅の業務を行う駅。
委託駅　鉄道会社から、他の企業または個人に、駅の業務を委託している駅。
簡易委託駅　切符の販売など限られた業務のみ委託している駅。
無人駅　駅員の配置がない駅。

●駅の構造による分類

地上駅　地上に設けられた駅をいう。駅舎も地上にある場合、駅舎の反対側からの利用が不便になったり、駅舎をふたつ用意しなくてはならない。

橋上駅　地上駅舎の不便を解決するため、跨線橋上に駅舎を設けたものをいう。ホームに行くにはいったん階段を上り、再び階段を下る必要がある。

高架駅　高架線上に設けられた駅をいう。道路と立体交差できるほか、階段を上るだけでホームに到達できるが、建設コストは高くなる。

地下駅　地下に設けられた駅をいう。地上には出入口のみ設ければ済むため、スペースを有効利用できる。建設コストや防災設備費用がかさむ。

■ ホーム、駅構内の設備

駅のホームは、乗客の利便性や用地の制約、運転上の都合など、それぞれの駅の事情によって最適な配置が選択されている。ここでは代表的なパターンを紹介する。

● 単式ホーム
ホームが1本だけあり、線路も1本だけの駅。単線区間にだけ存在する。もっとも単純な構造の駅。

● 相対式ホーム
複数のホームがあり、それぞれに1本の線路が接しているもの。単式ホームを2組設置した構造。

● 島式ホーム
ホームの両側に線路が接しているタイプ。相対式ホームに比べ、階段などが1組で済むのが特徴。

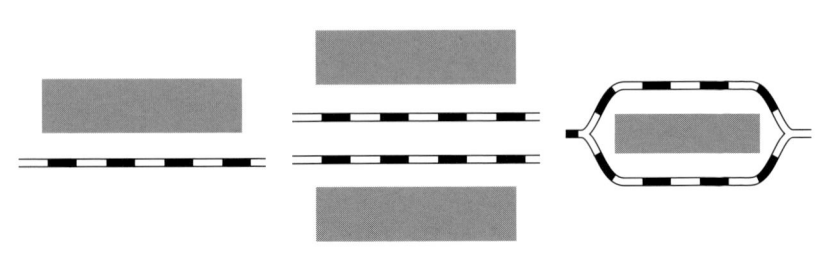

■ ホーム、駅構内の設備

ホームには、列車を走らせるために、運転士や車掌が使うさまざまな設備が設けられている。また、駅の構内には乗客のためにいろいろな設備がある。

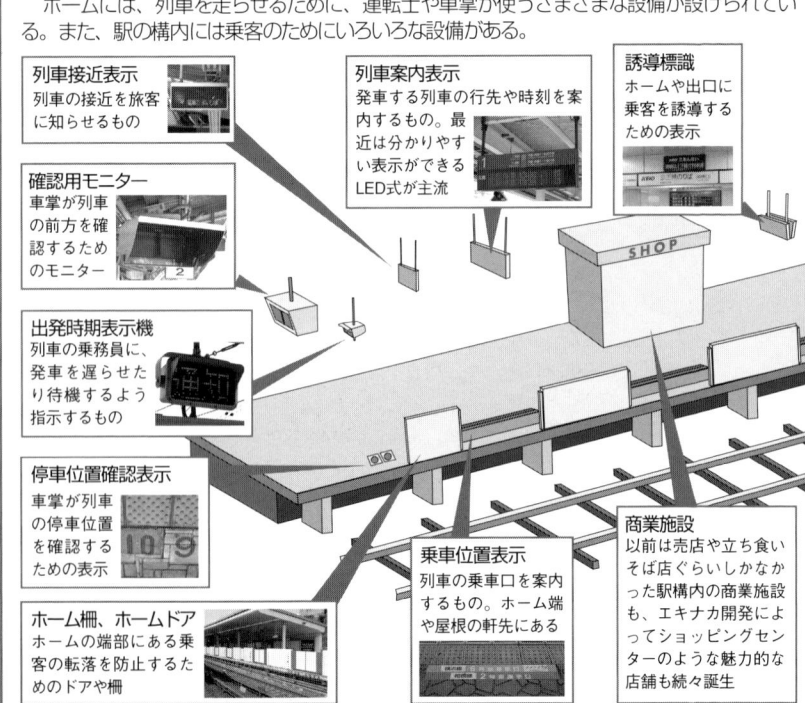

列車接近表示
列車の接近を旅客に知らせるもの

確認用モニター
車掌が列車の前方を確認するためのモニター

出発時期表示機
列車の乗務員に、発車を遅らせたり待機するよう指示するもの

停車位置確認表示
車掌が列車の停車位置を確認するための表示

ホーム柵、ホームドア
ホームの端部にある乗客の転落を防止するためのドアや柵

列車案内表示
発車する列車の行先や時刻を案内するもの。最近は分かりやすい表示ができるLED式が主流

乗車位置表示
列車の乗車口を案内するもの。ホーム端や屋根の軒先にある

誘導標識
ホームや出口に乗客を誘導するための表示

商業施設
以前は売店や立ち食いそば店ぐらいしかなかった駅構内の商業施設も、エキナカ開発によってショッピングセンターのような魅力的な店舗も続々誕生

●切り欠きホーム

ホームの一部を切り欠き、線路を設置したもの。支線用のホームとして用いられることが多い。

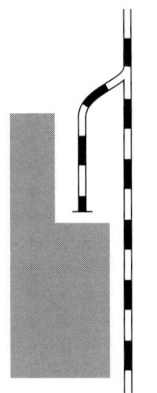

●櫛型ホーム

櫛の歯の形にホームを設け、行き止まり式の線路を配置したもの。私鉄のターミナル駅でよく見られる。

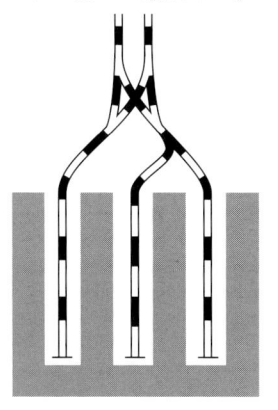

●二層式ホーム

ホームや線路を二層に配置したもの。用地の制約で平面上にホームを収容できない場合に用いられる。

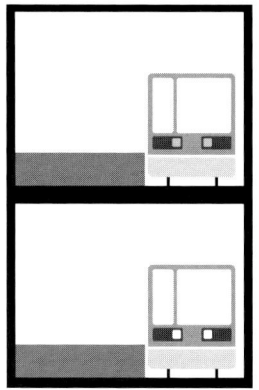

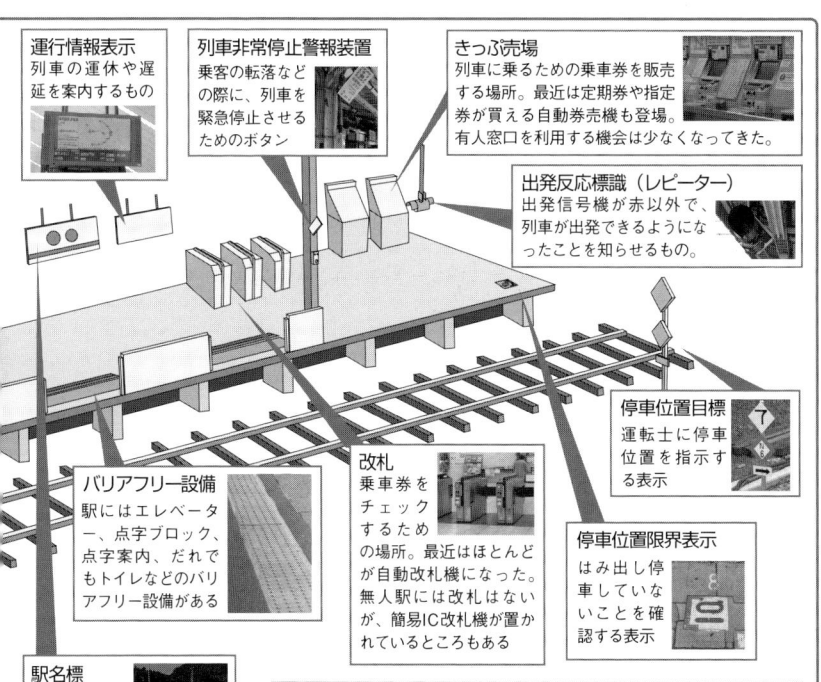

運行情報表示
列車の運休や遅延を案内するもの

列車非常停止警報装置
乗客の転落などの際に、列車を緊急停止させるためのボタン

きっぷ売場
列車に乗るための乗車券を販売する場所。最近は定期券や指定券が買える自動券売機も登場。有人窓口を利用する機会は少なくなってきた。

出発反応標識（レピーター）
出発信号機が赤以外で、列車が出発できるようになったことを知らせるもの。

停車位置目標
運転士に停車位置を指示する表示

バリアフリー設備
駅にはエレベーター、点字ブロック、点字案内、だれでもトイレなどのバリアフリー設備がある

改札
乗車券をチェックするための場所。最近はほとんどが自動改札機になった。無人駅には改札はないが、簡易IC改札機が置かれているところもある

停車位置限界表示
はみ出し停車していないことを確認する表示

駅名標
駅の名前を案内する表示。鉄道会社によって形態やデザインは様々

駅と併設される設備
人の集まる空間である駅には、様々な施設も併設される。ターミナル駅では駅ビルを設けショッピングセンターにしたり、地方のローカル駅では、温泉施設やコミュニティセンターと駅が合体しているケースも増えてきた。

※紙面の都合により、P16・17「東京メトロ」、P18・19「都営地下鉄・都電荒川線、日暮里・舎人ライナー、上野懸垂線」で掲載できなかった駅名をここで紹介します

東京メトロ 銀座線　ぎんざせん
- 0.0 ○ 浅草　あさくさ
- 0.8 ○ 田原町　たわらまち
- 1.5 ○ 稲荷町　いなりちょう
- 2.2 ○ 上野　うえの
- 2.7 ○ 上野広小路　うえのひろこうじ
- 3.3 ○ 末広町　すえひろちょう
- 4.4 ○ 神田　かんだ
- 5.1 ○ 三越前　みつこしまえ
- 5.7 ○ 日本橋　にほんばし
- 6.4 ○ 京橋　きょうばし
- 7.1 ○ 銀座　ぎんざ
- 8.0 ○ 新橋　しんばし
- 8.8 ○ 虎ノ門　とらのもん
- 9.6 ○ 溜池山王　ためいけさんのう
- 10.3 ○ 赤坂見附　あかさかみつけ
- 11.6 ○ 青山一丁目　あおやまいっちょうめ
- 12.3 ○ 外苑前　がいえんまえ
- 13.0 ○ 表参道　おもてさんどう
- 14.3 ○ 渋谷　しぶや

東京メトロ 丸ノ内線　まるのうちせん
- 0.0 ○ 池袋　いけぶくろ
- 1.8 ○ 新大塚　しんおおつか
- 3.0 ○ 茗荷谷　みょうがだに
- 4.8 ○ 後楽園　こうらくえん
- 5.6 ○ 本郷三丁目　ほんごうさんちょうめ
- 6.4 ○ 御茶ノ水　おちゃのみず
- 7.2 ○ 淡路町　あわじちょう
- 8.1 ○ 大手町　おおてまち
- 8.7 ○ 東京　とうきょう
- 9.8 ○ 銀座　ぎんざ
- 10.8 ○ 霞ヶ関　かすみがせき
- 11.5 ○ 国会議事堂前　こっかいぎじどうまえ
- 12.4 ○ 赤坂見附　あかさかみつけ
- 13.7 ○ 四ッ谷　よつや
- 14.7 ○ 四谷三丁目　よつやさんちょうめ
- 15.6 ○ 新宿御苑前　しんじゅくぎょえんまえ
- 16.3 ○ 新宿三丁目　しんじゅくさんちょうめ
- 16.6 ○ 新宿　しんじゅく
- 17.4 ○ 西新宿　にししんじゅく
- 18.5 ○ 中野坂上　なかのさかうえ
- 19.6 ○ 中野　しんなかの
- 20.6 ○ 東高円寺　ひがしこうえんじ
- 21.5 ○ 新高円寺　しんこうえんじ
- 22.7 ○ 南阿佐ヶ谷　みなみあさがや
- 24.2 ○ 荻窪　おぎくぼ

- 0.0 ○ 中野坂上　なかのさかうえ
- 1.3 ○ 中野新橋　なかのしんばし
- 1.9 ○ 中野富士見町　なかのふじみちょう
- 3.2 ○ 方南町　ほうなんちょう

東京メトロ 半蔵門線　はんぞうもんせん
- 0.0 ○ 渋谷　しぶや
- 1.3 ○ 表参道　おもてさんどう
- 2.7 ○ 青山一丁目　あおやまいっちょうめ
- 4.1 ○ 永田町　ながたちょう
- 5.1 ○ 半蔵門　はんぞうもん
- 6.7 ○ 九段下　くだんした
- 7.1 ○ 神保町　じんぼうちょう
- 8.8 ○ 大手町　おおてまち
- 9.5 ○ 三越前　みつこしまえ
- 10.8 ○ 水天宮前　すいてんぐうまえ
- 12.5 ○ 清澄白河　きよすみしらかわ
- 14.4 ○ 住吉　すみよし
- 15.4 ○ 錦糸町　きんしちょう
- 16.8 ○ 押上　おしあげ

東京メトロ 日比谷線　ひびやせん
- 0.0 ○ 北千住　きたせんじゅ
- 2.1 ○ 南千住　みなみせんじゅ
- 2.9 ○ 三ノ輪　みのわ
- 4.1 ○ 入谷　いりや
- 5.3 ○ 上野　うえの
- 5.8 ○ 仲御徒町　なかおかちまち
- 6.8 ○ 秋葉原　あきはばら
- 7.7 ○ 小伝馬町　こでんまちょう
- 8.3 ○ 人形町　にんぎょうちょう
- 9.2 ○ 茅場町　かやばちょう
- 9.7 ○ 八丁堀　はっちょうぼり
- 10.7 ○ 築地　つきじ
- 11.3 ○ 東銀座　ひがしぎんざ
- 11.7 ○ 銀座　ぎんざ
- 12.1 ○ 日比谷　ひびや
- 13.3 ○ 霞ヶ関　かすみがせき
- 14.6 ○ 神谷町　かみやちょう
- 16.1 ○ 六本木　ろっぽんぎ
- 17.8 ○ 広尾　ひろお
- 19.3 ○ 恵比寿　えびす
- 20.3 ○ 中目黒　なかめぐろ

東京メトロ 有楽町線　ゆうらくちょうせん
- 0.0 ○ 和光市　わこうし
- 2.2 ○ 地下鉄成増　ちかてつなります
- 3.6 ○ 地下鉄赤塚　ちかてつあかつか
- 5.1 ○ 平和台　へいわだい
- 6.8 ○ 氷川台　ひかわだい
- 8.3 ○ 小竹向原　こたけむかいはら
- 9.3 ○ 千川　せんかわ
- 10.3 ○ 要町　かなめちょう
- 11.5 ○ 池袋　いけぶくろ
- 12.4 ○ 東池袋　ひがしいけぶくろ
- 13.5 ○ 護国寺　ごこくじ
- 14.8 ○ 江戸川橋　えどがわばし
- 16.4 ○ 飯田橋　いいだばし
- 17.5 ○ 市ヶ谷　いちがや
- 18.4 ○ 麹町　こうじまち
- 19.3 ○ 永田町　ながたちょう
- 20.2 ○ 桜田門　さくらだもん
- 21.2 ○ 有楽町　ゆうらくちょう
- 21.7 ○ 銀座一丁目　ぎんざいっちょうめ
- 22.4 ○ 新富町　しんとみちょう
- 23.7 ○ 月島　つきしま
- 25.1 ○ 豊洲　とよす
- 26.8 ○ 辰巳　たつみ
- 28.3 ○ 新木場　しんきば

◎ 特急ロマンスカー停車駅

東京メトロ 南北線　なんぼくせん
- 0.0 ○ 目黒　めぐろ
- 1.3 ○ 白金台　しろかねだい
- 2.3 ○ 白金高輪　しろかねたかなわ
- 3.6 ○ 麻布十番　あざぶじゅうばん
- 4.8 ○ 六本木一丁目　ろっぽんぎいっちょうめ
- 5.7 ○ 溜池山王　ためいけさんのう
- 6.4 ○ 永田町　ながたちょう
- 7.9 ○ 四ッ谷　よつや
- 8.9 ○ 市ヶ谷　いちがや
- 10.0 ○ 飯田橋　いいだばし
- 11.4 ○ 後楽園　こうらくえん
- 12.7 ○ 東大前　とうだいまえ
- 13.6 ○ 本駒込　ほんこまごめ
- 15.0 ○ 駒込　こまごめ
- 16.4 ○ 西ヶ原　にしがはら
- 17.4 ○ 王子　おうじ
- 18.6 ○ 王子神谷　おうじかみや
- 20.2 ○ 志茂　しも
- 21.3 ○ 赤羽岩淵　あかばねいわぶち

東京メトロ 東西線　とうざいせん
- 0.0 ○ 中野　なかの
- 2.0 ○ 落合　おちあい
- 3.9 ○ 高田馬場　たかだのばば
- 5.6 ○ 早稲田　わせだ
- 6.8 ○ 神楽坂　かぐらざか
- 8.0 ○ 飯田橋　いいだばし
- 8.7 ○ 九段下　くだんした
- 9.7 ○ 竹橋　たけはし
- 10.7 ○ 大手町　おおてまち
- 11.5 ○ 日本橋　にほんばし
- 12.0 ○ 茅場町　かやばちょう
- 13.8 ◎ 門前仲町　もんぜんなかちょう
- 14.9 ○ 木場　きば
- 15.8 ○ 東陽町　とうようちょう
- 17.0 ○ 南砂町　みなみすなまち
- 19.7 ○ 西葛西　にしかさい
- 20.9 ○ 葛西　かさい
- 22.8 ○ 浦安　うらやす
- 24.0 ○ 南行徳　みなみぎょうとく
- 25.5 ○ 行徳　ぎょうとく
- 26.8 ○ 妙典　みょうでん
- 28.9 ○ 原木中山　ばらきなかやま
- 30.8 ○ 西船橋　にしふなばし

○ 快速停車駅

東京メトロ 千代田線　ちよだせん
- 0.0 ○ 綾瀬　あやせ
- 2.6 ◎ 北千住　きたせんじゅ
- 5.2 ○ 町屋　まちや
- 6.9 ○ 西日暮里　にしにっぽり
- 7.8 ○ 千駄木　せんだぎ
- 8.8 ○ 根津　ねづ
- 10.0 ○ 湯島　ゆしま
- 11.2 ◎ 新御茶ノ水　しんおちゃのみず
- 12.5 ◎ 大手町　おおてまち
- 13.2 ○ 二重橋前　にじゅうばしまえ
- 13.9 ○ 日比谷　ひびや
- 14.7 ◎ 霞ヶ関　かすみがせき
- 15.5 ○ 国会議事堂前　こっかいぎじどうまえ
- 16.3 ○ 赤坂　あかさか
- 17.4 ○ 乃木坂　のぎざか
- 18.8 ◎ 表参道　おもてさんどう
- 19.7 ○ 明治神宮前　めいじじんぐうまえ
- 20.9 ○ 代々木公園　よよぎこうえん
- 21.9 ○ 代々木上原　よよぎうえはら

- 0.0 ○ 綾瀬　あやせ
- 2.1 ○ 北綾瀬　きたあやせ

◎ 特急ロマンスカー停車駅

東京メトロ 副都心線　ふくとしんせん
- 0.0 ○ 和光市　わこうし
- 2.2 ○ 地下鉄成増　ちかてつなります
- 3.6 ○ 地下鉄赤塚　ちかてつあかつか
- 5.4 ○ 平和台　へいわだい
- 6.8 ○ 氷川台　ひかわだい
- 8.3 ○ 小竹向原　こたけむかいはら
- 9.4 ○ 千川　せんかわ
- 10.4 ○ 要町　かなめちょう
- 11.3 ○ 池袋　いけぶくろ
- 13.1 ○ 雑司が谷　ぞうしがや
- 14.6 ○ 西早稲田　にしわせだ
- 15.5 ○ 東新宿　ひがししんじゅく
- 16.6 ○ 新宿三丁目　しんじゅくさんちょうめ
- 18.0 ○ 北参道　きたさんどう
- 19.2 ○ 明治神宮前　めいじじんぐうまえ
- 20.2 ○ 渋谷　しぶや

○ 急行停車駅

都営地下鉄 浅草線　あさくさせん

- 0.0 ◎ 西馬込　にしまごめ
- 1.2 ○ 馬込　まごめ
- 2.1 ○ 中延　なかのぶ
- 3.2 ○ 戸越　とごし
- 4.8 ○ 五反田　ごたんだ
- 5.5 ○ 高輪台　たかなわだい
- 6.9 ◎ 泉岳寺　せんがくじ
- 8.0 ○ 三田　みた
- 9.5 ○ 大門　だいもん
- 10.5 ◎ 新橋　しんばし
- 11.4 ○ 東銀座　ひがしぎんざ
- 12.2 ○ 宝町　たからちょう
- 13.0 ◎ 日本橋　にほんばし
- 13.8 ○ 人形町　にんぎょうちょう
- 14.5 ◎ 東日本橋　ひがしにほんばし
- 15.2 ○ 浅草橋　あさくさばし
- 15.9 ○ 蔵前　くらまえ
- 16.8 ◎ 浅草　あさくさ
- 17.5 ○ 本所吾妻橋　ほんじょあづまばし
- 18.3 ◎ 押上　おしあげ

◎ エアポート快特停車駅

都営地下鉄 三田線　みたせん

- 0.0 ○ 目黒　めぐろ
- 1.3 ○ 白金台　しろかねだい
- 2.3 ○ 白金高輪　しろかねたかなわ
- 4.0 ○ 三田　みた
- 4.6 ○ 芝公園　しばこうえん
- 5.3 ○ 御成門　おなりもん
- 6.4 ○ 内幸町　うちさいわいちょう
- 7.3 ○ 日比谷　ひびや
- 8.2 ○ 大手町　おおてまち
- 9.6 ○ 神保町　じんぼうちょう
- 10.6 ○ 水道橋　すいどうばし
- 11.3 ○ 春日　かすが
- 12.7 ○ 白山　はくさん
- 13.7 ○ 千石　せんごく
- 14.6 ○ 巣鴨　すがも
- 16.0 ○ 西巣鴨　にしすがも
- 17.0 ○ 新板橋　しんいたばし
- 17.9 ○ 板橋区役所前　いたばしくやくしょまえ
- 19.1 ○ 板橋本町　いたばしほんちょう
- 20.0 ○ 本蓮沼　もとはすぬま
- 21.0 ○ 志村坂上　しむらさかうえ
- 22.0 ○ 志村三丁目　しむらさんちょうめ
- 23.2 ○ 蓮根　はすね
- 24.0 ○ 西台　にしだい
- 25.0 ○ 高島平　たかしまだいら
- 25.7 ○ 新高島平　しんたかしまだいら
- 26.5 ○ 西高島平　にしたかしまだいら

上野懸垂線（モノレール）　うえのけんすいせん

- 0.0 ○ 東園　ひがしえん
- 0.3 ○ 西園　にしえん

都営地下鉄 新宿線　しんじゅくせん

- 0.0 ○ 新宿　しんじゅく
- 0.8 ○ 新宿三丁目　しんじゅくさんちょうめ
- 2.3 ○ 曙橋　あけぼのばし
- 3.7 ○ 市ヶ谷　いちがや
- 5.0 ○ 九段下　くだんした
- 5.6 ○ 神保町　じんぼうちょう
- 6.5 ○ 小川町　おがわまち
- 7.3 ○ 岩本町　いわもとちょう
- 8.1 ○ 馬喰横山　ばくろよこやま
- 8.7 ○ 浜町　はまちょう
- 9.5 ○ 森下　もりした
- 10.3 ○ 菊川　きくかわ
- 11.2 ○ 住吉　すみよし
- 12.2 ◎ 西大島　にしおおじま
- 12.9 ○ 大島　おおじま
- 14.1 ○ 東大島　ひがしおおじま
- 15.8 ○ 船堀　ふなぼり
- 17.5 ○ 一之江　いちのえ
- 19.2 ○ 瑞江　みずえ
- 20.7 ○ 篠崎　しのざき
- 23.5 ○ 本八幡　もとやわた

◎ 急行停車駅

都電荒川線　とでんあらかわせん

- 0.0 ○ 三ノ輪橋　みのわばし
- 0.3 ○ 荒川一中前　あらかわいっちゅうまえ
- 0.6 ○ 荒川区役所前　あらかわくやくしょまえ
- 1.0 ○ 荒川二丁目　あらかわにちょうめ
- 1.4 ○ 荒川七丁目　あらかわななちょうめ
- 1.8 ○ 町屋駅前　まちやえきまえ
- 2.1 ○ 町屋二丁目　まちやにちょうめ
- 2.5 ○ 東尾久三丁目　ひがしおぐさんちょうめ
- 3.1 ○ 熊野前　くまのまえ
- 3.4 ○ 宮ノ前　みやのまえ
- 3.7 ○ 小台　おだい
- 4.1 ○ 荒川遊園地前　あらかわゆうえんちまえ
- 4.6 ○ 荒川車庫前　あらかわしゃこまえ
- 5.0 ○ 梶原　かじわら
- 5.5 ○ 栄町　さかえちょう
- 6.0 ○ 王子駅前　おうじえきまえ
- 6.4 ○ 飛鳥山　あすかやま
- 6.9 ○ 滝野川一丁目　たきのがわいっちょうめ
- 7.2 ○ 西ヶ原四丁目　にしがはらよんちょうめ
- 7.6 ○ 新庚申塚　しんこうしんづか
- 8.1 ○ 庚申塚　こうしんづか
- 8.4 ○ 巣鴨新田　すがもしんでん
- 8.9 ○ 大塚駅前　おおつかえきまえ
- 9.4 ○ 向原　むこうはら
- 10.0 ○ 池袋四丁目　ひがしいけぶくろよんちょうめ
- 10.2 ○ 都電雑司ヶ谷　とでんぞうしがや
- 10.7 ○ 鬼子母神前　きしぼじんまえ
- 11.2 ○ 学習院下　がくしゅういんした
- 11.7 ○ 面影橋　おもかげばし
- 12.2 ○ 早稲田　わせだ

都営地下鉄 大江戸線　おおえどせん

- 0.0 ○ 光が丘　ひかりがおか
- 1.4 ○ 練馬春日町　ねりまかすがちょう
- 2.9 ○ 豊島園　としまえん
- 3.8 ○ 練馬　ねりま
- 5.4 ○ 新江古田　しんえごた
- 7.0 ○ 落合南長崎　おちあいみなみながさき
- 8.3 ○ 中井　なかい
- 9.1 ○ 東中野　ひがしなかの
- 10.1 ○ 中野坂上　なかのさかうえ
- 11.3 ○ 西新宿五丁目　にしんじゅくごちょうめ
- 12.1 ○ 都庁前　とちょうまえ
- 12.9 ○ 新宿　しんじゅく
- 13.5 ○ 代々木　よよぎ
- 15.0 ○ 国立競技場　こくりつきょうぎじょう
- 16.2 ○ 青山一丁目　あおやまいっちょうめ
- 17.5 ○ 六本木　ろっぽんぎ
- 18.6 ○ 麻布十番　あざぶじゅうばん
- 19.4 ○ 赤羽橋　あかばねばし
- 20.7 ○ 大門　だいもん
- 21.6 ○ 汐留　しおどめ
- 22.5 ○ 築地市場　つきじしじょう
- 24.0 ○ 勝どき　かちどき
- 24.8 ○ 月島　つきしま
- 26.2 ○ 門前仲町　もんぜんなかちょう
- 27.2 ○ 清澄白河　きよすみしらかわ
- 28.0 ○ 森下　もりした
- 29.0 ○ 両国　りょうごく
- 30.2 ○ 蔵前　くらまえ
- 31.2 ○ 新御徒町　しんおかちまち
- 32.0 ○ 上野御徒町　うえのおかちまち
- 33.1 ○ 本郷三丁目　ほんごうさんちょうめ
- 33.9 ○ 春日　かすが
- 34.9 ○ 飯田橋　いいだばし
- 35.9 ○ 牛込神楽坂　うしごめかぐらざか
- 36.9 ○ 牛込柳町　うしごめやなぎちょう
- 37.5 ○ 若松河田　わかまつかわだ
- 38.5 ○ 東新宿　ひがししんじゅく
- 39.9 ○ 新宿西口　しんじゅくにしぐち
- 40.7 ○ 都庁前　とちょうまえ

日暮里・舎人ライナー　にっぽり・とねりらいなー

- 0.0 ○ 日暮里　にっぽり
- 0.7 ○ 西日暮里　にしにっぽり
- 1.7 ○ 赤土小学校前　あかどしょうがっこうまえ
- 2.4 ○ 熊野前　くまのまえ
- 3.0 ○ 足立小台　あだちおだい
- 4.1 ○ 扇大橋　おうぎおおはし
- 4.6 ○ 高野　こうや
- 5.2 ○ 江北　こうほく
- 6.0 ○ 西新井大師西　にしあらいだいしにし
- 6.8 ○ 谷在家　やざいけ
- 7.7 ○ 舎人公園　とねりこうえん
- 8.7 ○ 舎人　とねり
- 9.7 ○ 見沼代親水公園　みぬまだいしんすいこうえん

P16・17「東京メトロ」で掲載できなかった「Topics」をここで紹介します

Topics　地下鉄車両「第二の人生」

9路線、約200kmにおよぶ東京メトロの地下鉄路線。新型車両が登場する一方、役目を終えた旧車両は実に多彩な「第二の人生」を送っています。例えば日本初の地下鉄として銀座線を走行した1001号車は、東西線葛西駅ホーム下の地下鉄博物館に展示されており、経済産業省の公式事業「近代化産業遺産」にも認定されています。一方、今も現役で走行する車両もあります。日比谷線旧3000系は長野電鉄でのどかなローカル線としてお客さんを運んでいます。さらに、真っ赤な車両でおなじみ、旧丸ノ内線500形は地球の反対側、アルゼンチンのブエノスアイレス市に寄贈され、現地の地下鉄として今日も走り続けているのです。

鉄道手帳 東日本
路線名さくいん

JR

- あ) 吾妻線 … 70
- 秋田新幹線 … 8
- 左沢線 … 122
- 飯田線 … 58
- 飯山線 … 66
- 石巻線 … 126
- 五日市線 … 52
- 伊東線 … 40
- 岩泉線 … 136
- 羽越本線 … 128
- 内房線 … 96
- 江差線 … 148
- 越後線 … 68
- 奥羽本線①(福島―新庄) … 122
- 奥羽本線②(新庄―秋田) … 140
- 奥羽本線③(秋田―青森) … 144
- 青梅線 … 52
- 大糸線 … 60
- 大船渡線 … 132
- 大湊線 … 138
- 男鹿線 … 144
- か) 海峡線 … 148
- 鹿島線 … 102
- 釜石線 … 134
- 烏山線 … 78
- 川越線 … 74
- 北上線 … 140
- 久留里線 … 98
- 京浜東北線 … 76
- 京葉線 … 80
- 気仙沼線 … 132
- 小海線 … 62
- 御殿場線 … 42
- 五能線 … 146
- さ) 埼京線 … 76
- 相模線 … 32
- 札沼線 … 160
- 篠ノ井線 … 60
- 上越新幹線 … 10
- 上越線 … 70
- 常磐線①(日暮里―水戸) … 100
- 常磐線②(水戸―いわき) … 116
- 常磐線③(いわき―岩沼) … 118
- 湘南新宿ライン … 76
- 信越本線①(高崎―横川) … 72
- 信越本線②(篠ノ井―新潟) … 64
- 水郡線 … 116
- 石勝線 … 158
- 石北本線 … 166
- 仙山線 … 124
- 仙石線 … 124
- 釧網本線 … 164
- 総武本線 … 94
- 宗谷本線 … 168
- 外房線 … 96
- た) 高崎線 … 74
- 田沢湖線 … 140
- 只見線 … 112
- 千歳線 … 152
- 中央本線①(東京―甲府) … 50
- 中央本線②(甲府―中津川) … 56
- 津軽線 … 148
- 鶴見線 … 30
- 東海道新幹線 … 6
- 東海道本線①(東京―熱海) … 12
- 東海道本線②(熱海―豊橋) … 42
- 東金線 … 96
- 東北新幹線 … 8
- 東北本線①(東京―黒磯) … 78
- 東北本線②(黒磯―仙台) … 114
- 東北本線③(仙台―盛岡) … 130
- 東北本線④(八戸―青森) … 138
- な) 長野新幹線 … 10
- 成田線 … 94
- 南武線 … 30
- 日光線 … 78
- 根岸線 … 32
- 根室本線①(滝川―新得) … 160
- 根室本線②(新得―釧路) … 162
- 根室本線③(釧路―根室) … 164
- は) 白新線 … 68
- 函館本線①(函館―小樽) … 150
- 函館本線②(小樽―旭川) … 156
- 八高線 … 74
- 八戸線 … 136
- 花輪線 … 142
- 磐越西線 … 120
- 磐越東線 … 118
- 日高本線 … 158
- 富良野線 … 160
- ま) 水戸線 … 106
- 身延線 … 44
- 武蔵野線 … 80
- 室蘭本線 … 152
- や) 弥彦線 … 68
- 山形新幹線 … 8
- 山田線 … 134
- 山手線 … 14
- 横須賀線 … 12
- 横浜線 … 32
- 米坂線 … 120
- ら) 陸羽西線 … 126
- 陸羽東線 … 126
- 両毛線 … 106
- 留萌本線 … 156

JR以外の私鉄

- あ) IGRいわて銀河鉄道 … 138
- 会津鉄道 … 112
- 青い森鉄道 … 138
- 秋田内陸縦貫鉄道 … 142
- 阿武隈急行 … 114
- 伊豆急行線 … 40
- 伊豆箱根鉄道
  - 駿豆線 … 40
  - 大雄山線 … 38
- いすみ鉄道 … 98
- 上田電鉄 … 62
- 江ノ島電鉄 … 36
- 遠州鉄道 … 48
- 大井川鐵道
  - 井川線 … 46
  - 大井川本線 … 46
- 小田急電鉄
  - 江ノ島線 … 34
  - 小田原線 … 34
  - 多摩線 … 34
- か) 岳南鉄道 … 44
- 鹿島臨海鉄道 大洗鹿島線 … 102
- 関東鉄道
  - 常総線 … 104
  - 竜ヶ崎線 … 104
- 京王電鉄
  - 井の頭線 … 54
  - 京王線 … 54
  - 競馬場線 … 54
  - 相模原線 … 54
  - 高尾線 … 54
  - 動物園線 … 54

	京浜急行			有楽町線	82		大師線	88
	空港線	22		仙台空港鉄道	114		東上線	86
	久里浜線	22		仙台市地下鉄	124		日光線	110
	逗子線	22	た）	多摩都市モノレール	52		野田線	88
	大師線	22		秩父鉄道	84		東葉高速鉄道	92
	本線	22		千葉都市モノレール	92		十和田観光電鉄	138
	京成電鉄			銚子電鉄	94	な）	長野電鉄	
	押上線	90		津軽鉄道	146		長野線	66
	金町線	90		つくばエクスプレス（首都圏新都市鉄道）	100		屋代線	66
	千葉線	92		ディズニーリゾートライン	20		ニューシャトル（埼玉新都市交通）	74
	千原線	92		天竜浜名湖鉄道	48	は）	函館市電	154
	東成田線	90		東急電鉄			箱根登山鉄道	38
	本線	90		池上線	24		ひたちなか海浜鉄道	102
	弘南鉄道			大井町線	26		福島交通	114
	大鰐線	144		こどもの国線（横浜高速鉄道）	26		富士急行	50
	弘南線	144		世田谷線	26		北越急行ほくほく線	70
	小湊鐵道	98		多摩川線	24		北総鉄道	90
さ）	埼玉高速鉄道	80		田園都市線	26	ま）	松本電鉄	60
	埼玉新都市交通（ニューシャトル）	74		東横線	24		真岡鐵道	104
	相模鉄道			目黒線	24	や）	野岩鉄道	110
	いずみ野線	28		東京都交通局			山形鉄道フラワー長井線	122
	本線	28		浅草線（地下鉄）	18		山万ユーカリが丘線	90
	札幌市交通局			荒川線（都電）	18		ゆりかもめ	20
	札幌市電	154		上野動物園モノレール	18		由利高原鉄道	128
	東西線(地下鉄)	154		大江戸線（地下鉄）	18		横浜高速鉄道	
	東豊線(地下鉄)	154		新宿線（地下鉄）	18		こどもの国線	26
	南北線(地下鉄)	154		日暮里・舎人ライナー	18		みなとみらい線	24
	三陸鉄道			三田線（地下鉄）	18		横浜市交通局	
	北リアス線	136		東京メトロ（東京地下鉄）			グリーンライン	28
	南リアス線	132		銀座線	16		ブルーライン	28
	静岡鉄道	46		千代田線	16		横浜新都市交通シーサイドライン	36
	しなの鉄道	62		東西線	16	ら）	流鉄流山線	100
	芝山鉄道	90		南北線	16		りんかい線	20
	上信電鉄	72		半蔵門線	16	わ）	わたらせ渓谷鐵道	106
	湘南モノレール	36		日比谷線	16			
	上毛電気鉄道	72		副都心線	16			
	新京成電鉄	92		丸ノ内線	16			
	西武鉄道			有楽町線	16			
	池袋線①（池袋―飯能）	82		東京モノレール	20			
	池袋線②（飯能―吾野）	84		東京臨海高速鉄道りんかい線	20			
	国分寺線	82		東武鉄道				
	狭山線	82		伊勢崎線①（浅草―東武動物公園）	88			
	新宿線	82		伊勢崎線②（東武動物公園―伊勢崎）	108			
	西武園線	82		宇都宮線	110			
	多摩川線	82		越生線	86			
	多摩湖線	82		亀戸線	88			
	秩父線	84		鬼怒川線	110			
	豊島線	82		桐生線	108			
	拝島線	82		小泉線	108			
	山口線	82		佐野線	108			

◎本書で使用した地図の作成にあたっては、国土地理院長の承認を得て、同院発行の基盤地図情報を使用したものです。（承認番号　平21業使、第180号）
◎JR東日本商品化許諾済み。
※本書の編集にあたり、各鉄道会社をはじめ多数の方々のご理解とご協力をいただきました。ご理解とご協力をくださった皆さまのご好意に心より感謝申し上げます。

監修者	今尾恵介
監修協力	青山陽市郎
企画・構成	小島岳彦（東京書籍）
編集	大西真史、中村卓矢、金井亜由美
ブックデザイン　本文	野中剛（以上、オフィスサンサーラ）
装丁	長谷川理（Phontage Guuild）
編集協力	粉川亮、田口香代、鈴木亮介、吉田剛、吉田由美子、岩村由紀子・内田あしび・大嶋隆太郎（オフィスサンサーラ）
よくわかる鉄道知識　執筆	粉川亮
Topics執筆・執筆協力	粉川亮、鈴木亮介、小川裕夫、高橋良算、大友淑依理
地図製作	井上和美
図版制作	宮本篤・亀岡愛（オフィスサンサーラ）
DTP	アド・クレール、井上和美、柴崎剛（パドック）、野呂瀬進也、牧屋研一、長谷川理・川端俊弘（Phontage Guuild）、筒井純（アートフレンド）、Re-Cre Design Works、野中剛・大竹寛務・宮本篤・中村卓矢（オフィスサンサーラ）
写真協力	裏辺研究所（日本の旅・鉄道見聞録）、田中良二（EXPRESS）、清水慎、高橋慧、戸澤孝夫、加納武明、粉川亮、鈴木亮介、小川裕夫、里見光一、五味弘、桶田太一、小長井功、瀧脇収二、長津博樹、若松敏史、伊藤祐二、大穂耕一郎、一瀬祐一、高橋良算、山田竜一、佐藤白、西木康利、川口満裕、植田大輔、佐藤真也、大谷岳、窪田純、脇筱健、西崎さいき（さいきの駅舎訪問）、坂井政和（aitamonのJR全線全駅舎）、杉岡健二（kenbou Land）、小島満喜恵（飯山線沿線地域活性化協議会「飯山線写真コンテスト」）、ふうけいのなかのてつどうほーむぺーじ、バイクと終着駅の旅、MMM12の鉄道写真館、ひさきゅう＠日本、SONIC RAIL GARDEN、THUNDER RABBIT EXPRESS、鉄道雑学研究所北広島支部、網走商工会議所青年部「あばぶろ」
参考文献	『日本鉄道旅行地図帳』1～12号（新潮社）、『JR電車編成表2009夏』・『JR気動車客車編成表2009』・『鉄道ダイヤ情報』各号・『JR時刻表』各号（以上交通新聞社）、『JTB時刻表』各号（JTBパブリッシング）、『鉄道ファン』各号（交友社）、『鉄道ジャーナル』各号（鉄道ジャーナル社）、『レイル・マガジン』各号（ネコ・パブリッシング）、『鉄道ピクトリアル』各号（電気車研究会）

てつどうてちょう　ひがしにほんへん
鉄道手帳　東日本編

第1刷発行	2009年9月1日

監修者	今尾恵介
発行者	川畑慈範
発行所	東京書籍株式会社
	〒114-8524　東京都北区堀船2-17-1 電話　03-5390-7531（営業） 　　　03-5390-7507（編集） URL http://www.tokyo-shoseki.co.jp
印刷・製本	凸版印刷株式会社

乱丁・落丁の際はお取り替えさせていただきます

Copyright©2009 by keisuke Imao.
All rights reserved.
Printed in Japan
ISBN978-4-487-80389-7 C0065